생각을 바꿔야
안전이 보인다
교훈편

생각을 바꿔야 안전이 보인다
교훈편

'왜 사고는 반복될까?'
사고예방에는 잊지 않아야 할 교훈이 있다!

들어가는 글

삼성에서 지난 33년간 직장생활을 하면서 사고 예방을 위해 그동안 했던 노력과 우리 기업이나 사회가 사고 예방을 위해 해야 할 일들에 대한 느낌과 생각을 정리하여 '생각을 바꿔야 안전이 보인다'를 출간한지 벌써 5년이 다 되어가고 있다. 회사 생활을 안전관리자로 시작해 사고 예방을 평생의 업으로 생각하며 최선을 다해 잘해보겠다고 열심히 달려온 내용을 정리했던 것인데 감사하게도 많은 회사의 경영자와 안전을 하는 분들로부터 과분한 사랑을 받았다. 지면을 빌어 감사의 인사를 드린다.

2020년 9월 마음의 고향이자 본가인 삼성을 떠나 쿠팡에 합류하여 질풍노도와도 같은 시간을 보내며 사고 예방관리체계를 구축했고, 매년 큰 폭으로 증가하던 산업재해도 획기적으로 감소시켰다. 쿠팡에서의 시간은 그동안의 경험과 노하우를 비즈니스 환경과 문화가 완전히 다른 회사에 새롭게 접목시키며 안전에 또 다른 눈을 뜨게 했던 귀한 경험이었다. 이렇게 삼성에서 쿠팡까지 36년간 근무하면서 중화학, 건설, 서비스, 물류(e커머스) 등 다양한 산업현장의 사고 예방업무를 직접 담당했었다. 앞만 보고 달려온 시간들이 주마등처럼 흘러가며 세월이 유수와 같다는 말이 실감난다.

지난해 쿠팡의 고문을 끝으로 현역에서 은퇴했다. 지금은 경희사이버대학교와 인연이 되어 재난안전학부 특임교수로 그동안 쌓아온 경험과 노하우를 안전을 공부하는 학생들에게 가르치고 있다. 그동안 산업현장에서 안전업무를 하면서 안전공학을 전공했거나 자격증을 따서 안전업무를 담당하는 많은 사람들을 보면서 아쉬운 부분이 많았다. 안전을 하는 사람들 중에는 내가 왜 이 일을 하는지 일의 의미와 가치를 잘 모르고, 어떻게 하면 일을 잘하고 성과를 내서 인정을 받고 자아를 성취해 나갈 수 있는지 그 방법들을 잘 모른다는 것을 알았다. 안전공학을 가르치는 학교나 자격증 공부에서는 지식과 기술만 강조하니 그럴 수밖에 없다고 일면 이해도 된다. 그래서 안전하는 사람들이 갖춰야 할 소양과 역량, 직업윤리, 그리고 고전에 나오는 안전과 관련된 고사성어를 통해 이러한 부족한 부분을 보완해 주고 싶었다. 그래서 개설한 과목이 '고전에서 배우는 재난안전'이었다.

안전을 하면서도 늘 이해가 되지 않고 이해할 수도 없는 부분이 있다. '왜 똑같은 사고가 계속 반복될까?'하는 것이다. 우리 사회에서 대형 참사나 재난이 아직도 끊이지 않고 발생하고 있는데 대부분은 과거에 모두 발생했던 사고들이다. 지난해 12월 무안공항에서 제주항공 2216편 활주로 이탈사고가 발생해 탑승객 전원이 사망했고, 새해 들어서도 지난 2월 14일 부산 반얀트리 리조트 공사장 화재, 2월 25일 세종-안성 고속도로 붕괴사고 등이 발생하는 등 현재도 재난이 연속되고 있다. 과거에 발생했던 사고만 잘 파악해서 제대로 관리해도 대부분의 사고는 예방할 수 있다. 하지만 사고는 남의 일, 다른 회사 일로만 치부하게 되면 언젠가는 내 일, 우리 회사의 일이 될 수 있음을 잊어서는 안 된다. 즉 과거의 사고로부터 교훈을 얻고, 그 사고가 반복되지 않고자 하는 노력이 필요하다. 우리가 역사를 배워야 하는 이유도 여기에 있다. 한 나라의 흥망성쇠도 그렇고 재난과 사고도 그렇다.

이 책을 쓰게 된 동기도 아픈 역사와 과거를 제발 잊지 말고 기억하여 더 이상 우리 사회에서 고통받고 가슴 아프게 하는 재난이나 사고가 반복되지 않았으면 하는 간절한 마음에서 시작되었다. 덧붙여 우리가 일상생활에서 많이 활용하는 재미있는 고사성어를 통해 학생들에게 안전관리에 대한 지혜와 인사이트를 찾게 했던 것을 안전과 관련된 일을 하는 많은 사람들과 공유하면 더 보람되지 않을까 하는 생각을 하게 되었다. 실제로 강의를 수강하던 안전관리자 학생이 안전과 관련된 고사성어로 안전교육을 진행했더니, 반응도 좋고 집중도 잘 되더라면서 교육사진을 보내오기도 하였다. 필자는 역사나 고전의 전문가가 아니다. 다만 역사에 관심이 많아 역사책 읽는 것을 좋아하고 오랜 기간 고사성어와 관련한 책들을 많이 보아왔다. 고등학교 때는 한문 교과서를 통째로 외웠었다.

우리가 역사를 배우는 이유는 과거 사건을 통해 현재의 문제를 이해하고 미래를 대비하는 지혜를 얻을 수 있기 때문이다. 역사는 과거와 현재를 미래로 연결하는 스토리텔링이다. 빛나는 영광의 역사는 우리에게 자긍심을 심어주고 실패의 기록은 우리에게 같은 실수를 반복하지 말라는 교훈을 일깨워 준다. 고전을 통해서는 삶의 혜안과 재난안전의 지혜를 터득할 수 있다. 선현들의 가르침에서 통찰력을 학습하여 현재를 조명해 보고 미래를 내다보는 지혜를 습득할 수 있다. 또한 고전은 우리에게 삶을 윤택하고 풍부하게 할 수 있는 '생각자원'을 제공해 준다. 자연자원은 산업의 밑바탕이 되지만 생각자원은 삶을 멋지고 풍요롭게 만들어 준다.

이 책은 크게 두 편으로 나누어져 있다. 제1편은 '재난의 역사'로, 우리나라의 재난안전사고 발생현황과 문제점 및 대책방향을 관련 자료를 통해 보고 듣고 느낀 대로 기술했다. 또한 1970년대부터 2020년대까지 우리나라에서 발생했던 주요 사회재난 및 화재참사를 연대별로 정리했다. 우리나라에서는 대형 참사를 보통 사망자 10명 이상의 사고로 정의하지만, 이 책에서는 그 기준 이하인 사고라도 새로운 형태의 사고나 상징적인 사고도 포함했다. 관련 부문에 종사하거나 동일 또는 유사업종에서 일하는 안전하는 사람들이 파악하고 관리해 주길 바라는 마음에서다.

제2편은 '고전에서 배우는 재난안전'이다. 고전에 나오는 고사성어(사자성어) 중에서 재난안전과 관련된 것을 발췌하여 그 뜻과 유래를 살펴보았다. 아울러 재난안전관리에 연계되어 바로 적용할 수 있거나 인사이트를 줄 수 있는 내용도 기술하였다. 고전에서 배우는 재난안전은 재난(사고)의 예방관리, 재난의 사후관리, 그리고 안전리더십 Safety Leadership 으로 구성되어 있다.

산업현장의 신입 안전관리자로 첫 직장생활을 시작한 지가 엊그제 같은데 어느새 37년이란 세월이 훌쩍 지났다. 안전 부문에 많은 문제와 어려움에 처해 있던 회사나 사업장만 쫓아(찾아)다니면서 후회 없을 정도로 최선을 다했고, 최고를 이루었다. 이제 이런 경험과 노하우를 안전을 공부하는 학생들에게 전수해 주는 것이 새로운 인생의 목표가 되었다. 이런 기회를 주시고 적극적으로 지원해 주신 경희사이버대학교 변창구 총장님과 기획재무처장 재직 시 우연히 알게되어 재난안전학부를 변화와 혁신을 통해 실사구시형 실무 중심의 최고의 학부로 거듭나게 해주시고 적극 도와주시는 권해숙 학부장님께 감사드린다. 또한 전작부터 이 책까지 나올 수 있도록 처음부터 전 과정을 맡아 수고해 주신 도서출판 새빛의 전익균 대표님과 직원분들께 감사한 마음 가득하다.

프랑스를 유럽의 패권국가 자리에 오르게 만들었던 나폴레옹 Napoleon은 '어느 날인가 마주칠 재난은 우리가 소홀히 보낸 어느 시간에 대한 보복이다'라고 했다. 아무쪼록 이 책이 국민의 안전과 생명을 책임지고 있는 관련 공직자, 사업을 운영하는 경영자, 관리감독자뿐만 아니라 안전을 공부하고 있는 학생 및 안전관리자 등 재난과 안전을 담당하는 사람들에게 많은 도움이 되기를 기대해 본다.

2025년 8월
안전 대한민국을 기원하며
저자 유인종

차례

들어가는 글 4

1부   재난災難의 역사歷史

1장   사회재난社會災難   16

2장   사회재난 연대기年代記   36

1   산업화의 그림자-1970년대   37
2   정치사회와 재난-1980년대   39
3   무너지는 인프라(무책임의 구조화)-1990년대   41
4   아직은 안전 후진국(안전불감증)-2000년대   43
5   반복되는 시스템 실패-2010년대   45
6   복합재난의 시대-2020년대   47
7   시대별 사회재난의 시사점示唆點   49

3장　화재참사 火災慘事　54

   1   화재발생 현황　55
   2   화기작업 관련 화재 현황　58
   3   화기작업의 화재 예방　62

4장　화재참사 연대기 年代記　66

   1   밀폐된 공간, 닫힌 출구-1970~1980년대　67
   2   시스템 부실과 반복된 참사-1990년대　69
   3   일상이 된 참사(안전불감증)-2000년대　71
   4   작동하지 않는 시스템(매뉴얼의 한계)-2010년대　73
   5   복합 위험시대의 불씨-2020년대　75
   6   대형 재난(참사)의 공통점과 교훈　77

2부 고전古典에서 배우는 재난안전災難安全

1장 재난(사고)의 예방관리豫防管理   86

1. 왜 역사歷史와 고전古典을 배워야 하나?   87
2. 사고事故의 예방관리豫防管理   96
3. 앗차사고 Near Miss의 관리   119
4. 위험관리와 위험성평가危險性平價   139
5. 익숙한 곳(사람)에서의 위험관리   173
6. 사고 예방대책豫防對策의 수립樹立   191
7. 목표目標 및 과정課程관리   208
8. 안전보건安全保健 교육敎育관리   221
9. 위험요소危險要素 및 안전기준安全基準 관리   232
10. 안전대책安全對策의 실행實行   261
11. 계층階層별 역할役割과 자세姿勢   269

2장   재난災難의 사후관리事後管理   296

　　1　사고事故의 연속성連續性   297
　　2　실패失敗에서 배우는 지혜智慧   304
　　3　동종同種·유사類似사고의 교훈敎訓   319
　　4　안전관리의 계승繼承과 발전發展   324

3장   안전安全 **리더십**Safety Leadership   330

　　1　안전하는 사람들의 성품性品과 인격人格   331
　　2　안전지식安全知識과 기술技術의 함양涵養   340
　　3　안전관리에 임臨하는 자세姿勢와 처신處身   352
　　4　안전하는 사람들의 마음 관리   361

참고자료   370

1부

재난災難의
역사歷史

1장 **사회재난** 社會災難

우리 사회는 지금 안전한가?

온 국민을 슬픔과 분노의 도가니 속으로 몰아넣었던 세월호 사고가 발생한 지 11년이 지났다. 세월호 참사 이후 세월호 특별조사위원회(특조위), 세월호 선체조사위원회(선조위), 그리고 사회적 참사 특별조사위원회까지 세 개의 조사위원회가 출범해서 조사했지만, 침몰 원인에 대한 명확한 결과물을 내놓지 못한 채 국민들 가슴에 새겨진 깊은 상처는 아직도 아물지 않고 있다. 아니 영원히 지워지지 않을 것이다. 그렇다면 세월호 사고가 발생한 지 11년이 지난 지금, 우리 사회는 안전한가?

안전에 대한 의식이나 시스템이 조금씩은 나아지고 있고, 국민들의 안전에 대한 눈높이와 관심도 커졌지만, 근본적인 국가의 안전관리시스템이나 국민의 안전의식은 크게 좋아지지 않은 것 같다. 세월호 사고 이후에도 이태원 압사사고, 청주 오송 지하차도 침수 및 전남 무안공항 항공기 활주로 이탈 등 사회적 참사를 계속해서 겪고 있지만 참사 당시의 분노와 울분, 그리고 각오와 다짐은 시간이 지나면서 퇴색되고 안전에 대한 근본적이고도 획기적인 대책은 나오지 않고 있다. 그만큼 재난의 원인을 둘러싸고 있는 비용과 관련된 이해관계 같은 구조적인 문제들이 많기 때문이다. 즉 안전을 위해 그러한 부담을 감수하겠다는 사회적 합의가 이루어지지 못했기 때문이기도 하다. 그렇더라도 최소한 똑같은 사고가 반복되는 일이 다시는 없게 해야 하지 않겠는가?

 지난 2월 9일 오전 1시 41분경 전남 여수 하백도 약 17km 해상에서 연락이 두절돼 마지막 위치로부터 약 370m 떨어진 해저에서 부산 선적 139톤급 대형 트롤 어선인 제22호 서경호가 침몰 상태로 발견됐다. 이 사고로 선장 및 기관장 등 한국인 승선원 7명이 사망하고 3명은 실종되었다. 「세월호 사고 이후 다른 것은 몰라도 해양사고는 많이 감소했겠지?」라는 생각으로 행정안전부에서 매년 발간하는 「2023 재난연감」 통계를 살펴보았다.

 세월호 사고가 발생했던 2014년의 해양·선박사고는 1,418건이었던 것이 매년 증가하면서 2023년에는 4,068건이 발생해 165%가 증가했다. 그나마 다행인 것은 사망 및 실종자가 다소 감소했

세월호 사고 이후 해양·선박사고 현황

구분	2014	2015	2016	2017	2018	2019	2020	2021	2022	2023
발생 건수	1,418	2,740	2,839	3,160	3,434	3,820	3,778	3,882	3,779	4,068
사망	397	77	48	83	56	58	50	43	46	47
실종	88	35	50	25	33	30	20	23	14	13
부상	230	404	303	409	294	297	215	196	169	202

출처: 2023 재난연감(행정안전부)

지만, 이 부분도 2020년 이후에는 큰 변화가 없는 것을 보면 개선에 의한 효과로 판단할 수는 없을 것이고, 사고의 결과(인적, 물적 피해)는 우연에 의해 결정된다는 「손실우연의 원칙」을 생각하면 결국 사고를 줄여야 피해를 예방할 수 있음을 잊어선 안 된다.

그렇다면 세월호 사고 이후에도 끊이지 않고 있는, 아니 오히려 증가하고 있는 우리나라의 해양·선박사고, 그리고 또 다른 각종 사회재난은 어떤 것들이 얼마나 발생하고 있을까? 2023년 한 해 동안 재난관리 주관기관(행정안전부)에서 관리하는 28종의 사회재난 및 중앙부처, 지방자치단체에서 관리하는 사고는 총 273,355건이 발생하여 3,741명이 사망했고, 92명이 실종됐으며, 294,041명이 부상을 입었다. 하루 평균 748.9건이 발생, 10.5명이 사망(실종포함)하고 806명이 부상을 입고 있다. 확인된 재산피해만도 1조 2,523.7원이었다. 각종 사고와 재난으로 인한 소중한 인명과 재산손실이 실로 막대하고, 나와 사랑하는 내 가족이 그 대상이 되지 않으리라 장담할 수 없는 현실에 우리 모두가 살아가고 있다고 할 수 있다.

2023년도 재난안전사고 발생 현황

구분		사고건수 (건)	인명피해(명)				재산피해 (억원)
			계	사망	실종	부상	
합계		273,355	297,874	3,741	92	294,041	12,523.7
도로교통		198,296	286,350	2,551		283,799	
화재		38,857	2,477	283		2,194	9,531
산불		596	19	3		16	2,854
철도	열차	40	18	13		5	8.1
	지하철	27	15	6		9	7.8
가스 관련 사고	총괄[1]	92	82	8		74	
	가스폭발	28	41	1		40	
	가스 보일러	2	6	2		4	
해양		4,068	262	47	13	202	
유·도선	내수면	4	23			23	0.2
	해수면	18					
환경오염		243	67	3		64	
공단 내 시설		24	22	16		6	106.6
광산		22	22	2		20	16.03
전기(감전)		407	407	21		386	
승강기		42	43	6		37	
항공기		4	4	3		1	
어린이 놀이시설 중대사고[2]		164	166	2		164	

붕괴		2,829	263	60		203	
수난	물놀이	16	19	19			
	익사 등	9,039	1,171	421	48	702	
등산		10,100	2,576	67	28	2,481	
추락		5,008	1,876	148	1	1,727	
농기계		979	448	41		407	
자전거		2,138	1,335	6		1,329	
레저(생활체육)		312	160	12		148	

출처: 2023 재난연감(행정안전부)

1 가스폭발과 가스보일러 사고를 제외한 사고를 말함
2 2022년부터 지자체 8종 사고 중 하나인 「놀이시설 사고」에서 중앙부처가 관리하는 「어린이 놀이시설 중대사고」로 통계항목 변경

「사회재난」의 정의
화재·붕괴·폭발·교통사고(항공사고 및 해상사고 포함)·화생방사고·환경오염사고 등으로 인하여 발생하는 "국가 또는 지방자치단체 차원의 대처가 필요한 인명 또는 재산의 피해, 그밖에 이에 해당하는 피해에 준하는 것으로서 행정안전부장관이 재난관리를 위하여 필요하 다고 인정하는 피해

재난의 역사를 이해하고 살펴봐야 하는 이유

「과거에 발생했던 사고의 교훈을 잊지 말자. 제발 과거에 한 번이라도 발생했던 사고만이라도 다시는 발생하지 않도록 하자. 그러면 대부분의 사고는 예방할 수 있다」 필자가 생각하는 재난의 역사를 알아야 하는 이유이자 안전에 대한 신념이다. 그동안 우리나라는 산업화와 근대화 과정을 거치면서 수없이 많은 그리고

다양한 사고를 경험했다. 그런데 정말 안타까운 것은 과거에 발생했던 사고와 똑같은 사고나 이와 비슷한 유형의 사고^{同種類似事故}가 2025년 현재를 살아가는 지금까지도 우리 사회에 계속되고 있다는 것이다. 도대체 왜 이런 것이 고쳐지지 않을까?

사회적 참사가 발생하면 언론이나 관계기관은 온 나라가 떠들썩하게 야단법석을 부리며 '관계자를 엄벌한다', '새로운 법을 만들고 뜯어고친다', '조직과 인력 등을 보강한다'와 같은 실현하지도 못할 재발방지대책을 마구잡이식으로 내놓으며 안전관리를 강화하겠다고 공언^{空言}한다. 그러다 시간이 지나면 언제 그랬냐는 듯이 흐지부지되다가 잊을 만하면 또다시 사고가 발생되는 문제가 반복되고 있다. 사고가 날 때마다 안전을 강조하고 요란하게 외치지만 그때뿐이다. 이렇게 쉽게 잊고 금방 사라져 버리는 냄비 안전의식을 이제는 영원히 추방하고 재난의 역사를 통해 과거의 재난과 사고를 잊지 말고 교훈 삼아 다시는 같은 사고가 반복되지 않도록 해야 한다. 정부나 기업 모두 마찬가지다.

흔히 과거에 발생했던 사고가 다시 똑같은 형태로 발생하는 사고를 재래형^{在來型}사고 또는 후진국형 사고라고 한다. 필자가 회사에 신입사원으로 입사한 지 채 1년이 안 되었을 때, 보수공사를 담당하는 협력업체가 가동이 멈춰선 쿨링타워^{cooling tower}에서 용접작업 중 불티가 인근 PVC충진재로 옮겨붙으면서 큰 화재가 발생했었다. 이와 똑같은 쿨링타워 보수공사 중 화재가 30년이 지난 후에도 국내 유수의 대기업에서도 발생하고 있다. 이러한 화기작업에 의한 화재는 올해 2월 1일, 국가가 운영하는 국립 한글박물관 증축공사 현장에서도 발생했다. 이처럼 화기작업 중 용접불티에 의한 화재는 산업시설이나 주거, 판매·업무시설의 신축 및 증·개축공사 과정에서 빈번히 발생하고 있다.

수많은 사회적 논란 속에서도 산업현장과 공공시설에서 발생되는 중대산업재해와 중대시민재해의 획기적 감소를 목적으로 2022년 1월 27일부터 시행된 중대재해처벌에 관한 법률(중처법)이 시행된 이후에도 좀처럼 줄어들고 있지 않는 중대재해의 발생이 유와도 그 궤를 같이하고 있다. 건설현장에서 가장 많이 발생하는 고소작업 중 추락사고나 차량계 하역운반기계(지게차 등)에서의 충돌과 협착, 밀폐공간 작업 중 발생하는 질식사고 등 과거에 수없이 발생했던 중대재해가 시간과 장소만 달리하여 오늘날에도 계속 발생되고 있다.

사회적 참사나 중대재해의 발생이 사회 전반에 걸쳐 있는 비용과 이해관계 등 구조적인 문제가 그 원인이 되는 경우가 있다. 하지만 우리 사회에서 흔히 발생되는 선박의 침몰이나 화기작업 중 용접불티에 의한 화재, 건설현장이나 산업현장에서의 추락사고나 밀폐공간에서의 질식사고 같은 것은 우리가 조금만 관심을 갖고 노력하면 얼마든지 예방이 가능한 사고들이다. 해당 업계나 기업에서 발생했던 사고든, 다른 비슷한 업종의 기업에서 발생했던 사고든, 동일한 사고가 반복되는 이유는 사고를 겪고도 그리고 주변에서 발생되는 것을 보고도 그러한 사고로부터 아무런 교훈을 얻지 못했기 때문이다.

스페인 출신의 미국 철학자 조지산티아나George Santayana는 「과거를 기억하지 못하는 사람은 그 과거를 되풀이하는 벌을 받는다」고 했고, 나폴레옹은 「어느 날엔가 마주칠 재난(사고)은 우리가 소홀히 보낸 그 어느 시간에 대한 보복이다」라고 했다. 사람들이 실수를 되풀이하는 어리석음에 경종을 울리는 말들이다. 이는 비단 역사문제에 국한된 것만이 아니다. 내가 일하는 사업장에서 발생했던 사고뿐 아니라 다른 회사나 사업장, 심지어는 전 세계 동종 및 유사업체에서 발생했던 사고라 하더라도 반면교사反面敎師삼아 같은 사고가 발생하지 않도록 해야 한다는 말이기도 하다. 우리가 안전을 하면서 과거에 발생했던 사고에 대해 반드시 한 번씩 곱씹어 보며 잊지 않고 철저히 관리해야 한다는 말들이다.

사고가 반복되는 것은 우리 사회와 기업이 거듭되는 사고를 통해서도 아직 사고 예방의 충분한 교훈과 그에 따른 해결책을 제대로 찾지 못하고 있다는 의미이다. 일반적으로 위험행동을 감수할 것인가, 회피할 것인가를 판단하는 의사결정은 위험성평가 결과로만 하는 것은 아니다. 리스크 심리학에서는 위험을 감수하더라도 얻어지는 결과의 가치가 크다면 누구든 그 위험을 감수하려고 할 것이다. 이것을 「위험감수 행동의 효용」이라고 한다. 반대로 위험을 회피하는데 많은 노력이 필요하거나 추가적인 비용과 시간이 소요될 때 또는 내키지 않는 행동의 경우에도 역시 소극적 행동의 결과로써 위험감수 행동을 쉽게 취하는 것을 「위험회피 행동의 불효용」이라고 한다. 이 두 가지는 사람들의 위험 관련 행동을 결정하는 데 중요한 요소이다. 위험감수 행동의 효용은 작고 위험회피 행동의 불효용이 크다면 사람들은 굳이 불안전한 행동을 하지 않을 것이다. 정부나 기업에서는 근로자와 국민들이 현장에서 일을 할 때에 위험감수 행동의 효용은 작고, 위험회피 행동의 불효용이 훨씬 크다고 생각하며 실천할 수 있도록 정부나 회사 정책 및 작업환경을 안전중시의 안전문화가 형성될 수 있도록 만들어야 한다.

필자가 36년간 다양한 산업현장에서 사고 예방관리를 하면서 가장 기본적으로 실천했던 사항도 바로 과거에 발생했던 사고에 대한 조사와 관리였다. 다양한 회사와 사업장을 맡게 되었을 때도 가장 먼저 한 것이 그 회사나 사업장에서 과거에 어떤 사고가 발생했었는지를 파악하고 현재 변경된 공정이나 설비가 있는지, 사고의 원인이 되었던 사항과 개선대책으로 제시되었던 사항들이 완벽히 개선되었는지를 확인했다. 과거에 발생했던 중대재해는 물론이고 경미사고나 앗차사고까지 하나도 빠짐없이 모두 조사하여 「실패사례집」으로 발간하여 교육하고 활용하면서 한 번 발생했던 사고는 두 번 다시 발생하지 않도록 많은 노력을 기울였다. 과거에 한 번 발생했었던 사고도 예방하지 못하면서 아직한 번도 발생하지 않았던 사고를 예방할 수 있겠는가? 실패의 경험에서도 배우지 못한다면, 어이없게도 실패가 반복된다면 어떻게 안전관리를 하고 있다고 할 수 있을까?

그런데 우리나라의 현실은 어떠한가? 기업에서는 사고 발생 사실이 외부에 알려지는 것을 극도로 꺼리고 환경안전부서에서 사고사례집 같은 것을 만들려고 해도 「보안」이라는 이유를 들어 못 하게 하고 있지는 않은지, 되돌아보고 다시 한번 생각해 볼 필요가 있다. 필자가 근무했던 회사에서조차도 홍보, 컴플라이언스 부서와 협의 끝에 무산된 적이 있을 정도이다. 과거에 발생했던 사고를 기록으로 남겨 모두가 알고 반복되지 않게 하는 것이 무슨 문제가 된다는 것인지 이해할 수 없었다.

역사나 기록은 좋은 일, 성공사례만 기록하는 것이 아니라, 안 좋았던 일이나 실패사례를 남겨야 그것을 거울삼아 실패가 반복되지 않게 할 수 있지 않을까? 실패사례를 왜 기록으로 남겨야 하는지 필자는 경험으로 깨달은 바가 있다. 시간이 흐르면 사람도 바뀌고 회사의 직원들도 자기가 한 일이나 근무했을 때의 일(사고)만 알 수밖에 없기에 그런 기록이 없으면 얼마 안 가서 과거의 사고 같은 것은 모두 잊게 된다. 우리 기업에서 회사가 창립되고 난 이후의 모든 사고기록을 보관하고 있는 회사가 과연 얼마나 있을지 문득 궁금해진다.

공자는 「자신의 실수에서 교훈을 얻지 못하는 사람은 어리석은 사람이요, 자신의 실수에서 교훈을 얻는 사람은 현명한 사람이다」라고 했다. 한 번 사고가 발생했었는데도 교훈을 얻지 못하고 반복되는 어리석은 일이 더 이상 우리 사회에서는 없어져야 한다. 한 단계 더 나아가 이제는 안전분야도 데이터에 기반한 과학적이고 합리적인 사고 예방관리가 매우 중요하다. 해외 선진기업에서는 데이터 기반 안전관리DBS, Data Based Safety나 의사결정을 하기 위해 통계분석 전문가인 전담 BA Business Analysis를 배치해서 안전과 관련된 데이터의 수집, 분석 및 의사결정을 하면서 많은 효과를 보고 있다. 이제 우리나라도 안전과 관련된 전문 BA를 양성하고 활용할 때가 되었다고 생각한다.

반복되는 사고를 예방하려면?

우리 사회나 산업현장에서 수없이 많은 사회적 참사나 중대재해가 반복되는 것은 조직학습이론에서 그 원인을 찾아볼 수 있다. 조직학습이론에는 '단일 순환학습'과 '이중 순환학습'이라는 개념이 있다. 큰 사고를 경험했을 때 단일 순환학습은 기존 시스템을 그대로 유지한 채 외부 요인을 바꾸는 것으로, 대표적인 예가 관련된 정부부처 조직을 신설 또는 개편하는 것이고 기업에서는 안전부서를 확대하거나 명칭을 바꾸며 인원을 보강하고 책임자나 관련자를 징계하는 것 등을 말한다. 물론 이런 것들도 중요하지만 본질적인 것은 아니다. 반면 이중 순환학습은 시스템 실패의 근본적인 원인을 내부에서 찾는 접근방법이다. 부서를 신설하거나 확대하고 명칭을 바꾸며 책임자를 처벌하면 잘못된 관행이 개선될 수 있는지, 현장 담당자에게 안전과 관련된 권한위임이 안 되어 있는 것은 아닌지, 사고를 유발하는 구조적이고 근본적인 원인은 무엇인지 등을 고려하는 접근법이다. 세월호 사고 이후 해경을 해체하고 국민안전처를 만들어 관련자 처벌 등을 시행한 것이 대표적인 단일 순환학습 사례이다. 국민안전처를 만들어 우리 사회의 재난이 감소했는가? 앞에서도 언급했지만 해양·선박사고는 오히려 대폭 증가하였다. 그리고 그렇게 급하게 만들어진 국민안전처는 정권이 바뀌자 곧바로 사라졌다. 사고 예방에 얼마나 도움이 되었는지 모르겠다.

반면 1979년 3월 28일 미국 북동부 펜실베니아주 스리마일섬 Three Mile Island 원자력발전소 사고 이후 미국에서 진행했던 진상조사는 이중 순환학습의 대표적인 사례이다. 원전사고 이후 미국에서는 학계, 노동계, 지방자치단체 대표자 및 주민대표로 선출된 사고조사 특별위원회를 구성하여 사고원인을 철저하게 조사했고, 12차례의 공청회와 150회 이상의 증인소환 및 여러가지 검토 결과를 토대로 보고서를 발간하였다.

사고는 언제든지 발생할 수 있다. 그렇다면 선진국에서는 왜 같은 사고가 반복되지 않을까? 바로 재난이나 안전사고에 관한 한 사고의 원인을 다각도로 분석하고 근본적인 개선대책을 수립하여 개선이 될 때까지 끈질기게 물고 늘어지기 때문이다. 사고만 나면 구조적인 문제점이나 원인분석과 재발방지 대책은 소홀히 한 채 보여주기식의 대책이나 점검 그리고 관계자 처벌에만 급급한 우리와는 사고를 대하는 태도부터가 근본적으로 다르다. 세월호 사고조사가 그랬고, 이태원 참사도 아직까지 사고원인에 대한 명확한 조사가 이루어지지 않고 있다. 세계 10위권의 경제 규모를 가진 나라에서 재난과 안전부문에서만 왜 이렇게 후진성을 벗어나지 못하는지 안타깝기 그지없다.

다소 시간이 걸리더라도 차분히 모여 앉아 구조적인 문제를 철저히 조사하고, 냉정하게 근본적인 원인을 분석 및 점검하여 제대로 된 대책을 수립 후 철저히 실행해 나가야 한다. 이렇듯 이제는 사고가 발생했을 때 문제를 해결해 나가는 접근방법을 새롭게 해야 한다. 산업현장에서는 작업자들이 어떤 작업을 어떻게 하는지, 어떤 도구와 장비가 주어지고 있으며 어떤 정보를 어떤 방식으로 주고받는지, 어떤 환경에서 일을 하는지에 대해 철저히 분석해야 한다. 나아가 작업자가 어떤 고용절차를 거쳐 고용되는지, 성과가 어떻게 평가되는지, 건강상태는 어떻게 관리되는지 등에 대해서도 근본적인 이해가 필요하다. 각종 사회적 참사나 안전사고가 안전기준을 지키지 않아 발생할 경우에는 안전수칙을 무시하는 배경에 어떠한 인적 또는 시스템적인 요인들뿐만 아니라 주변 환경적인 요인들이 있는지를 파악하고 장기적인 개선방안을 찾는 것이 중요하다.

사고 예방을 위해
지금 당장 해야 할 일은?

재난이나 각종 사고가 발생했을 때 그 원인을 조사해 보면 어느 한두 가지 간단한 문제가 있는 경우도 있지만, 많은 경우 실로 다양한 문제들이 서로 연계되어 사고를 발생시킨다는 것을 알 수 있다. 이런 이유로 재발 방지대책을 수립할 때도 짧은 시간에 쉽게 한두 가지만 개선해도 해결되는 경우가 있지만, 구조적인 문제나 여러 이해관계가 충돌해서 개선이 어렵거나 비용이나 시간이 많이 소요되는 경우도 있다.

필자가 오랜 시간동안 사고 예방관리업무에 종사하면서 많이 느껴왔던 가장 안타까운 것은 사회재난이나 기업에서 발생하는 산업재해가 기술상의 어려움이나 구조적인 문제, 또는 비용상의 문제만이 아니라는 것이다. 물론 이러한 문제들 때문에 발생하는 사고도 많이 있다. 그리고 이러한 것들은 안전관리에 매우 중요한 요소임에는 틀림없다. 다만 「안전」이나 「사고 예방」을 논할 때 무조건 돈과 시간만 얘기해서 사고 예방의 본질을 흐리게 하는 측면을 경계하고 관점을 달리해야 할 필요가 있다는 것이다.

그래서 얘기하고 싶은 것이 「위험에 대한 인식」을 새롭게 해야 한다는 것이다. 어선이나 선박이 바다에 나갈 때는 기본적으로 「위험하다」, 「사고가 날 가능성이 높다」라고 생각하고 대비를 더욱 철저히 해야 하지 않겠는가? 점검과 정비는 잘했는지, 기상상태는 운행하는 데 문제가 없는지, 적재량은 초과하지 않았는지, 관련된 안전기준이나 수칙은 잘 지키고 있는지 등을 꼼꼼히 챙겨야 하는 것은 기본 중의 기본으로 「반드시 지켜야 하는 원칙」임을 잊지 않고 관계자들이 철저히 관리한다면 대부분의 사고는 예방할 수 있다. 화재예방도 마찬가지다. 화기작업 중 발생하는 용접불티에 의한 화재는 연초부터 해가 바뀌어도 끊이지 않고 발생하여 수많은 소중한 인명피해와 재산의 손실을 초래하고 있다. 화기작업이 이루어지는 현장의 관리책임자 및 관계자(현장소장, 공사 관계자, 안전관리자, 작업자 등)들은 「화기작업이 있는 곳에서는 화재가 발생할 위험이 매우 높다」라는 위험에 대한 인식을 명확히 갖고 가연성 물질에 대한 조치 등 화기작업에 대한 안전기준을 철저히 이행하고 확인·점검해야 한다.

이러한 것들을 이행하는데 과연 시간과 돈이 부족해서 못 하는 것일까? 아니면 위험을 제대로 인식하지 못해서 안 하는 것일까? 실로 궁금하지 않을 수 없다. 건설현장에서 가장 많이 발생하는 떨어짐(추락)사고도 마찬가지다. 높은 곳에서 일(고소작업)을 하면 기본적으로 떨어질 위험이 있다는 것을 모르는 사람은 없을 것이다. 그래서 고소작업 시에는 안전통로와 안전난간 등을 설치하고, 작업자들은 안전대와 안전모를 착용한다. 이런 것들 중에 단 하나만 제대로 되어 있어도 사고로 연결되지 않는다. 반대로 얘기하면 「이러한 것들을 제대로 설치하지 않거나 착용하지 않고 작업하면 곧바로 사고가 된다」는 것을 명확히 인식해야 한다. 따라서 건설현장의 관계자들은 이러한 안전기준이 철저히 이행되도록 확인하고, 점검하고 즉시 조치해야 한다. 위험의 명확한 인식 및 기본과 원칙을 철저히 준수할 때만이 사고를 예방할 수 있다는 것을 잊어서는 안 된다.

흔히 안전관리를 얘기할 때 안전은 100 - 99 = 1이 아니라 100 - 99 = 0이라고 한다. 품질이나 생산성에는 99%라는 말이 통하지만, 안전은 이런 것이 통하지 않는 분야이다. 99%를 잘했는데도 단 1% 실수를 해서 "0"이 되는 것이 안전이다. 그래서 위험이 있는 곳에서는 단 1%의 예외도 없이 기본과 원칙을 철저히 준수하는 문화를 만들어야 한다. 또한 우리 사회와 기업의 현장에서는 상징적인 그 1%가 무엇인지를 정의하고 찾아내어 개선하는 것이 리스크를 줄이는 지름길이자 각종 사고 예방활동의 핵심이다. 그것은 조직의 문제일 수도 있고 각종 프로세스와 시스템일 수도 있고, 안전의식(위험인식)일 수도 있다.

다음에 기술하는 사회재난 연대기history는 안전과 소방을 전공하는 경희사이버대학교 재난안전학부 학생들에게 「고전에서 배우는 재난안전」 교과목을 통해 우리나라에서 발생했던 사회 재난과 화재참사가 어떤 것들이 있었는지를 정리해서 시사하는 바가 무엇인지를 이해하고 관련된 부분을 접하게 될 경우 대비하도록 정리한 것이다. 자료를 준비하면서 알게 된 것은 그동안 우리가 수없이 많은 재난과 참사를 겪었지만, 이런 것들을 일목요연하게 정리한 것이 없었다는 것이다. 필자도 궁금하면 건건이 찾아봐야 했던 불편함을 느꼈던 터라 수업을 준비하면서 이번 기회에 정리를 해 보았다.

사회재난 연대기는 우리나라에서 1970년대부터 2025년 상반기까지 55년간 발생한 주요 사회재난을 한눈에 볼 수 있도록 연도별로 기록했다. 주로 10명 이상의 사망자가 발생한 대형 참사 위주로 기록했지만, 10명 이하의 사망자가 발생했던 사고라고 하더라도 새로운 형태의 사고나 우리가 간과하기 쉬운 사고들에 대해서는 경각심을 갖고 살펴보도록 하자는 취지에서 반영했다. 특히 안전과 관련 있는 관련 부문의 공직자, 현장의 경영자와 관리자 및 안전관리자들이 반드시 기억하고 대비해서 같은 비극이 다시는 발생하지 않게 하면 좋겠다.

국립재난안전연구원이 분석한 자료에 의하면 1964년부터 2013년까지 10인 이상 사망한 「대형 재난」이 276건이 발생했다. 지난 50년간 평균 두 달에 한 번의 빈도로 우리나라에서 이렇게 많은 대형재난이 발생한 것이다. 하지만 이것은 아직도 현재 진행형이다. 2014년 세월호 사고 발생 이후에도 끊임없이 계속되는 대형 재난을 보면 이 통계가 섬뜩하면서도 아직도 우리 사회가 정신 차리지 못하고 있다는 것을 알 수 있다. 더욱 안타까운 것은 지난 60년 동안 발생했던 동일한 사고가 아직도 계속 반복되고 있다는 것이다.

우리가 마음만 먹으면 당장 할 수 있는 일은 「과거에 발생된 사고를 정확히 기억하고 같은 사고가 반복되지 않게 하는 것」이 아닐까? 우리의 안전을 위해 기본과 원칙은 반드시 지킨다는 공감대 형성과 함께…

2장 사회재난 연대기 年代記

1 산업화의 그림자 - 1970년대

1970. 04. 08
서울 와우아파트 붕괴
사망 78명, 부상 198명
받침기둥 철근 부족, 산비탈 축대
부실시공, 사고 한달 전부터 주민신고 미조치

1970. 08. 21
경부고속도로 추풍령 휴게소 부근
고속버스 추락
사망 25명, 부상 22명
운전기사의 운전 부주의

1970. 09. 16
경남 양산 시외버스 전복
사망 13명, 부상 50명
차량 정비 불량, 운전 부주의

1970. 10. 14
충남 아산 시외버스 전복
사망 46명, 부상 26명
철도 건널목 안전규칙 무시
버스 내 안전수칙 무시(합창)
정부의 안전시설 확보 부재 등

1970. 12. 15 남영호 침몰
사망 319명, 구조 12명
과적(적재량 초과), 출항 시부터 선체
중심 기울어져 복원력 상실, 선장 미승선,
구조신호 무시

1971. 05. 10
청평호 시외버스 추락
사망 80명, 구조 14명
도로 안전시설 미비
정원 초과 탑승, 교통 단속 미실시 등

1974. 02. 22
대한민국 해군 항내 예인정
(YTL 30호) 침몰
사망 159명, 구조 157명
정원의 2배 인원 승선(정원 150명)
정장의 조함 미숙

1976. 02. 28
춘천호 시외버스 추락
사망 32명
차량정비 불량, 과속 운행 등

1976. 05. 18
경부고속도로 고속버스 충돌
사망 23명, 부상 25명
추월 부주의로 앞서가던 트레일러와 추돌

1977. 11. 11
이리역 폭발 사고
사망 59명, 부상 1,343명
호송원의 화기취급 부주의
급행료(뇌물) 등 사회 부조리

서울 와우아파트 붕괴 참사

출처: 서울특별시 소방재난본부

2. 정치사회와 재난-1980년대

1981. 05. 08
경부선 경산 열차 추돌
사망 55명, 부상 254명
1차 선행사고(건널목 오토바이 추돌), 사고 사실 관제소 알리지 않고 후진 시도, 후진으로 인한 ATS(Automatic Train Stop) 미작동

1981. 11. 22
부산 금정산성 시내버스 추락
사망 33명, 부상 37명
정원초과(정원 32명), 차량정비 불량, 행락객 대비 해당 노선 배정차량 부족

1982. 02. 05
제주 C-13 수송기 한라산 추락
사망 53명(탑승자 전원)
눈 내리는 악천후 속 무리한 운항

1982. 04. 08
서울 지하철 3호선 공사장 (무악재)붕괴 사고 시내버스 4대 추락
사망 11명, 부상 40명
사전 안전조치 미시행 상태 발파작업

1984. 03. 24
경북 영덕 시루봉 헬기 추락
사망 29명(탑승 장병 전원)
악천후 속 무리한 운항

1985. 01. 11
충북 영동 양강교 버스 추락
사망 38명, 부상 1명
과도한 업무환경으로 인한 과로 (25일 연속근무 5일 휴식), 운전 부주의

1986. 07. 30
고창 거룻배 전복 사고
마을 주민들 가족묘 벌초위해 무인도 향하던 중 발생
사망 21명
정원 초과 탑승(과적), 악천후(높은 파도) 등

1부 | 2장. 사회재난 연대기

1988. 04. 01
서울 천호대교 시내버스 추락
사망 19명, 부상 35명
운전기사의 과속 운행, 앞바퀴 파열(재생 타이어 사용), 차량정비 불량

1989. 07. 27
대한항공 803편 여객기 추락
(리비아 트리폴리 국제공항)
사망 75명, 부상 133명
악천후 속 무리한 착륙 시도

1989. 09. 17
전북 완주 시외버스 추락
사망 26명, 부상 56명
도로 안전시설 미비, 차량정비 불량

경부선 경산 열차 추돌사고

출처: 매일경제신문

3 무너지는 인프라(무책임의 구조화)-1990년대

1990. 09. 01
영동고속도로 섬강교 시외버스 추락
사망 26명, 부상 4명
버스기사의 무리한 과속 및 추월

1990. 11. 04
강원 인제군 자가용 관광버스
마주오던 화물차 충돌 소양호 추락
사망 21명, 부상 21명
앞차 추월을 위한 중앙선 침범

1993. 03. 28
구포역 열차 전복
사망 78명, 부상 198명
굴착공사 지반 강화조치 미시행
철로지반 지하에 동공 발생

1993. 07. 26
아시아나 733편 추락 사고
목포공항 착륙 접근 중 야산에 추락
사망 68명, 부상 48명
악천후, 공항의 시설 부족,
기장의 무리한 착륙 시도

1993. 10. 10
서해 훼리호 침몰
사망 292명, 구조 70명
기상악화 상황에서 무리한 운행
탑승정원 초과(정원 221명, 141명 초과)

1994. 10. 21
성수대교 붕괴
사망 32명, 부상 17명
건설사의 부실 시공, 정밀안전검사 미실시
사고 2개월 전 균열확인 미보수

1995. 04. 11
전남 화순 시내버스 VS 열차 추돌
사망 11명, 부상 16명
철도 건널목 일단 정지 경보 무시 통과

1995. 06. 29
삼풍백화점 붕괴
사망 508명, 부상 937명
부실 설계·시공 및 유지관리
건축허가, 감리, 준공과정의 문제점
수개월 전부터 균열 등 붕괴 조짐

1996. 04. 03
양평 남한강 시내버스 추락 사고
사망 22명, 부상 37명
운전자의 운전 부주의

1997. 03. 24
남원시 철도건널목 시내버스 추돌
사망 16명, 부상 16명
철도 건널목 일단 정지 경보 무시 통과

서해 훼리호 침몰   출처: 연합뉴스

4 아직은 안전 후진국(안전불감증) - 2000년대

2000. 01. 22
대구 신남네거리 지하철 공사현장 붕괴
사망 3명, 부상 1명
부실시공, 후속 사고에 대한 안전조치 미흡

2000. 07. 14
경부고속도로 추풍령 트럭, 관광버스, 승용차 등 차량 8대 연쇄 추돌
사망 18명, 부상 100명
관광버스의 빗길 과속운전

2000. 10. 27
장수 88올림픽고속도로 추돌 트럭, 관광버스, 승용차 등 차량 3대 연쇄 추돌
사망 21명, 부상 7명
트럭 운전기사의 무리한 추월

2001. 09. 25
여수 제7호 태창호 사건
한족, 조선족 60명 밀입국
사망 21명
가로 세로 3m, 높이 2.2m, 넓이 1.5평의 어구(漁具)창고에서 질식

2005. 10. 03
경북 상주 시민운동장 압사
사망 11명, 부상 59명
출입문 4개소 중 45도 경사있는 1개소만 개방, 행사 안전요원 부족(70명)

2005. 10. 6
이천 물류창고 신축공사 (GS물류센터) 붕괴
사망 9명, 부상 5명
미검증 PC(Pre-cast Concrete)공법 적용

2006. 10. 03
서해대교 29중 추돌
사망 12명, 부상 49명
안갯속 무리한 추월 및 과속

2007. 08. 13
부산 영도 월드카니발 놀이기구
(회전관람차) 곤돌라 추락
사망 5명, 부상 5명
놀이기구 정비 및 점검 불량

2007. 05. 17
서울 원묵초등학교 가족안전체험캠프
소방굴절차 구조용 바스켓 와이어
탈락으로 추락
사망 2명, 부상 1명
훈련용 굴절사다리차 점검관리 부실

2008. 10. 31
서울 강남 나산백화점 붕괴
철거 공사 중 건물이 굴착기 하중을
견디지 못해 붕괴
사망 1명, 부상 1명
지붕없는 상황 빗물유입 콘크리트 구조 약화

서해대교 29중 추돌사고   출처: 연합뉴스

5 반복되는 시스템 실패-2010년대

2010. 07. 03
인천대교 시외버스 추락
사망 14명, 부상 10명
선행 마티즈 승용차 고장 긴급조치 소홀
(뒤따르던 1톤 화물트럭 추돌 후 방치)

2010. 12. 13
원양어선 제1인성호 침몰
뉴질랜드 남쪽 해역 조업 중
사망 22명
기상 악화에 따른 너울성 파도

2011. 07. 27
춘천 대학생 봉사활동 중 산사태로 펜션 매몰
사망 13명, 부상 26명
산사태 위험지역 안전조치 미흡

2013. 07. 18
태안 사설 해병대 캠프 참사
사망 5명
교관들의 무능과 무책임, 위험지역에서 진행된 무리한 훈련, 해병대 캠프에 대한 부실한 관리감독

2013. 07. 15
노량진 배수지 수몰 사고
사망 7명, 부상 1명
장마철 폭우로 인한 한강물 유입

2014. 02. 17
경주 마우나리조트 체육관 붕괴
사망 10명, 부상 204명
적설(지붕 위 약 180톤), 주기둥 및 주보에 저강도 부재 사용, 시설관리 부실

2014. 04. 16
세월호 침몰
사망 304명, 부상 142명
불법 증축(239톤), 최대 적재량(1,077톤) 초과(2,142톤), 차량 컨테이너 부실 고박

2014. 10. 17
판교 공연장 인근 주차장 환풍구 붕괴
사망 16명, 부상 11명
부실시공(지지하중, 60kg/㎡ -> 20kg/㎡)
수용인원 초과(500석 -> 2,000석)
안전요원 부족

2016. 10. 13
경부고속도로 언양분기점 관광버스
방호벽 추돌 화재
사망 10명, 부상 7명
과속 및 운전 부주의

2017. 12. 13
영흥도 낚싯배 급유선과 충돌 후 전복
사망 15명, 부상 7명
급유선의 운항 부주의

세월호 침몰 사고

출처: 연합뉴스

6 복합재난의 시대-2020년대

2021. 06. 09
광주 학동 상가건물 철거 중 붕괴
사망 9명, 부상 8명
계획과 달리 무리한 해체방식 적용하여
건축물 내부 바닥 절반 철거 후
· 3층 높이(10m 이상)의 과도한 성토 작업
· 1층 바닥판이 무게 못이겨 파괴
· 지하층으로 성토가 급격히 유입
· 상부층 토사의 건물전면 방향 이동에 따른 충격

2022. 01. 11
광주 화정동 아이파크 신축 주상복합 아파트 붕괴
사망 6명, 부상 1명
39층 피트층(설비공간) 무단 설계변경
콘크리트 품질관리 소홀
타설층 하부 동바리 조기 철거

2022. 10. 29
이태원 핼러윈 관련 압사
사망 159명, 부상 195명
수만명의 인파에 대한 공권력의 통제 부재
개인간 안전거리 없는 내리막길 넘어짐

2023. 04. 05
분당 정자동 다리 붕괴
사망 1명, 부상 1명
정밀안전점검 결과 보수공사 미시행

2023. 07. 15
청주 오송 지하차도 침수
사망 14명, 부상 11명
도로 확장공사 시공사의 제방 훼손
공사관리 및 하천관리 부실, 재난 대응 부실, 지하차도 관리 부실-> 총체적으로 결합하여 발생

2024. 12. 29
전남 무안공항 항공기(제주항공) 활주로 이탈
사망 179명, 부상 2명
조류충돌로 인한 엔진 및 유압계통 손상
랜딩기어 미작동 및 제동장치 실패
활주로 끝단의 구조물과 충돌
활주로 길이와 안전구역의 한계
사고 대응 및 구조 지연
-> 복합적으로 작용하여 발생

2025. 02. 2
안성고속도로 공사현장 교량 상판 붕괴
사망 4명, 부상 6명
거더(Girder) 공법 적용 부적합
런처(크레인) 철거작업 중 균형 잃음
안전장치 미비
-> 거더 기울어짐 방지 안전로프 미설치
   부실 시공 및 과도한 설계

2025. 04. 11
수도권 전철 신안산선 광명 공사현장 도로 붕괴
사망 1명, 부상 1명
토목시공·구조, 토질 및 기초, 품질분야 등
전문가 12명으로 구성된 건설사고조사위원회
구성, 사고원인 분석 중

과도한 성토로 인한 구조물의 붕괴 과정

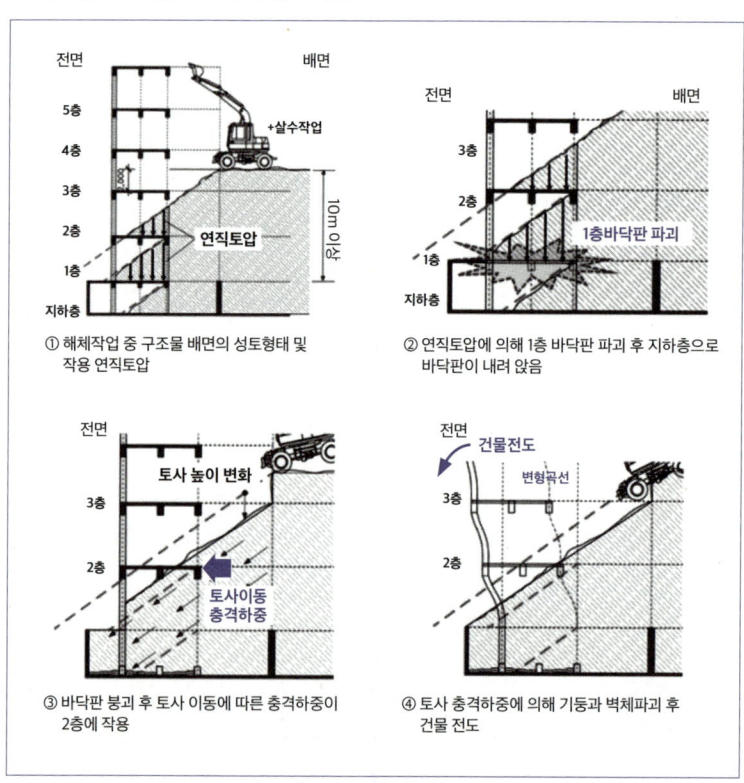

국토교통부 광주 해체공사 붕괴사고 중앙건축물사고조사 위원회 조사결과

7   시대별 사회재난의 시사점示唆點

「고전에서 배우는 재난안전」을 이야기하기 전에 우리나라 재난의 역사를 되돌아보지 않을 수 없어서 먼저 연대별 사회적 참사(사회재난)를 살펴보았다. 사회적 참사의 사례를 통해 우리 사회와 산업현장을 이끌어 나가는 안전관계자들이 관리자로서 갖추어야 할 안전에 대한 통찰력을 향상시킬 수 있지 않을까 하는 기대가 있기 때문이다. 사회적 참사나 재난은 기술의 발전과 시대 및 환경 변화에 따라 그 형태도 다양하게 변화되어 나타난다. 지금까지 발생한 사회재난을 분석해 보면 안전관리에 대한 시사점과 교훈을 얻을 수 있다.

첫째, 같은 사고가 끊임없이 반복된다. 「소잃고 외양간 고친다」는 속담이 있지만, 이제는 정말 소를 잃었으면 외양간이라도 잘 고쳐서 같은 실패가 되풀이되지 않도록 해야 한다. 1970~1980년대는 도로가 확장되고 고속도로가 건설되면서 시외버스나 고속버스 및 단체 관광버스 사고가 주를 이루었고, 기차 철도 건널목 사고도 빈번히 발생하였다. 기본적인 안전에 대한 개념도 없던 시절이라 탑승인원 제한에 대한 기준이나 단속도 제대로 이루어지지 않았다. 또한, 고속도로나 국도 건설시 사고 예방을 위한 설계나 교통안전 시설물 같은 것도 많이 부족했다. 뿐만 아니라 차량에 대한 점검·정비의 부실과 무리한 운행스케줄 및 과속 등 운전 부주의가 대형 사고의 주요 원인이 되었다. 지금은 도로나 차량 관리수준이 많이 향상되어 대형 교통사고가 그 당시와는 비교할 수 없을 만큼 감소했지만, 아직도 잊을 만하면 발생하는 교통사고의 원인은 예나 지금이나 큰 차이가 없다. 잊지 말고 기억해야 할 일이다.

이미 1970년 12월 15일 여수에서 남영호 선박이 침몰하여 326명이 목숨을 잃었고, 1993년 10월 10일에는 전북 부안에서 서해 훼리호가 침몰해 탑승자 292명이 목숨을 잃은 사고가 발생했었는데도 2014년 세월호 사고가 발생하여 304명의 귀한 생명을 또다시 잃는 슬픔을 겪어야만 했다. 2005년 경북 상주의 시민운동장에서 동시에 출입하는 인파에 밀려 11명이 사망하고, 59명이 다친 압사사고가 있었는데도 2022년 10월 29일 이태원에서 핼러윈데이 인파로 인해 압사사고가 발생하여 159명이 사망하고 196명이 부상을 입었다.

둘째, 사고가 발생한 후에 부분적으로 법과 제도가 뒤따르고 정비된다. 즉 「사고가 나고 사람이 죽어야 법이 제정되고 개정된다.」 이 부분은 늦게라도 개선되어 그나마 다행이라고 생각할 수 있지만 완벽히 개선되고 정착될 때까지 집요하게 관리해야 하는 부분에서는 아쉬움이 많이 있다. 고속도로 곡선노선에서 몇 차례 대형 교통사고가 발생하고 나서야 도로 선형이 변경되고, 안전시설물이 설치된다. 경부고속도로 부산방향 추풍령 휴게소~김천방향이 그랬고, 구포역 열차 전복사고 이후에야 관할 관청에 신고없이 시행하던 굴착공사가 선로 주변 30m 이내 공사 시에는 신고하게끔 개선되었다. 서해 훼리호 침몰사고로 승선자 인원의 통보, 신원증명 규정이 강화되었지만 세월호 사고까지도 완벽히 개선되지 못했다. 성수대교 붕괴사고로 교량에 대한 안전관리를 위해 한국시설안전공단이 설립되어 안전검사 등이 의무화되었고 이후 해당 공단은 발전을 거듭하여 2020년 12월 건설현장의 안전관리 강화를 목적으로 그 기능과 역할이 확대되어 국토안전관리원으로 새롭게 출범하였으며, 강남과 강북의 교차 학교배정 규정이 폐지되었다.

또한 1995년 발생한 삼풍백화점 붕괴사고는 우리나라 건축안전과 재난대응 강화 측면에서 여러가지 법과 제도가 개정되거나 신설되는 결과를 가져왔다. 건축법이 개정되어 건축물의 구조안전 기준 강화, 건축 허가 및 감리제도 개선, 정기 안전점검 실시, 부실시공 방지를 위한 감리자의 독립성 보장이 이루어졌고, 「시설물의 안전 및 유지관리에 관한 법률(시설물안전법)」이 제정되어 일정 규모 이상의 건축물과 시설물에 대해 정기적인 안전점검 및 정밀안전진단의 의무화가 시행되었다. 이외에도 재난 및 안전관리 기본법 제정, 소방법 개정, 부실 공사에 대한 처벌 강화 및 중앙 119구조대의 창설 등 실로 우리 사회 전반에 걸쳐 안전관리 강화조치가 이루어졌다. 이제는 사후약방문死後藥方文식 안전관리가 아니라, 위험을 사전에 과학적으로 평가하고 제도를 정비하는 등의 선제적 안전관리가 필요한 때이다.

셋째, 지금까지 우리가 경험해 보지 못한 새로운(신종) 사회재난 위험이 등장하고 있다. 기술과 산업이 발전하고 사회환경이 바뀜에 따라 다양한 분야에서 AI를 활용한 기술과 제품이 출현하고 있고, 지방자치단체 등의 신규 축제나 공연도 우후죽순으로 개발되고 있다. 이뿐만 아니라 각종 신종 레저·스포츠Leports와 관광상품 등의 출현은 언제, 어디서, 어떤 사고가 발생할지 예상하기 쉽지 않게 만들었다. 따라서 이러한 위험과 재난에 철저히 대비하기 위해서는 체계적이고 과학적인 위험성 평가관리가 더욱 필요하다. 이제 우리 사회에서 사고를 통해 배우는 일이 더 이상 없기를 간절히 바란다. 이것이 우리가 재난에 대한 역사를 알아야 하는 이유이고, 고전을 배워야 하는 목적이기도 하다.

3장　화재참사 火災慘事

1 화재발생 현황

행정안전부에서 매년 발행하는 「재난연감」은 우리나라에서 발생하는 사회재난 및 각종 사고발생 현황을 분석하는 통계이다. 이 통계에서 가장 많은 사고는 도로 교통사고이고, 그다음으로 많이 발생하는 것이 화재다. 화재는 사회재난의 범주에 포함되는 것이지만 워낙 많이 발생하고, 희생자 규모도 매우 커서 편의상 사회재난에서 분리해서 살펴보겠다.

2014년부터 2023년까지 최근 10년간 화재발생 추이는 2015년을 기점으로 조금씩 감소하던 것이 2023년부터 다시 증가하고 있다. 연평균 화재건수는 41,050건, 인명피해 2,316명(사망 315명, 부상 2,001명), 재산피해 704,734백만 원으로 나타났다. 매년 화재사고로 세월호 한 척에 해당하는 희생자가 발생하고 있는 것이

연도별 화재 발생 추이(2014~2023)

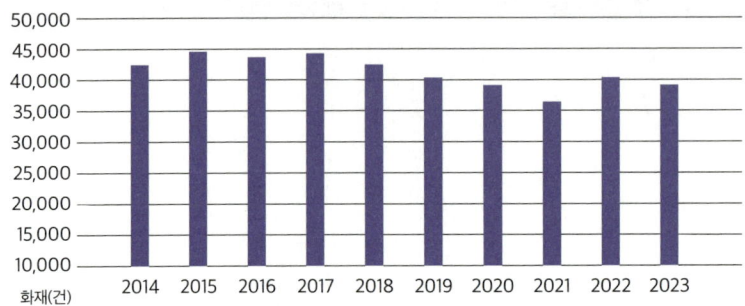

출처: 2023년도 화재통계연감(소방청)

주요 발화요인 현황(2014~2023)

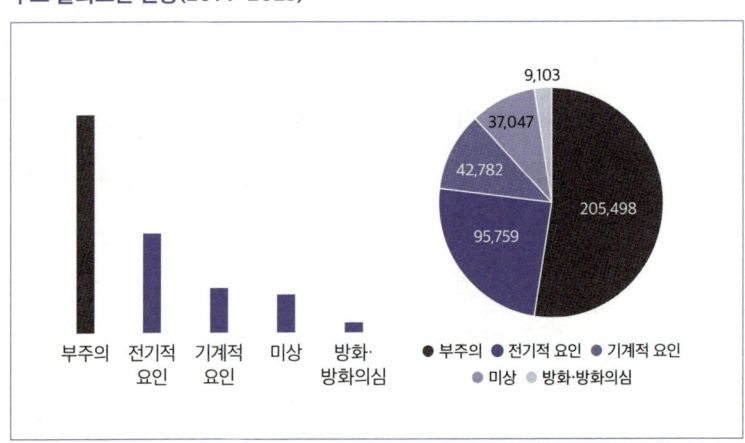

출처: 2023년도 화재통계연감(소방청)

최근 10년간 화재피해 현황(2014~2023)

단위: 건, 명, 천 원

연도	건수	인명피해			재산피해
		소계	사망	부상	
계	410,498	23,163	3,149	20,014	7,047,338,020
2014	42,135	2,181	325	1,856	405,366,098
2015	44,435	2,093	253	1,840	433,208,573
2016	43,413	2,024	306	1,718	420,603,245
2017	44,178	2,197	345	1,852	506,976,164
2018	42,338	2,594	369	2,225	559,704,503
2019	40,103	2,515	285	2,230	858,496,234
2020	38,659	2,283	365	1,918	600,475,168
2021	36,267	2,130	276	1,854	1,099,124,986
2022	40,113	2,669	342	2,327	1,210,411,421
2023	38,857	2,477	283	2,194	952,971,628

출처: 2023년도 화재통계연감(소방청)

다. 더욱 안타까운 것은 충분히 예방할 수 있는 부주의에 해당하는 화재가 가장 많이 발생하고 있다는 것이다. 이 기간 전체 화재 410,498건 중 발화요인은 담배꽁초, 화기작업 및 음식물 조리 등의 부주의가 205,498건(50.1%)으로 가장 많았다. 다음으로 누전이나 과부하 등 전기적요인 95,759건(23.3%), 과열, 정비불량 및 노후 등에 의한 기계적 요인 42,782건(10.4%), 원인 미상 37,047건(9.0%), 방화 및 방화의심 9,103건(2.2%) 순으로 나타났다.

2 화기작업 관련 화재 현황

2025년 새해 들어서도 각종 화재는 우리 주변에서 끊이지 않고 발생하고 있다. 그것도 새로운 환경이나 기술의 발전에 따라 지금까지 경험해 보지 못한 불가피한 사고가 아니라 과거부터 계속해서 발생한 사고의 연속이다.

대표적인 것 중의 하나가 바로 화기작업 중 발생하는 화재다. 2025년 2월 1일 08시 40분경 국립 한글박물관에서 화재가 발생했다. 이 화재로 월인석보와 정조의 한글 편지 등 보물급으로 지정되어 있는 문화유산이 인근 국립중앙박물관으로 긴급 이송되었고, 용산구청은 해당 화재로 인한 연기가 대량 발생하여 인근 지역 주민들은 창문을 닫고 해당 지역 접근 자제를 당부하는 내용의 긴급재난문자를 발송했다. 다행히 화재 당시 국립 한글박물관은 증축 관계로 2024년 10월 이후 휴관 중인 상황이라 대형 인명 및 국가유산 피해는 일어나지 않았다. 관할 소방서에 따르면 3층에서 철근 절단작업 중 튄 용접불티로 인해 발생된 것으로 조사되었다.

국립 한글박물관 화재가 발생한 지 얼마 지나지 않은 지난 2월 14일 오전 10시 51분경, 반얀트리 해운대 부산 리조트 신축 공사장에서 또다시 화재가 발생하여 6명이 사망하고 1명이 부상을 입었다. 올해 상반기 중 개장을 목표로 마무리 공사가 한창이던 공사장 전체에는 40여 개 업체에서 841명의 작업자가 작업을 하고 있었다. 이 화재 역시 관계기관 합동 화재감식 결과 호텔 B동 1층 PT룸(배관 유지·관리를 위한 공간) 배관 주변에서 용접작업 중 발생한 불티가 주변에 적재되어 있던 가연성 물질(폴리스티렌 단열재 등 인테리어 자재)에 옮겨붙으면서 급속히 확산된 것으로 나타났다.

행정안전부가 분석한 자료에 의하면 2015~2019년까지 5년간 화기작업과 관련한 화재는 총 5,829건이 발생하여 사망 32명, 부상 412명의 인명피해가 발생했다. 화기작업 중 발생한 화재참사로 대규모 인명피해가 발생했던 대표적인 사례가 2008년 1월 7일 발생한 이천 냉동창고(코리아 2000) 화재와 2020년 4월 29일 발생한 이천물류센터(한익스프레스) 공사장 화재이다. 이 화재로 각각 사망 40명, 부상 17명과 사망 38명, 부상 10명의 사상자가 발생했는데 모두 화기작업 중 발생한 용접불티에 의한 화재였다. 이처럼 화기작업은 화재를 유발하여 대규모 인명피해를 초래하는 중요한 관리대상 작업이다.

우리나라에서 화기작업에 의한 화재는 장마철인 여름을 제외하고 매월 486건 정도가 발생할 정도로 발생빈도가 높고 발생 시 대규모 인명 및 재산피해를 초래한다. 화기작업(용접·용단)에 의해 발생되는 화재를 장소별로 살펴보면 공장과 창고 등 산업시설(1,812건, 31.1%)에서 가장 많이 발생한다. 그 외 건물의 리모델링 등으로 인한 주택이나 아파트 등의 주거시설(734건, 12.6%), 백화점이나 호텔 등 판매·업무시설(520건, 8.9%)에서 주로 발생하고 있다.

화기작업 관련 5년(2015~2019)간 월별 화재 발생 현황

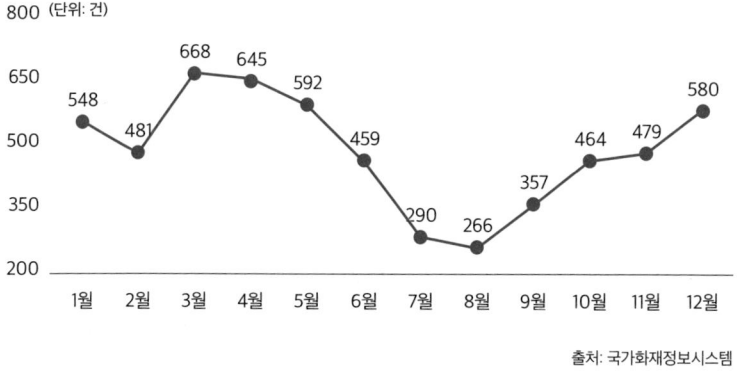

출처: 국가화재정보시스템

앞에서 이 2건의 화재사고 사례를 언급한 이유는 우리나라에서 발생하는 대부분의 재난사고나 화재참사는 물론 각종 안전사고도 수십 년 동안 같은 원인으로 계속 반복해서 발생하는 데도

화기작업 관련 장소별 화재 발생현황

순위	화 재(건)		사 망(명)		부 상(명)	
1	산업시설	1,812	산업시설	8	산업시설	125
2	주거시설	734	주거시설	6	주거시설	61
3	판매·업무시설	520	판매·업무시설	4	판매·업무시설	57

개선되지 않는 고질적인 문제를 안고 있다는 것이다. 이러한 고질적인 문제가 개선되지 않는 한 「안전 대한민국」은 영원히 구호에 그칠 것이라는 우려 때문이다. 이천 물류센터 화재 등 화재참사 연대기를 보더라도 산업현장이나 물류센터에서 발생하는 대부분의 화재는 이처럼 화기작업火器作業 중에 발생한다. 화기작업이란 화재위험이 있는 고열을 발생시켜 접합부분에 열과 압력을 가해 물체를 접합(용접)하거나 절단(용단)하는 작업과 인화성 가스나 증기, 분진을 점화시킬 수 있는 작업을 말한다. 화기작업은 산업현장뿐만 아니라 주거시설이나 판매·업무시설에서도 빈번히 행해지는 작업인 만큼 우리 사회 전반에 걸쳐 이루어지는 위험작업이라 할 수 있겠다.

3 화기작업의 화재 예방

국가의 중요 시설인 박물관 증축공사 현장에서조차 예외없이 발생하는 화기작업에 의한 화재! 그렇다면 이러한 화기작업 중에 발생하는 화재를 예방하기 위해서는 어떻게 해야 할까? 일단 화기작업이 이루어지는 현장의 관리자, 작업자 및 안전관리자 등 작업현장 관계자는 「화기작업이 있는 곳에 가연물이 있으면 화재가 발생한다」는 것을 전제조건으로 인식하고 관리하는 것이 무엇보다 필요하다. 그리고 화기작업 안전기준을 반드시 준수하도록 교육하고, 확인(점검)해야 한다. 아무리 강조해도 지나치지 않은 사항이기에 「화기작업 안전기준」을 상기해 본다.

올바른 화기작업 절차

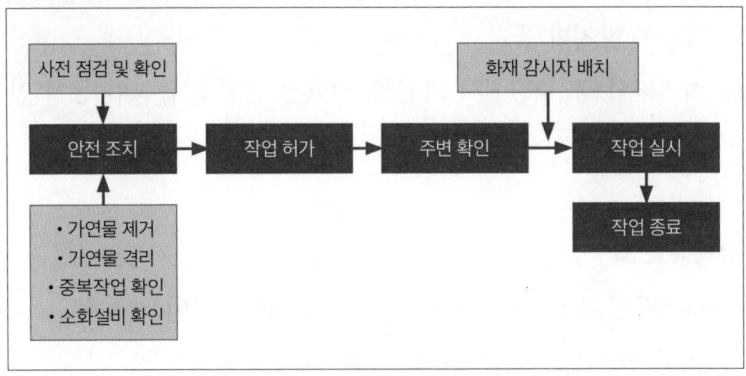

작업시작 전

① 화기작업 위험성평가 및 결과에 따른 안전대책 수립

② 공정 유체의 제거, 퍼지, 차단 여부 확인

③ 작업허가서 매일 발행·관리(발행 전 현장의 안전조치 확인)

④ 주변 11m 이내의 가연성물질 제거 및 격리, 불가 시 불티비산 방지포 설치

⑤ 소화기 2개 이상 비치, 소화전 및 화재발신기 등 소방시설의 위치, 사용법 숙지

⑥ 화기작업장소 11m 이내의 벽 및 바닥 개구부, 틈새 밀폐 및 공사담당자 확인

작업 중

① 화재감시자 현장 상주 감시

② 작업중단, 작업장 이탈 시 용접용 가스공급밸브, 콕크 등 잠금

③ 개인보호구 착용(안전화, 안전모, 보안경, 보안면, 용접용 장갑·작업복·앞치마 등)
④ 화기작업 중 주변에서 가연성, 인화성 물질 취급작업 동시 진행 금지

작업종료 후
① 화기작업 종료 30분 후까지 현장 이상여부 확인$^{cooling\ time}$
  -> 화기작업 불꽃(불티)의 완전한 제거 확인
② 현장 정리정돈 및 작업도구의 철거
③ 용접기 전원 차단 및 용기 가스밸브 잠금 확인
④ 공정 책임자의 이상 유무 확인

4장 화재참사 연대기 年代記

1 밀폐된 공간, 닫힌 출구 – 1970~1980년대

1971. 12. 25
서울 대연각호텔 화재
사망 및 실종 216명, 부상 68명
재산피해 8억 3,800만 원
액화석유가스(LPG)의 누출, 폭발

1972. 12. 02
서울 시민회관(현, 세종문화회관) 화재
사망 53명, 부상 76명
재산피해 2억 5,000만 원
무대 조명장치 과전류 등에 의한 전기합선

1974. 11. 03
서울 대왕코너 화재
사망 88명, 부상 35명
재산피해 8억 3,800만 원
액화석유가스(LPG)의 누출, 폭발

1979. 04. 14
강원 정선 함백탄광 폭발
사망 26명, 부상 38명
광차에 실린 다이너마이트 폭발

1979. 10. 27
경북 문경 은성탄광 화재
사망 44명, 구조 82명
컨베이어 모터 과열

1980. 06. 05
광주 지하살롱 화재
사망 23명, 부상 2명
누전

1983. 04. 18
대구 디스코클럽(초원의 집) 화재
사망 25명, 부상 70명
전기합선

1984. 01. 14
부산 대아호텔 화재
사망 38명, 부상 68명
헬스클럽 종업원 석유난로에 등유 넣다 흘러 넘친 등유에 인화

1987. 06. 16
극동호 유람선 화재
사망 36명, 구조 51명
엔진과열, 불법엔진 설치(자동차용 중고엔진)

1988. 03. 25
안양 봉제공장 기숙사 화재
사망 22명, 부상 6명
불법 기숙사 운영, 무허가 공장

서울 대연각호텔 화재

출처: 서울특별시 소방재난본부

2 시스템 부실과 반복된 참사 -1990년대

1992. 10. 04
원주 왕국회관 화재
사망 14명, 부상 27명
방화(放火)

1993. 04. 19
논산 정신병원 화재
사망 34명, 부상 2명
담뱃불에 의한 실화(失火)

1993. 06. 10
연천 예비군 훈련장 폭발
사망 20명, 부상 5명
안전관리 소홀 및 훈련 통제 미흡

1994. 10. 24
충주호 유람선 화재
사망 30명, 부상 33명
기관실의 엔진 과열

1995. 04. 28
대구지하철 공사장 가스폭발
사망 101명, 부상 202명
지하철공사장 인근 백화점 토목공사 굴착 중 가스관 파손

1995. 08. 25
경기 광주 여자기술학원 화재
사망 40명, 구조 13명
방화(放火)

1부 | 4장. 화재참사 연대기

1998. 10. 29
부산 범창 냉동창고 화재
사망 27명, 부상 16명
전기합선

1999. 06. 30
화성 씨랜드 화재
사망 23명, 부상 6명
모기향에 의한 발화, 부실공사로 인한 누전

1999. 10. 30
인천 인현동 호프집 화재
사망 56명, 부상 78명
지하 노래방 아르바이트생의 담뱃불로 인한 실화(失火)

대구지하철 공사장 가스폭발

출처: 정부기록사진집

3 일상이 된 참사(안전불감증)-2000년대

2001. 05. 16
경기 광주 예지학원 화재
사망 10명, 부상 22명
담뱃불로 인한 실화(失火)
창고가 강의실로 불법 용도 변경
공무원 직무유기 및 허위 공문서 작성

2003. 02. 18
대구 지하철 중앙로역 화재
사망 198명, 부상 151명
방화(放火)

2003. 03. 26
천안 초등학교 축구부합숙소 화재
사망 8명, 부상 16명
주방의 전기 합선, 방화(放火)

2006. 01. 11
서울 잠실 고시원 화재
사망 8명, 부상 10명
방화(放火)

2007. 01. 11
여수 외국인 보호소 화재
사망 10명, 부상 17명
방화(放火) 및 소방시설 미작동

2008. 01. 07
이천 냉동 물류창고(코리아2000) 화재
사망 40명, 부상 17명
용접불티가 우레탄폼에 옮겨붙음

2008. 12. 05
서이천 물류창고(GS리테일) 화재
사망 8명, 부상 2명
용접불티가 샌드위치판넬에 옮겨붙음

2009. 11. 14
부산 실내사격장 화재
사망 10명, 부상 6명
인화성 물질에 의한 폭발

대구지하철 중앙로역 화재

출처: 연합뉴스

4 작동하지 않는 시스템(매뉴얼의 한계) - 2010년대

2010. 11. 12
포항 요양원 화재
사망 10명, 부상 17명
전기합선

2012. 05. 05
부산 부전동 노래방 화재
사망 9명, 부상 17명
전기합선 및 누전

2014. 05. 26
고양 종합터미널 화재
사망 8명, 부상 58명
용접작업 중 불티의 비산(飛散)

2014. 05. 28
장성 요양병원 화재
사망 21명, 부상 8명
방화(放火)

2014. 11. 15
전남 담양 펜션 바비큐장 화재
사망 5명, 부상 6명
바비큐장의 구조적 문제, 안전관리 부실

2015. 01. 10
의정부 대봉그린아파트 화재
사망 5명, 부상 125명
오토바이 배선 합선에 의한 실화
용접작업 중 불티의 비산(飛散)

2015. 03. 22
강화도 글램핑장 화재
사망 5명, 부상 2명
안전인증 표시없는 발열매트 설치
미등록 공사업자의 전기증설공사

2016. 10. 13
경부고속도로 관광버스 화재
사망 10명, 부상 10명,
가이드 레일 충돌

2017. 12. 21
제천 스포츠센터 화재
사망 29명, 부상 37명
열선 설치작업 중 실화

2018. 01. 26
밀양 세종(요양)병원 화재
사망 50명, 부상 142명
전기적 요인에 의한 발화

2018. 11. 09
서울 종로 고시원 화재
사망 7명, 부상 11명
전기난로 과열

5 복합 위험시대의 불씨-2020년대

2020. 01. 25
동해 펜션 가스폭발 사고
사망 7명, 부상 2명
가스레인지 철거 후 가스배관 마감조치 미시행

2020. 04. 29
이천 물류센터(한익스프레스) 공사장 화재폭발
사망 38명, 부상 10명
우레탄폼 유증기에 용접불티 비산

2020. 07. 21
용인 SLC물류센터 화재
사망 5명, 부상 8명
서리낌 방지를 위해 설치한 온열기 과열

2022. 01. 05
평택 냉동창고 신축공사현장 화재
사망 3명
열선에 의한 화재(최초원인)
가연성가스로 인한 폭발(재확산 원인)

2022. 09. 26
대전 현대 프리미엄 아울렛 화재
사망 7명, 부상 1명
화물차 매연 저감장치 과열
과열된 배기구 주변에 방치된 가연물

2022. 11. 16
대구 가스(LPG)충전소 폭발
사망 2명, 부상 6명
가스 누출

2024. 01. 31
문경 육가공 공장 화재
사망 2명
튀김기 및 식용유로 인한 화재

2024. 08. 22
경기 부천 호텔 화재
사망 7명, 부상 12명
객실 에어컨에서 발생한 스파크

2024. 06. 24
화성 1차 전지 제조공장(아리셀) 화재
사망 23명, 부상 8명
리튬 배터리의 열폭주 및 연쇄 폭발
안전관리 부실 및 구조적 문제

2025. 02. 14
부산 반얀트리 리조트 화재
사망 6명, 부상 1명
배관 절단 및 용접 작업 중 불티 비산

화성 1차 전지 제조공장(아리셀) 화재　　　　출처: 연합뉴스

6   대형 재난(참사)의 공통점과 교훈

지금까지 지난 반세기 동안 우리나라에서 발생한 각종 대형 재난(참사)에 대한 사례를 정리해 보았다. 선박의 침몰부터 산업현장에서뿐만 아니라 호텔 등 사회 곳곳에서 발생하는 화재 참사에 이르기까지 끊임없이 반복되는 사회적 참사는 시간과 장소, 그리고 피해자들만 달라질 뿐 너무나 똑같은 판박이다. 세월호 사고가 발생된 후 정부와 온 국민이 「이제는 안전을 무시하는 행태가 우리 사회에서 발을 못 붙이게 해야 한다」고 그렇게 외치고 다짐했지만, 아직도 안전을 무시하는 고질병은 고쳐지지 않고 있다.

2025년이 시작된 지 얼마 되지도 않았는데 지난 2월에만 제주와 여수, 부안에서 어선이 전복되거나 화재가 발생해 26명이 사망하거나 실종되었다. 2025년 2월 18일 MBN이 취재한 자료에 의하면 2톤 이상 어선 10척을 확인해 봤더니 무려 8척이 구명조끼를 갖춰 놓지 않았고, 민간 해양구조대 어선조차도 구명조끼가 비치돼 있지 않았다. 구명조끼가 있는 어선도 비닐과 테이프로 묶어 놓아 긴급한 상황에서 바로 사용할 수 없게 되어있었으며, 소화기는 포장을 뜯지도 않았고, 심지어 만든지 20년 이상이 된 소화기도 있었다고 한다. 이렇게 부실하게 관리되는 이유를 들여다보니, 해양경찰과 지방자치단체에서 매년 5회 이상 점검을 하는데 점검날짜와 시간을 미리 알려주고 있다고 한다. 점검받을 때만 빌리거나 갖춰 놓는다는 얘기다. 일부 어민들의 안전불감증도 문제이지만 당국의 하나마나한 단속이 어민들의 안전불감증을 초래하는 것이라고 할 수 있다. 이런 문제가 어디 어선뿐일까?

이렇게 대형 참사가 계속해서 발생해도 국민들의 행동은 쉽게 바뀌지 않고 있다. 앞으로 얼마나 더 많은 희생을 치러야 우리 사회가 정신을 차릴까? 이 정도라면 정부도 기업도 국민들도 안전에 대한 개선 의지가 없는 것으로 밖에 볼 수 없다. 특히 화재, 폭발, 붕괴 등 복합재난의 위험이 도사리고 있는 국가 기반시설과 산업현장은 국가 경제 및 국민안전에 치명적인 영향을 줄 수 있는 대표적인 곳이기에 문제는 더욱 심각하다. 아무리 큰 사고가 나도 그때뿐 그렇게 우리는 오늘도 어제를 잊으며 산다. 필연적으로 또 다른 비극이 반복되는 것을 그저 보기만 하면서…

이렇게 발생되는 우리 사회의 대형 재난은 몇 가지 공통점이 있다. 첫째, 재래형(後進國型)사고가 반복된다. 과거에 발생했던 사고와 동일하거나 비슷한 형태의 사고가 계속 발생한다. 해양·선박 사고, 건물 붕괴사고, 공사현장과 다중이용시설에서의 화재 폭발사고, 인파 밀집지역의 압사사고까지 늘 같은 사고가 세월을 거슬러 반복된다. 선진국에서는 한 번 발생했던 사고가 또다시 발생하는 경우는 매우 드물다. 한 번의 실패에서 교훈을 얻어 다시는 같은 사고가 반복되지 않도록 하기 때문이다. 불행하게도 우리는 실패에서도 교훈을 얻지 못하고 있다.

둘째, 사고의 원인도 똑같다. 공사 현장에 가연성물질이 널려 있는데도 안전조치를 시행하지 않고 용접 등 화기작업을 진행하다 발생하는 화재사고가 2025년에도 계속되고 있다. 그동안 수없이 많이 발생해서 인명과 재산손실을 초래했던 사고들이다. 건설현장의 떨어짐(추락) 사고는 매년 사고발생원인 1위를 놓치지 않고 있다. 얼마든지 예방하거나 피해를 최소화할 수 있었던 사고를 간과看過하거나 그저 막연히 "괜찮겠지, 설마 사고가 날까?"라는 안이한 생각에서 비롯된 전형적인 안전불감증에 의한 사고가 대부분이다.

셋째, 필연적으로 사고를 일으키게 되는 구조적인 문제점을 개선하지 못한다. 아니 개선하려고 하지 않는 표현이 맞을 것이다. 하도급에서 재再하도급으로 이어지는 다단계 하청 건설공사의 구조적인 모순과 허술한 제도 같은 것이다. 또한 계획과 설계 등 사전 준비단계에서 검토하느라 시간을 모두 허비하고 적정 공기도 확보해 주지 않은 채 준공기일을 맞추라고 하면 돌관공사를 할 수밖에 없다. 게다가 안전관리에 필수적인 안전관리비와 최소한의 시간을 확보해 주지 않으면 어떻게 안전하게 일할 수 있단 말인가?

넷째, 애도哀悼와 의전儀典 그리고 사죄謝罪다. 대형 재난이 발생하면 언론에 오르내리고 안타까운 사연과 함께 사회적 애도 분위기가 확산된다. 세월호 때도 그랬듯이 이태원 참사때도 유족들은 제대로 된 안내조차 받지도 못하고 가족을 찾아 헤매는데 아무 도움도 안 되는 정치인이나 고위 관료들이 현장을 찾아 위로한답시고 얼굴을 내민다. 세월호 사고 당시엔 구조헬기가 기수를 돌려 구조현장을 보겠다는 장관과 해경청장을 모시러 가는 바람에 정작 살릴 수 있었던 학생은 목숨을 잃었다. 재난 구호는 시스템으로 하는 것이지, 현지에 나타나는 고위 지도자의 얼굴로 하는 것이 아니다. 기업도 마찬가지다. 참사가 발생되면 관련 기업의 최고 경영진이 나타나 어김없이 머리 숙여 사죄한다. 사죄는 하는 것이 도리이나 진심으로 재발 방지를 위한 근본적인 대책을 수립해서 다시는 그런 일이 없도록 하겠다는 마음 없이 순간의 위기만 모면하려고 해서는 안 된다. 대부분의 희생자는 늘 비정규직이거나 하청업체 직원들이다. 우리가 지켜주고 보듬어 주어야 할 사회적 약자들이다.

다섯째, 보여주기식 일제점검과 말뿐인 재발방지대책을 남발한다. 대형 재난이 발생하면 평상시엔 한 번 가보지도 않던 곳을 수박 겉핥기식으로 특별점검한다며 호들갑을 떤다. 올해도 얼마 전 반얀트리 해운대 부산에서 화재가 발생하자, 관련 기관에서는 어김없이 건설현장 화재예방 특별점검을 하겠다고 발표하는 것을 보았다. 그렇게 해서 사고를 예방할 일이라면 사고가 발생한 다음에 뒷북치며 할 것이 아니라 사고가 날 만한 곳을 찾아 미리 점검해서 예방하는 것이 진정 해야 할 일 아닌가? 또한 정부나 관련 기업에서는 재발방지 대책을 쏟아내지만 실행되는 것은 거의 없다. 국회에서도 대부분의 관련 법안을 떠들썩하게 홍보만 하고 폐기된다. 그동안 수립되었던 대책과 약속이 제대로 이행되었다면 더 이상 참사는 일어나지 않아야 하고 우리나라는 벌써 안전 선진국이 되었을 것이다. 항상 말만 앞서고 실행은 이런저런 이유로 뒤처진다. 아니 실행해 보지도 못한다.

마지막으로 냄비 안전의식의 반복이다. 대형 참사가 날 때마다 국민의 안전과 생명을 위해서는 무엇이든 다 하겠다고 하면서 안전을 외치지만, 얼마 지나지 않으면 금방 잊고 사그라져 나 몰라라 한다. 안전사고는 잊혀지고 매뉴얼은 없거나, 있어도 현장에서 계속 무시된다. 사고 당시 재발방지 대책을 다짐했던 고위층은 또다시 똑같은 다짐을 반복하지만 이런 다짐은 이행되지 않고 다시 망각에 빠지고 잊을 만하면 참사는 반복된다. 정부는 또다시 대책을 발표하지만 금방 잊히고 사회는 「설마」의 시간으로 되돌아간다. 모두가 쇼를 하는 것 같다. 이런 상태로는 언제쯤 참사에서 자유로운 나라가 될지 걱정이 앞선다. 안전 대한민국을 만들겠다고 하는 2025년 우리 사회의 현주소다.

독일의 심리학자 헤르만 에빙하우스H. Ebbinghaus의 「망각곡선The Forgetting Curve」이라는 것이 있다. 망각곡선은 시간의 경과에 따라 나타나는 일반적인 망각의 정도를 그래프를 통해 제시한 것인데, 이 그래프는 기억을 유지하려는 추가적인 시도, 즉 의식적인 반복 학습이 없을 경우 시간이 지남에 따라 발생하는 기억의 손실 정도를 보여준다. 모든 사람들에게 나타나는 이러한 망각곡선 때문에 근로자에게 반복적이고 정기적인 안전교육의 시행도 필요한 것이고 법제화되어 있는 이유이기도 하다. 따라서 일반 국민이나 근로자들은 과거에 발생했던 사고나 참사를 때론 잊을 수 있다 하더라도 지도층에 있는 경영자와 관리감독자 및 안전관리자 등 안전관계자는 교훈이 될 만한 재난사례를 절대 잊어서는 안 된다.

재난의 역사를 정리해서 연대별로 살펴본 것은 제발 한 번만이라도 자세히 보고 이제는 잊지 말고, 지금 당장 실천할 수 있는 것부터 행동으로 실행에 옮기자는 것이다. 재난을 예방하기 위해서나 안전을 확보하기 위해서는 기술적, 교육적, 관리적인 대책이 모두 조화를 이루며 실행돼야 하지만, 안전을 위해 무엇보다 중요한 한 가지는 「예외 없는 기본과 원칙의 준수」이다. 우리의 「인생은 매뉴얼을 향해」 나아가는 것이지만 「안전은 매뉴얼대로」 해야 한다. 이제는 안전을 바라보는 시각도 매뉴얼(안전기준, 작업표준, SOP 등)이 있느냐 없느냐가 아니라 매뉴얼을 얼마나 엄격하게 지키는가로 바뀌어야 한다. 안전법규나 기준을 위반했을 때 국가나 경영진 또는 부서장이 어떤 태도를 취하는가에 따라 한 나라나 기업의 안전수준이 완전히 달라진다는 것을 잊지 말아야 한다.

2부

고전古典에서 배우는 재난안전

災難安全

1장 재난(사고)의 예방관리 豫防管理

1   왜 역사(歷史)와 고전(古典)을 배워야 하나?

사고는 왜 반복되는가?

지난 반세기 동안 우리 사회에서 발생한 사회재난과 화재참사를 통해 알 수 있는 가장 큰 문제점은 바로 똑같은 사고가 시간과 장소만 달리한 채 계속 반복되고 있다는 것이다. 그렇다면 왜 사고가 반복되는 것일까? 우리 사회에서 사고가 반복되는 것은 사고에 따른 해결책을 제대로 찾지 못했다는 것을 의미한다. 다시 말해서 사고에 대한 명확한 원인규명 및 대책마련이 부실하다는 것이다. 우리는 여러 재난의 문제를 해결하는 접근 자체부터 잘못하고 있는 것은 아닌지도 되돌아봐야 한다. 다양한 분야의 사람들이 다양한 각도와 시선으로 해결책을 강구해야 한다. 여러 사고가 반복되는 문제를 해결하기 위해서는 당사자 및 이해관계자뿐만 아니라 관련 부문의 전문가, 사회학자, 심리학자 등 새로운 시각으로 다양한 측면에서 문제를 바라볼 수 있도록 새로운 개념으로 접근해야 한다. 이런 과정을 통해 사고의 근본적인 원인이 무엇인지 정확히 밝혀내고 그 원인을 해결할 수 있는 대책을 수립해서 강력하고 집요하게 실행해야 한다. 어떤 사고든 해결방법이 없는 것이 아니라 해결하려고 하는 우리의 자세와 의지가 없는 것이다.

사고가 반복되는 또 다른 이유는 사고로부터 교훈을 얻지 못하고 사고의 예방을 위한 준비가 소홀하기 때문이다. 「과거를 기억하지 못하는 사람은 그 과거를 되풀이하는 벌을 받는다」는 조지 산티아나George Santayana의 말과 「어느 날인가 마주칠 재난은 우리가 소홀히 보낸 어느 시간에 대한 보복이다」라고 말한 나폴레옹Napolen의 말을 항상 잊지 말고 안전관리에 임해야 한다.

우리가 역사를 배우는 이유는 과거의 사건을 통해 현재의 문제를 이해하고 미래에 대비하는 지혜와 혜안을 얻을 수 있기 때문이다. 축적된 시간과 경험이 녹아 있는 역사는 때론 찬란한 영광을 기록하기도 하지만 동시에 지워버리고 싶은 실패를 기록하기도 한다. 영광의 기록은 우리에게 자긍심을 심어주지만 뼈아픈 실패의 기록은 우리에게 같은 실수를 반복하지 말라는 교훈을 일깨워 준다. 특히나 재난과 안전관리에 있어서 과거의 사고 사례는 그래서 소중한 자료이자 거울이 된다. 제발 한번 발생했던 사고만이라도 다시는 반복되지 않도록 했으면 하는 간절한 바람이다. 그러면 우리 사회 대부분의 사고는 막을 수 있다.

조선시대 명재상이었던 서애西厓 류성룡柳成龍은 임진왜란 7년의 기록물인 징비록(懲毖錄, 국보 132호)을 남겼다. 임진왜란의 발생원인을 분석하고 전쟁의 발발부터 진행과 결과까지 무엇이 문제였는지 되짚어 보며 점검하고 반성하여 후세에 다시는 똑같은 실패가 반복되지 않도록 하기 위해 기록한 것으로 「살아남은 자의 책임」을 강조하는 책이다. 시경詩經의 소비편에 나오는 징비懲毖란 「스스로 반성하여 후환을 경계한다」는 의미다. 공식 역사서도 아닌 개인 회고록이 국보로 지정된 이유는 바로 이 책에 담긴 「징비懲毖」의 정신 때문이다. 류성룡이 임진왜란을 겪고 난 후 징비록으로 그 교훈을 후세에 남겼지만, 조선은 임진왜란이 끝난 지 38년 만인 1636년에 또다시 우리 민족 최악의 치욕스러운 역사인 병자호란을 겪었다. 청태종 홍타이지가 10만 대군을 이끌고 압록강을 건너 침입하자, 인조임금은 한양을 떠나 남한산성으로 피신했고 성에 고립된 지 47일 만에 항복하러 나와 청태종을 향해 세 번 절하고 아홉 번 머리를 조아리는 삼궤구고두례三跪九叩頭禮를 올렸다. 한 나라의 최고 책임자인 임금이 다른 나라 왕 앞에 세 번 절하고 아홉 번이나 이마가 땅바닥에 닿도록 머리를 조아려 이마에서 피가 흘렀다고 하니, 이보다 더한 치욕이 어디에 있을까?

서울 송파구 석촌호수 인근에는, 청과의 전쟁에서 패하고 굴

삼전도비 동판 출처: 문화재청

우리 민족 치욕의 유적, 삼전도비 전경 출처: 문화재청

욕적인 강화협정을 맺은 후 청의 강요에 따라 세운 청나라 태종의 공덕비인 '삼전도비'가 있다. 이 굴욕으로 소현세자, 봉림대군 등 왕자를 포함하여 20만 명 이상의 조선인이 청의 인질로 끌려가 노예가 되었다고 한다.

역사는 과거와 현재를 미래로 연결하는 스토리텔링 Story Telling 이다. 사람들은 역사를 통해 선현들의 가르침에서 통찰력을 학습하여 현재를 조명하고 미래를 내다보는 지혜를 습득한다. 또한, 역사와 고전은 우리에게 삶의 혜안과 재난안전의 지혜를 터득할 수 있게 해 준다. 고전古典의 사전적 의미는 옛날의 의식儀式이나 법식法式으로 오랫동안 많은 사람에게 널리 읽히고 모범이 될 만한 삶의 지혜 또는 문학이나 예술 작품을 일컫는다.

「자연자원」이 산업의 밑바탕이 되게 해 주는 것이라면 고전은 인간의 삶을 윤택하고 풍부하게 할 수 있는 「생각자원」을 제공해 준다. 생각자원은 인간의 삶을 더욱 멋지고 풍요롭게 만든다. 우리가 역사와 고전을 알아야 하는 이유이다. 역사와 고전을 통해 우리에게 징비의 정신이 각인되어 과거에 발생했던 참사가 더 이상 반복되지 않게 하고, 새롭게 출현하는 신종 위험에도 대응할 수 있는 인사이트 Insight를 얻는 계기가 되기를 소망한다. 여러분은 재난안전, 사고, 그리고 안전 리더십과 관련된 고전 또는 고사성어에 대해 어떤 것을 알고 있는가?

편작扁鵲 3형제와 안전

편작(扁鵲, BC401~BC310)은 약 2,500년 전 중국 춘추전국시대(제나라)에 살았던 발해군(현 하북성과 산둥성)출신의 명의名醫로 「죽은 사람도 살려낸다」고 할 정도로 명의를 넘어 신의神醫로 칭송되는 인물이다. 후한後漢 말 활약한 화타(華陀, AD145~208)와 함께 후세에 동양의학에서 동양의 의성醫聖으로 불릴 만큼 의술이 뛰어나 그 명성이 매우 높았다. 편작은 삼형제 중 막내였는데 그 위의 두 형도 의사였다. 그들은 동생을 능가하는 훌륭한 의술을 가지고 있었지만, 주변 사람들은 형들보다 편작의 이름을 많이 알고 있었다. 어느 날 황제가 이를 의아하게 생각하여 편작에게 그의 두 형과 의술을 비교하면 어떠하냐고 물었다. 그러자 의술로는 큰형이 제일 으뜸이고 다음이 작은 형이며 자신은 가장 못하다고 대답했다. 다시 궁금해진 황제는 형들의 의술이 그렇게 뛰어나다면 어째서 편작의 이름이 가장 널리 알려졌느냐고 묻자, 다음과 같이 답했다.

「제 큰형님은 환자가 고통을 느끼기도 전에 표정과 음색으로 이미 그 환자에게 닥쳐올 큰 병을 미리 알고 치료하기 때문에 환자는 의사가 자신의 큰 병을 치료해 주었다는 사실조차 모릅니다. 또한 둘째 형님은 큰형님보다 못하긴 하셔도 병이 나타나는 초기에 치료하므로 그대로 두었으면 목숨을 앗아갈 큰 병이 되었을지도 모른다는 사실을 다들 눈치채지 못합니다. 이 탓에 제 형님들은 가벼운 병이나 고치는 시시한 의사로 평가받아 그 이름이 고을 하나를 넘지 못하지만, 저는 이미 병이 크게 될 때까지는 알지 못해 중병을 앓는 환자들을 법석을 떨며 치료하니, 제 명성만 널리 퍼질 수밖에 없는 것입니다.」

편작의 겸손함을 보여주는 일화라고 볼 수도 있지만, 그보다는 악화된 질병의 치료보다 예방관리와 초기 치료의 중요성을 시사하는 일화이다. 편작의 말처럼 병이 생기거나 커지기 전에 미리 예방하고 치료하여 중병이 되지 않도록 하는 것이 가장 이상적인 건강관리 방법이자 치료법이다. 여기에 해당하는 예방관리 활동이 정기적인 검강검진이라고 하겠다. 그러나 많은 사람들은 증상이 발생하거나 중병에 걸려 큰 수술을 받는 등 고통을 당한 뒤에야 비로소 예방관리의 중요성을 깨닫고 후회하게 된다.

이것을 안전관리에 적용해 보면 편작의 큰형님은 아픔을 느끼기 전에 얼굴빛을 보고 병이 있을 것임을 예측해 병의 원인을 미리 제거했다(사전 위험성평가, 변경점 등의 예측관리를 통한 근원적 사고 예방관리). 둘째 형님은 상대방의 병이 미미한 상태에서 병을 알아보고 이를 조기 치료해 중병이 되는 것을 막았다(니어미스, 안전점검 등을 통한 현상파악, 문제점을 개선하는 수준, 초기관리). 편작의 경우 중병에 걸린 환자를 고쳤다(재난, 중대재해 발생, 최악의 상황, 수습 및 사후처리, 재발방지대책 등). 이처럼 재난이나 안전도 마찬가지다. 사고가 발생하여 크게 다치거나 생명을 잃고 난 뒤에야 소잃고 외양간 고치듯 설비를 개선하고 안전교육을 강화하는 등의 조치를 취한다. 그러다 시간이 지나고 사고가 잠잠해지면 언제 그랬냐는 듯이 사전 예방관리를 소홀히 하게 되고 또다시 사고가 발생하는 악순환이 반복된다.

소잃기 전에 외양간을 고치려는 노력에서 안전은 시작된다. 위험성 평가나 안전점검 등을 통한 위험요소의 개선과 실효성 있는 안전교육 등을 평상시에 일관성 있게 지속적으로 실시할 때에만 사고에 대한 예방관리가 가능하다고 하겠다. 어떤 상황이 발생 가능한 리스크인지 「위험을 보는 눈」을 예리하게 향상하여 사전 위험성 관리를 강화해야 한다. 즉 편작의 큰 형님이나 둘째 형님과 같은 역할을 해야 사고를 사전에 예방할 수 있다. 그래서 안전관리도 건강관리처럼 예방이 무엇보다 중요하다.

과거에는 많은 기업에서 안전을 경영의 핵심가치로 인식하지 않다 보니, 사고가 발생할 때는 요란법석을 피우며 안전을 강조하다가도 시간이 지나면 소홀히 하거나 잊히는 과정을 반복하는 경우가 많았다. 물론 아직도 그런 기업들이 부지기수이다. 그렇게 될 경우 사전 예방보다는 사후처리에 급급할 수밖에 없다. 한때 삼성코닝도 그랬고 에버랜드도 그랬으며 쿠팡도 그랬다. 우리 사회에서 똑같은 사고나 재난이 반복해서 발생하는 이유이기도 하다.

이럴 때는 안전관리를 신속히 예방관리 체제로 전환해야 한다. 사고가 발생하는 순간에도 사고처리에만 집중하지 말고 사후관리는 사후관리대로 진행하되 한순간도 예방관리를 소홀히 해서는 안 된다. 한 번 사고가 발생해서 수습하느라 정신이 없을 때 연쇄적으로 사고가 발생하는 이유를 곱씹어 볼 필요가 있다. 사람과 조직 그리고 설비개선을 위한 투자와 아이디어뿐만 아니라 안전중시의 제도나 정책 등 예방관리를 위한 체계를 하루빨리 정립하여 사고가 발생하는 원인을 정확히 분석하고 대책을 수립하여 적기에 실행에 옮겨야 한다. 삼성코닝과 에버랜드뿐 아니라 쿠팡도 이런 과정을 통하여 안전관리를 사후관리에서 예방관리 체제로 전환하는 데 성공했다.

사마천의 사서史書인 「사기史記」의 「편작열전」에는 병을 치료할 수 없는 여섯 가지 경우가 불치병으로 언급되는데 옮겨 본다. 첫 번째, 불치병은 교만하여 도리를 논하지 않는 것(의사의 정확한 진료와 충고를 무시하고 "내 병은 내가 잘 안다"며 주관적 판단을 내세우는 것). 두 번째, 몸을 가벼이 여기고 재물財物을 중히 여기는 것. 세 번째, 의식衣食을 적절하게 조절하지 못하는 것. 네 번째, 음陰과 양陽을 문란하게 하여 오장五臟의 기氣가 안정되지 못하는 것. 다섯 번째, 몸이 극도로 쇠약해져 약을 받아들일 수 없는 것.

여섯 번째, 무당의 말을 믿고 의원(의사)의 말을 믿지 않는 것이다. 이 여섯 가지 불치병 중에 하나라도 있다면 병을 치료하기 어렵다고 한다. 오늘을 사는 우리에게도 해당되는 것으로 한 번 되새겨볼 필요가 있는 말들이다.

2 사고事故의 예방관리豫防管理

有있을유 備갖출비 無없을무 患근심환
준비가 있으면 근심이 없다

출전(出典): 서경(書經)의 열명편(說明篇)

- 미리 준비準備가 되어 있으면 우환憂患을 당當하지 아니함. 또는 뒷걱정이 없음
- 사전에 사고 예방관리체계를 잘 구축해 놓으면 각종 재난이나 사고로부터 자유롭다

서경書經은 중국 유교에서 주요 경전으로 삼는 사서삼경四書三經 중의 하나로, 열명편說明篇은 중국 고대 국가인 은殷나라 고종高宗이 부열傅說이라는 어진 재상宰相을 얻게 되는 과정과 부열의 어

진 정사政事에 대한 의견 및 그 의견을 실천하게 하는 내용을 기록한 글이다. 유비무환有備無患이란 말은 부열이 고종 임금에게 한 말 가운데 들어 있다. 「處善以動처선이동 動有厥時동유궐시 矜其能긍기능 喪厥功상궐공 惟事事유사사 及其有備급기유비 有備無患유비무환, 생각이 옳으면 이를 행동으로 옮기되, 그 옮기는 것을 시기에 맞게 하십시오. 능能한 것을 자랑하게 되면 그 공功을 잃게 됩니다. 오직 모든 일은 다 그 갖춘 것이 있는 법이니 갖춘 것이 있어야만 근심이 없게 될 것입니다.」

유비무환. 「미리 준비가 되어 있으면 근심이 없거나 우환을 당하지 아니한다」란 뜻이다. 아마도 한국 사람이라면 한자를 배우지 않고 고사성어를 잘 모르는 사람이라도 유비무환이라는 말을 들어본 적이 없거나 모르는 사람은 없을 것이다. 건강이나 재물 또는 성공적이며 안정적인 삶을 살아가기 원하는 모든 사람들에게 가장 필요한 말이자 중요한 실천가이드가 아닐까? 안전과 사고 예방을 얘기할 때도 가장 많이 사용하는 사자성어이기도 하다. 그렇다면 어떻게 준비하고 갖추어 나가야 사고를 예방하고 사고의 근심과 걱정에서 해방될 수 있을까? 사고의 예방과 관련된 수많은 이론과 기법들이 있지만 필자가 산업현장에서 직접 실행해서 많은 효과를 본 내용은 어렵고 복잡한 것이 아니라 아주 간단하다. 두 가지로 정리해 보면 3E와 4M이다. 안전과 생산·시공에 관련된 일을 하는 사람이라면 이것을 모르는 사람은 없을 것이다.

3E^{Engineering, Education, Enforcement}는 하비^{J.H. Harvey}의 이론으로 「사고를 예방하고 안전을 도모하기 위해서는 3E의 조치가 균형을 이루어야 한다」는 것이다. 보통 사고의 발생원인을 분석하여 대책을 수립하고 적용할 때 활용한다. 무엇보다 사고 예방을 위해서는 설비의 안전화(Engineering, 기술적 대책)가 가장 중요하다. 사람은 언제든지 부주의하고 착각할 수 있다는 전제하에 바보가 작업을 해도 다치지 않을 정도의 풀푸르프^{Fool Proof}와 설비나 시스템에 고장이 발생해도 사고로 이어지지 않도록 하는 페일세이프^{Fail Safe} 원칙에 입각한 설계와 설치를 해야 한다. 작업자들의 주의력에 의존하는 부분을 없애거나 최소화시켜야 한다.

그러나 아무리 완벽하게 만들어진 설비라고 하더라도 작업자가 지켜야 할 부분도 많이 있다. 이러한 부분은 의식의 안전화(Education, 교육적 대책)로 보강해 주어야 한다. 앞서 망각 곡선에 대해서도 얘기했지만, 인간은 망각의 동물이라고 하지 않던가? 작업과 관련한 기술과 기능 및 태도(작업방법, SOP 등)에 대한 기본 지식을 반복해서 지속적으로 교육해야 한다. 교육을 실시할 때는 몇 시간 몇 명을 대상으로 하는 것이 목표가 아니라 피교육자가 교육한 내용을 얼마나 이해하고 숙지하며 실행하는가를 측정할 수 있도록 해야 한다. 교육의 효과를 높여 나가기 위해서는 교육결과를 조사하고 분석하여 교육방법을 끊임없이 연구해 나가야 한다.

기술적 대책과 교육적 대책이 지속 가능하고 안정적인 제도로 정착되게 하기 위해서는 관리적 대책(Enforcement, 독려)이 뒷받침돼 주어야 한다. 안전은 국가나 기업에서 사고가 발생했을 때는 관심과 지원이 집중되다가, 한 동안 사고가 없게 되면 또 소홀해지거나 금방 잊게 되고, 그러다 또다시 사고가 발생되는 악순환을 반복한다. 그러나 오랜 기간 안전업무를 해 본 경험에 의하면 사고 없이 평온할 때 더 긴장하고 철저한 관리가 이루어지도록 확인하고 점검해서 평상시에도 지속적으로 관리가 되도록 하는 것이 정말 중요하다. 안전중시의 경영방침 제정과 운영, 안전관리에 대한 감사Audit 등과 같은 평가·관리제도 등 안전관리가 일상적으로 철저히 이행되도록 하는 프로세스와 시스템 및 안전 관련 제도 등이 이에 해당된다고 하겠다.

또 다른 하나는 공정개선 등에도 많이 활용되는 4MMan, Machine, Media, Management이다. 3E와 중복되는 것이 많이 있지만 보다 더 구체적인 방법을 제시한다. 사고가 발생했을 때 그 발생원인을 분석해 보면 사람의 문제, 설비의 문제, 작업방법이나 환경의 문제, 그리고 관리의 문제로 구분해서 분석하는 것이 가장 효과적이다. 따라서 사고를 예방하기 위해서는 우선 사람Man은 실수나 부주의 착각 등을 할 수 있는 가능성이 높다는 것을 인정하고 작업자가 휴먼에러Human Error를 유발하지 않도록 작업자의 기능도, 특성 및 심리 등을 분석하여 휴먼에러 방지대책을 수립하고 특성에 맞는 맞춤형 안전교육을 실시해야 한다.

설비Machine는 설계상의 결함이 없도록 작업자의 인간공학적인 측면을 고려한 최적의 설계와 안전장치 등이 완비되어야 한다. 또한 작업방법이나 절차Media를 안전하고 효율적으로 수립해야 한다. 여기서 가장 중요한 것은 사고를 유발하는 환경이 되지 않도록 조명, 환기 및 소음제어 등 작업환경을 쾌적하게 만들고 작업방법이나 절차가 명확해야 한다. 사고조사를 하다 보면 사고와 관련된 부분이 누락되거나 작업표준SOP과 실제 작업하는 방법과 다른 경우가 있는데 이런 사례가 없도록 철저히 관리해야 하고, 변경할 부분이 발생하면 즉시 변경점 관리가 되어 교육까지 이루어지도록 해야 한다. 그리고 이러한 사항들이 유기적이고도 일상적으로 잘 실행되도록 관리Management해야 한다. 여기에는 회사 특성에 맞는 안전감사Safety Audit, 안전보건관리규정, 안전보건교육 및 안전중시 문화(안전방침) 등이 포함된다. 필자는 새로운 사업장에 부임하거나 사고 예방대책을 수립할 때는 항상 3E와 4M 측면에서 사고의 원인을 분석하고 대책을 수립해서 시행했다. 안전과 관련된 일을 하는 공직자, 경영자, 관리감독자, 안전관리자는 말할 것도 없고 모든 근로자 국민은 유비무환의 자세로 안전관리에 임해야 한다. 소잃고 외양간 고치지 않으려면 말이다.

居^{살 거} 安^{편안할 안} 思^{생각할 사} 危^{위태할 위}

편안하게 살고 있을 때도 위기를 생각하며 잊지 말고 대비하라

출전(出典): 춘추좌씨전(春秋左氏傳)

- 생활이 편안하면 위험을 생각하고, 그렇게 생각하면서 준비를 갖추어야 화禍를 면할 수 있다
- 「태양이 빛나고 있을 때 지붕을 고쳐라」_ John. F. 케네디 대통령
- 재난이나 사고가 없이 평온할 때 각종 재난에 대비해야 한다

춘추좌씨전春秋左氏傳은 공자孔子가 지은 중국 노魯나라의 역사서인 춘추春秋의 주석서 중 하나이다. 중국 춘추시대 진晉나라와 초楚나라가 중원의 패권을 놓고 팽팽히 맞서고 있었다. 그런데 북방에 있는 융적이 진나라를 치려고 한다는 정보가 입수되었다. 이때 진의 임금 도공悼公이 먼저 융적을 쳐야 한다고 하자, 대신인 위강魏絳이 진언했다. 「폐하, 우리 군사가 융적을 칠 때 갑자기 초나라가 쳐들어오면 어떻게 합니까? 융적을 달래 우리 편으로 만드는 것이 더 나을 것이옵니다. 제가 북방으로 가 화친을 맺을 터이니 허락해 주소서.」이에 북방으로 간 위강은 유창한 언변으로 융적을 달래 동맹을 맺었다. 이로 인해 진나라는 융적과 화친하여 초나라와 싸우기 전에 두 나라 사이에서 갈팡질팡하던 정鄭나라를 항복시키는 데 성공하여 천하에 위세를 떨치고 마음 놓고 초나라와 패권을 다툴 수 있게 되었고 도공의 덕망도 높아졌다.

정나라가 진나라에 예물을 보내자 기분이 좋아진 도공은 위강에게 예물을 나눠주며 그 공로를 치하하려고 하였다. 그러자 위강은 선물을 사양하며 말했다.「폐하의 덕과 다른 대신의 공이 더 크옵니다. 그리고 폐하께서 평안할 때도 장차 일어날 위기를 생각하는 마음을 항상 가지시면 진나라는 영원할 것이옵니다.」
「居安思危거안사위 思則有備사칙유비 有備無患유비무환, 편안할 때 위태로움을 생각하라. 생각하면 대비할 수 있고, 대비가 있으면 걱정할 것이 없다.」

오랜 기간동안 기업에서 안전관리를 하면서 가장 힘들고 어려웠던 부분은 바로「안전의 속성」때문이었다. 안전은 사고가 발생하기 전에는 겉으로 잘 드러나지 않고 작업자들은 작업표준이나 안전수칙과 같은 것을 귀찮고 번거로운 것쯤으로 여겨 잘 지키지 않으려고 한다. 불안전한 행동이나 불안전한 상태를 잠깐 방치한다고 해서 곧바로 사고로 연결되지 않는 경우가 대부분이다. 또한 안전은 생산이나 공기를 늦추기도 하고 적지 않은 비용이 소요된다. 특히 예방적 사고는 사고가 아니라고 생각하기 때문에 대부분 평가절하된다. 이러한 현실적인 요인들로 인해 안전은 항상 쉽게 타협하고자 하는 유혹에 빠지기 쉽다. 이런 이유로 '안전조치는 불편조치'로 여겨 쉽게 시간과 돈을 쓰려고 하지 않는다. 그렇다 보니, 근로자뿐만 아니라 관리자나 경영자들조차도 안전에 대한 노력을 소홀히 하게 되는 경우가 많다. 그런데 한번 생각해 보자. 많은 경우 해당 회사나 관계사 또는 동종 업종에서 사고가 났을 때는 난리법석을 피우며 바짝 신경 쓰고 관리하다가 시간이 지나면서 서서히 잊게 되고 잊을 만하면 또다시 사고가 발생되는 악순환을 반복하는 경우를 주변에서 많이 보게 된다. 이것은 안전관리(예방관리)가 아니라 사후관리(사후 조치)에 불과한 것이다. 물론 사후관리도 중요하고 안전관리의 범주에 드는 것이지만 진정한 의미의 안전관리는 아니라고 생각한다.

안전은 사고가 없다고 해서 한번 만족하고 끝나는 것이 아니라 지속적인 관리와 노력이 필요한 특성을 갖고 있다. 따라서 안전은 사고가 났을 때 관리하는 것이 아니라 오히려 한동안 사고가 없을 때 더 긴장하고 잘 관리해야 하는 것이다. 그래서 안전사고가 거의 발생하지 않는 회사의 안전관리자가 안전관리를 하는데 더 많은 어려움을 겪게 된다. 사고도 없는데 왜 그렇게 호들갑을 떠냐는 핀잔을 듣기도 한다. 진정한 안전관리는 사고가 발생하기 전에 발생하지 않도록 하는 것임을 잊어서는 안 된다.

안전은 한 나라에 군대가 있는 이치와도 같다고 생각한다. 나라에 군대가 있는 것은 언제 발생할지도 모르는 전쟁에 대비하기 위함이다. 전쟁이란 것은 몇십 년 또는 몇백 년 동안 단 한 번도 발생하지 않을 수도 있다. 수많은 예산을 투입하여 군장비를 계속 현대화해 나가고 젊은이들을 동원하여 피나는 훈련을 시켜 만일의 사태에 대비한다. 전쟁이 매일 발생하는 것도 아니고 몇 년에 한 번 발생하는 것도 아니다. 그런데 준비를 소홀히 했을 때 전쟁이 발생하면 어떻게 될까? 우리는 임진왜란과 병자호란 그리고 6·25 전쟁까지 그 처참한 전쟁을 경험했다. 안전도 불안전한 행동이나 불안전한 상태가 발생하면 언제 중대재해로 연결될지 모르는 것이기에 사고가 없었다고, 사고가 적게 발생한다고 무시하고 등한시해서는 절대 안 된다. 언제 발생할지 모르는 단 한 번의 전쟁에 대비하기 위해서 한 나라에 군대가 있는 것처럼 안전도 평상시에 위험을 위험으로 인식하고 철저히 대비해야 한다. 항상 거안사위를 생각하고 염두에 두면서 안전관리를 해야 할 일이다.

安 편안할 안　不 아닐 불　忘 잊을 망　危 위태할 위

편안할 때에도 위태로움(위기)을 잊지 말라

출전(出典): 주역 개사전 하편(周易 繫辭傳 下篇)

- 안정을 이루고 있을 때에도 마음을 놓지 않고 항상 스스로를 경계함을 비유함
- 안정과 위기는 돌고 도는 것이므로 태평한 시기에도 언제 닥쳐올지 모르는 위기와 어려움에 대비하여 이를 예방하도록 힘써야 함
- 사고의 발생빈도가 낮거나 사고가 없을 때라도 방심하지 말고 사고 예방을 위해 해야 할 일을 철저히 해야 한다

주역周易은 고대 중국의 철학서로 서주 시대의 점占에 관해 서술한 책으로 역경易經이라고도 한다. 주역이란 쉼 없이 생성하고 변화하는 우주만물의 운행원리를 음양론에 따라 64개의 괘상과 384개의 효사로 쉽고 간략하게 상징화하여 그것으로 천지간에 서있는 인간 삶의 복잡다단한 이치를 밝혀내는 것이다. 계사전繫辭傳은 주역의 해설서인 십익十翼 중 하나로 주역의 철학적 의미와 원리를 깊이 탐구한 주석서이다.

안불망위安不忘危는 주역의 개산전에 나오는 말로「是故君子安而不忘危시고군자안이불망위 存而不忘亡존이불망망 治而不忘亂치이불망란 是以身安而國家可保也시이신안이국가가보야, 그러므로 군자는 태평할 때에도 위기를 잊지 않고, 순탄할 때에도 혼란을 잊지 않는다. 이렇게 함으로써 내 몸을 보전할 수 있고, 가정과 나라를 보전할 수 있다」에서 유래되었다. 안불망위는 앞서 얘기한 거안사위居安思危와 같은 뜻으로 안정과 위기는 돌고 도는 것이므로 태평한 시기에도 언제 닥쳐올지 모르는 위기와 어려움에 대비하여 이를 사전에 예방해야 한다는 의미다.

'편안할 때에도 위태로울 때의 일을 생각한다'는 안불망위처럼 사고가 발생하기 전에 미리미리 사고 예방관리체계를 잘 구축하고 관리해야 한다. 안불망위와 거안사위 모두 평안하고 태평성대가 계속 이어질 때라고 하더라도 미래에 언제 있을지 모르는 위기와 위험을 생각하고 대비해야 한다는 유비무환의 첫 단계라

할 수 있다.

臥누울 와 木나무 목 無없을 무 實열매 실
누운 나무에는 열매가 열리지 않는다

출전(出典): 고대 중국의 성어(成語)

- 목이 마르기 전에 우물을 파라
- 고통(재난)이 오기 전에 미리 대비하라
- 우연히 일어나는 사고는 없다. 노력없이 우연히 얻어지는 안전도 없다

와목무실臥木無實은 고대 중국의 성어(成語, 옛사람들이 만든 말)로 누운 나무에는 열매가 열리지 못하듯이 아무것도 하지 않고는 바라는 것을 이룰 수 없다는 뜻이다. 경영經營, Management의 사전적 의미는 「기업이나 사업 따위를 관리하고 운영함」, 「기초를 닦고 계획을 세워 어떤 일을 해 나감」이다. 기업에서의 생활을 오래 해 본 필자는 경영을 3단계로 나누어서 「인풋Input – 프로세스Process – 아웃풋Output」으로 볼 때 「최적의 인풋을 투입하여 효율적인 프로세스(과정)를 통해 최대의 아웃풋을 내게 하는 활동」이라고 생각한다. 인풋과 프로세스가 제대로 되어있지 않으면 아웃풋을 잘 낼 수 없는 것이 경영이다.

안전도 마찬가지다. 아무런 노력없이 무사고를 기대하는 것은 운이나 재수에 기대하는 것과 다를 바 없다. 아직도 안전사고가 운이나 재수에 의해 결정된다고 생각하는 사람이 있다면 보통 문제가 아니다. 요즘은 여기저기서 안전경영이라는 말을 많이 사용한다. 안전경영은 사고 예방을 위해서 시행하는 인풋(위험성 평가 관리 등 다양한 사고 예방활동)을 효과적이고 제도화된 프로세스를 통해 아웃풋(무사고)으로 연결하는 제반 활동이라고 생각한다. 누운 나무에 열매가 열릴 수 없듯이 사고 예방을 위한 노력없이 안전을 얻을 수 없다는 사실을 인식하고 사고로 고통을 당하기 전에 미리 대비해야 한다.

와목무실이란 말은 설령 안전분야에만 해당되는 것이 아니다. 「콩 심은 데 콩 나고 팥 심은 데 팥 난다」는 우리 속담도 있는 것처럼 어떤 것을 이루려고 한다면 반드시 그에 상응하는 노력과 공을 들여야 한다. 다시 말해 인풋이 없으면 아웃풋이 나올 수 없는 것이 우리가 사는 세상의 이치이다. 세상에 공짜가 없듯이 내가 바라는 것 우리가 하고 싶은 것을 이루기 위해서는 우리가 힘들고, 하기 싫은 것을 먼저 해야 도달할 수 있다. 안전을 위해서는 불편함을 감수하고 안전모 같은 안전위생 보호구를 착용하는 것과 같다.

사람들은 어려움이나 고통에 부딪치게 되는 경우 두 가지 선택을 할 수 있다. 그대로 주저앉아 있을 것인가? 아니면 주먹을 쥐고 일어나 맞서 싸울 것인가? 이런 선택을 하기 싫다면 어려움이나 고통이 오기 전에 미리 대비해야 한다. 목이 마르기 전에 우물을 파라는 뜻이다. 그러나 미리 준비한다는 것은 결코 쉬운 일이 아니다. 지금 당장 무슨 일이 생기지 않는 편안한 상태에서는 앞을 내다보기가 힘든 법이다. 폐암 진단을 받은 환자들이 담배를 쉽게 끊을 수 있는 이유이다. 사람들이 병을 예방하려고 먹는 비타민은 잊어버리기 쉬워도 아플 때는 약을 잘 챙겨 먹는 이유이기도 하다.

本근본본 立설립 道길도 生날생
근본이 바로 서야 도(道)가 생긴다

출전(出典): 논어(論語) 학이편(學而篇)

- 기본이 제대로 서면 자연히 앞으로 나아가야 할 길이 보이게 된다
- 무슨 일을 하든지 기본이 충실해야 발전할 수 있음
- 정도正道를 따르고 본래의 목적과 방향을 잃지 않으면 좋은 결과를 얻게 된다
- 기본과 원칙을 지키는 것이 안전의 道(도)이자 시작이다

논어論語는 공자와 그 제자들의 대화를 기록한 책으로 공자의 생애 전체에 걸친 언행을 모아 놓은 것이다. 학이편學而篇은 논어의

첫 번째 편으로 공자의 가르침 중에서 학문의 중요성과 인간관계에서의 도리 등이 담겨있다. 학이편은 논어 전체의 핵심사상을 처음부터 보여주는 부분으로 공자가 학문과 인간관계를 어떻게 바라보았는지를 알 수 있다. 고등학교 때 한문 시간에 배워서 아직도 잊어버리지 않고 있는 내용도 학이편에 수록되어 있다. '學而時習之학이시습지 不亦說乎불역열호, 有朋自遠方來유붕자원방래 不亦樂乎불역락호 배우고 때때로 익히면 어찌 기쁘지 아니한가? 벗이 있어 멀리서 찾아오니 어찌 즐겁지 아니한가?'

공자의 많은 제자 중에 공자가 극진히 아끼며 특별히 우대한 유자有子와 증자曾子가 있다. 뒤에 자子를 붙이는 이유는 존칭을 의미하는 것인데, 공자의 수많은 제자 중에 유자와 증자 두 사람만 뒤에 자子를 붙일 만큼 공자가 아꼈다고 한다. 본립도생은 유자가 한 말에서 유래한다. 유자가 남긴 유명한 '君子無本군자무본 本立而道生본립이도생'은 「군자는 기본에 힘쓴다, 기본이 서면 도가 생긴다」는 뜻이다. 군자는 먼저 자신의 기본적인 직무에 최선을 다하는 사람이며, 자신이 기본을 지키지 않으면서 남에게 이야기하면 설득력이 없어진다는 의미이기도 하다. 우리에게 이 세상을 살아가는 데 있어서 변치 않는 원리를 가르쳐 주는 이야기다.

또한, 본립도생은 인간이나 사회의 질서가 제대로 이루어지려면 기본이 튼튼해야 한다는 것과도 일맥상통한다. 기본부터 차근차근 쌓아 나아가면 결국 좋은 결과를 낳게 되고 자신의 철학이나 원칙도 확실히 정하면 어려운 환경에서도 올바른 결정을 내릴 수 있다. 힘든 상황에서도 근본을 놓치지 않으면 어려움을 극복할 수 있듯이 개인이든 기업이든 본래의 목표와 원칙을 잃지 않으면 결국 문제를 해결할 수 있다.

그 어떤 분야보다도 기본과 원칙이 중요한 안전관리에서 본립도생은 사고의 예방과 사후관리 모든 측면에서 매우 중요하다. 바로 기본과 원칙을 준수하는 것이 안전관리의 출발점이자 지름길이 되기 때문이다. 회사에서 정한 기본 지키기, 안전규정, 안전수칙, 작업표준SOP 등 기본만 제대로 잘 지키면 사고의 예방이 가능하다. 새해 들어서도 끊이지 않고 반복되는 재래형사고는 관련자들 모두가 기본과 원칙만 제대로 잘 지키면 예방할 수 있는데도 그것을 준수하지 않아 발생되는 사고가 대부분이라 안타깝기 짝이 없다.

용접이나 용단(절단) 등 화기작업 시 주변에 인화성물질이나 가연성물질이 존재하면 화재가 발생할 가능성이 매우 높다. 그래서 화기작업 시에는 작업허가서를 발급하고, 가연물을 제거 또는 이격하거나 불티방지포로 덮고, 화기감시자를 배치해서 화기작업을 관리하도록 하는 것은 기본 중의 기본이다. 그런데 이러한 기본사항을 지키지 않아 수많은 인명피해와 막대한 재산손실을 가져오게 한다. 평상시에는 안전에 크게 신경쓰지 않다가도 사고, 특히 중대재해가 발생하면 요란법석을 떨며 특별점검이나 지시

사항 등 해야 할 일들을 수없이 쏟아 낸다. 고용노동부나 국토교통부도 사고가 발생한 후에 관련 부문을 특별점검하는 뒷북 점검이 기본이 되어버렸다.

사고가 발생했을 때 가장 먼저 해야 할 일은 특별점검 같은 이벤트성 활동을 하는 것이 아니라 바로 「기본으로 돌아가라$^{Back\ to\ the\ Basic}$」는 것이다. 현장에서 기본적으로 해야 할 일들이 잘 되고 있는지 차분히 되돌아보고 무엇이 안 되고 있는지, 더 챙겨야 하는 것은 무엇인지를 확인하여 각자의 위치에서 해야 할 일, 지켜야 할 사항들이 잘 이행되도록 하는 것이 필요하다.

우리 사회에는 안전을 위해 지켜야 하는 안전수칙과 기준이 있다. 그럼에도 불구하고 우리는 이런 기본수칙을 지키는 것을 시간이 좀 걸린다는 이유 등으로 늘 뒷전에 미뤄 둔다. 바쁘고 시간이 없다는 핑계로 건너뛰고 생략한다. 안전을 위해 거창하고 대단한 일을 하자는 것이 아니다. 기본을 지켜 소중하고 귀한 안전과 생명을 지키는 사회를 만들자는 것이다. 소방차의 진입을 막는 불법 주정차를 하지 않는 것, 도로 위에서 규정속도와 신호를 지키는 것, 산불예방을 위해 산에서 담배를 피우지 않는 것 등 우리 주변에서 할 수 있고 해야 하는 것들이 너무나 많다.

어느 누구나 지금 당장이라도 할 수 있는 이런 기본적인 것들을 함께 하자는 것이다. 지금부터라도 나와 주변의 안전을 지키기 위해 기본부터 실천해 나가야 한다. 안전의 첫걸음은 기초질서와 기본을 지키는 것에서 시작된다. 일상에서 지켜야 할 기본부터 차근차근 해 나가면 된다. 이제 기본으로 돌아가 준법의식 확충과 윤리 감수성 키우기에 나서야 한다. 우리가 선택할 가장 지혜로운 길은 학교교육, 가정교육과 사회교육이라는 큰 틀에서 질서, 준법, 윤리, 문화의 기본으로 돌아가는 것이다. 기본 가치에 대한 인식이 교육을 통해 사회 전반에 되살아나 확고하게 뿌리내릴 때 안전 대한민국의 미래는 밝다.

당장 빠르고 편리한 것보다 안전을 우선시하는 국민의식이 사회 전반에 확산될 때 안전은 문화가 된다. 지금부터, 나부터, 작은 것부터 기본과 원칙을 지키며 다시 한번 안전을 재점검해야 한다. 정부와 지자체의 계도와 단속도 필요하지만, 개개인의 몸에 배어 생활화해 나가는 것이 가장 효과적이고 지속가능한 방법이다. 결국 시민들의 자발적인 준법의식 없이는 근본적인 해결이 어려운 문제다. 기본이 바로 서고 원칙이 준수되는 사회에서 후진적인 참사나 재래형 사고는 반복될 수 없다. 지금까지 아무리 강조해도 지나치는 안전을 이제는 아무리 강조해도 지나치지 않는 안전으로 바꿀 시간을 더 이상 미루어서는 안 된다. 그 시작점이 바로 우리 모두 정해진 기본과 원칙을 준수하는 것이다.

曲(굽을 곡) 突(굴뚝 돌) 徙(옮길 사) 薪(땔나무 신)
굴뚝을 꼬불꼬불하게 하고
아궁이 근처의 땔 나무를 다른 곳으로 옮긴다

출전(出典): 한서(漢書) 곽광전편(藿光傳篇)

- 화근에 대비하여 미연에 방지한다
- 화재의 예방책을 얘기한 사람은 상을 받지 못하고 불난 뒤 불을 끈 사람이 상을 받는다

한서漢書는 후한後漢의 반고班固가 쓴 것으로 흠정 이십사사(欽定二十四史, 청나라 건륭제가 명령하여 편찬한 역사서로 중국 정사(正史) 24종을 공식적으로 확정한 것) 중 두 번째 역사서인데 한고조 유방이 전한前漢을 창건한 기원전 206년부터 왕망의 신나라가 망한 기원 후 23년까지의 역사를 담고 있다. 곽광전편藿光傳篇은 한서에 수록된 열전列傳 중 하나로 서한西漢의 권신權臣인 곽광藿光의 생애와 정치적 활동을 기록한 것이다.

한나라 선제宣帝시기 신하였던 서복徐福은 황후의 부친 곽씨藿氏일가의 음모를 눈치채고 선제에게 다음과 같이 경고했다. 「곽씨 일가를 제거하지 않으면 큰 재앙이 올 것입니다」 그러나 선제는 이를 받아들이지 않았다. 결국 곽씨 일가는 권력을 남용하며 모반을 일으켰고, 선제는 이를 진압하여 반란을 막는 데 성공했다.

그러나 이미 큰 혼란이 발생한 후였다. 이에 선제는 곽씨 일가를 처단한 공신들에게는 큰 상을 내렸으나 이를 경고했던 서복에게는 아무런 보상을 주지 않았다. 이를 지켜본 한 신하가 선제에게 간언하며 다음과 같은 비유를 들었다.

옛날 길을 가던 한 나그네가 어떤 마을을 지나가는데 우연히 어느 집의 굴뚝이 곧게 서 있어 불꽃이 곧장 위로 올라갔고 아궁이 주변에는 땔나무가 잔뜩 쌓여 있었다. 나그네가 집주인에게 다가가 이렇게 말했다.「굴뚝을 꼬불꼬불하게 만들고, 땔 나무는 다른 곳으로 옮기는 것이 좋겠습니다」. 그러나 그 집주인은 나그네의 말을 귀담아듣지 않았다. 그런데 어느 날 그 집에 불이 났다. 다행히 이웃들이 힘을 모아 도와주어 간신히 불을 껐고 큰 피해를 입지는 않았다. 얼마 지난 후 집주인은 이웃들이 자신을 도와준 데 대한 감사로 이들을 초대하여 음식과 술로 극진히 대접했다. 그때 한 사람이 주인에게 이렇게 말했다.「굴뚝을 꼬불꼬불하게 하고 땔나무를 옮기라고 말한 나그네에게는 그 은공이 돌아가지 못하고, 머리를 그슬리며 불을 끈 사람은 상객上客이 되었군요. 주인에게 충고했던 나그네의 말을 들었다면 불도 나지 않았을 테고 이웃을 초대하는 술자리도 필요 없었을 텐데요」

곡돌사신은 이처럼 화근에 대비하여 미연에 방지한다는 본래의 뜻 외에 화재의 예방책을 얘기한 사람은 상을 받지 못하고 불 난 뒤 불을 끈 사람이 상을 받는다는 의미로도 쓰인다. 안전관리를 하는 사람들에게 많은 시사점을 던져주는 이야기다. 실제 산업현장에서는 화재의 예방을 위해 노력한 직원에게는 상이 돌아가지 않고 불났을 때 불을 끈 직원을 포상하는 경우가 많이 있다. 불났을 때 불을 끈 사람들에게 그 노고를 치하하고 격려하는 것도 물론 필요하다. 필자도 크고 작은 화재가 발생했을 때 초기에 신고를 잘했거나 소화기로 화재를 잘 진압한 사원들에게 몇 차례 포상을 한 적이 있다. 그런 활동이 필요 없다는 얘기가 아니라 잘 드러나지 않는 예방관리의 중요성과 묵묵히 이런 활동을 하는 사람들의 어려움과 진가를 관리자나 경영자들은 잘 알아야 한다는 것이다.

안전은 겉으로 잘 드러나지 않고 때로는 번거롭기까지 하다. 적지 않은 비용도 발생한다. 게다가 예방적 사고는 사고가 아니라고 생각하기 때문에 대부분 평가절하된다. 또한 안전조치의 성과는 쉽게 체감할 수도 없다. 예방조치를 잘해서 사고가 발생하지 않는 것을 많은 사람들은 잘 인식하지 못한다. 오히려 현실에서 안전조치는 불편조치로 생각한다. 그래서 사전예방은 귀찮은 것으로 느껴 쉽게 시간과 돈을 쓰려고 하지 않는다. 그러나 안전을 강화하고 안전해지려면 반드시 필요한 노력(투자와 시간 등)을 해야한다. 안전은 공짜로 얻어지는 것이 아니다. 반드시 대가를 지불해야만 얻을 수 있는 것이다.

곡돌사신에 담긴 교훈은 첫째, 무엇보다 사전 예방관리의 중요성이다. 안전관리의 핵심은 위험성평가·관리나 안전점검 등의 활동을 체계적·과학적으로 하여 위험이 발생하기 전에 미리 대처하는 것이다. 사전 준비를 잘해서 관리하는 것이 사고가 발생한 뒤에 사후수습을 하는 것보다 훨씬 더 효과적이고 비용도 적게 소요된다는 것을 알아야 한다. 둘째, 위험을 미리 예측하고 경고해 주는 사람의 가치를 인정하고 존중해 주어야 한다. 즉 사후조치의 공로를 인정받는 사람뿐만 아니라 위험을 사전에 알려주고 조치하도록 건의하여 사고를 예방한 사람의 가치와 공로를 인정하고 존중해 주어야 한다. 이처럼 조직의 리더는 위험을 사전에 발굴하는 사람들의 가치를 알아보고 공정한 평가와 보상을 해야 한다. 이를 통해 조직 구성원들이 위험을 찾는 노력을 자발적으로 하여 안전한 작업환경을 조성하게 해야 한다. 셋째, 굴뚝의 형상과 아궁이 옆의 땔나무처럼 사소해 보이는 위험요소가 큰 사고로 이어질 수 있으므로 작은 위험요소라도 간과해서는 안 된다. 이는 사소하거나 작은 문제라도 무시하지 말고 세심한 관찰과 대비가 필요함을 의미한다.

안전은 핵심가치로 내재화 內在化 되어야

우리 사회나 기업에서 재난이나 사고에 대한 사전 예방관리를 성공적으로 추진하려면 가장 중요한 요소는 무엇일까? 여러가지 요인이 있겠지만 가장 중요한 것은 한 국가나 기업의 조직 내에서 안전이 핵심가치로 내재화되어야 한다고 생각한다. 정부는 국민의 생명과 안전을 보호하는 것이 국정 운영방향의 제1순위가 되어야 하고, 기업에서는 회사의 경영철학이나 최고경영자의 안전에 대한 확고한 의지, 즉 마인드가 확실해야 한다.

이윤추구가 목적인 기업의 입장에서 당장 사고가 나지 않고 돈이 되지 않는 안전이 어떻게 유지될 수 있는지 그 생리를 알아야 하기 때문이다. 안전은 사고가 나기 전엔 겉으로 잘 드러나지 않고 때로는 번거롭기까지 하다. 생산속도나 공기를 늦출 수도 있고 적지 않은 비용도 발생한다. 또한 안전은 한번 만족하는 것으로 끝나는 것이 아니라 지속적인 관리와 노력이 필요한 부분이다. 이런 특성으로 인해 안전을 중요하게 관리한다고 해도 현실적인 요인들로 인해 항상 쉽게 타협하고자 하는 유혹에 빠지기도 한다.

소비자들이 겉으로 드러나는 가치에 대해서는 쉽게 지갑을 열지만 보이지 않는 안전요소를 구입하는 데는 주저하는 이치와도 같다. 이렇듯 시장 원리만으로는 안전이 지켜지기 어렵기 때문에 기업에서 안전을 흔들림 없이 지속적으로 시행하고, 유지하려면 절대적으로 필요한 것이 하향식 접근 방식을 기반으로 한 경영방침이다. 이것을 바탕으로 전임직원이 참여하고 실천하는 상향식Bottom Up 안전활동이 조화를 이룰 때 선진 안전문화가 형성될 수 있다.

안전제일? 안전우선? 안전은 순위의 문제가 아니다. 우선 순위라고 하는 것은 상황에 따라 얼마든지 바뀔 수 있다. 그래서 안전은 우선 순위의 문제가 아니다. 안전은 기업에서 어떠한 상황에서도 변하지 않는 기업의 핵심가치 Core Value 로 내재화 되어야 한다. 사람이 바뀌어도 시간의 제약이 있어도 세월이 흘러도 변하지 않는 것이 핵심가치이다. 예를 들면 생산성, 품질, 납기나 효율, 또는 영업이 더 필요한 상황에서도 안전이 양보되지 않고, 타협의 대상이 되지 않을 때 진정한 핵심가치가 되는 것이다. 굳이 순위로 매긴다고 하면 순위의 가장 앞에 변치 않고 위치하는 것이 핵심가치라고 할 수 있다.

이렇듯 안전이 기업의 핵심가치로 기업의 경영철학이나 경영방침에 반영될 때 비로소 모든 임직원들이 회사에서 업무를 하거나 현장에서 작업을 할 때 안전에 대한 생각이나 판단 그리고 행동이 실천으로 나타나게 된다. 이러한 것들은 하루아침에 형성되지 않는다. 안전이 기업경영의 핵심가치로 내재화되어 습관화와 생활화가 되기 위해서는 각종 제도와 프로그램 정립이 뒷받침되어야 하고 일관성 있게 오랜 시간동안 꾸준한 노력과 실천이 필요하다. 이런 환경이 조성되고 실천이 습관화가 되면 자연스레 선진 안전문화도 형성된다.

3 앗차사고 Near Miss의 관리

必반드시 필 **作**지을 작 **於**어조사 어 **細**작을 세
세상의 큰 일은 반드시 작은 것에서 시작된다

출전(出典): 노자(老子)의 도덕경(道德經)

- 세상의 어떤 일도 갑자기 일어나지 않는다
- 큰 병이 나려면 반드시 몸에 수많은 조짐이 있다
- 중대재해는 경상이나 중상이 몇 번 일어난 후에 발생한다. 즉 징후徵候가 있다

노자老子는 춘추전국시대 사상가이자 제자백가諸子百家의 시초격인 인물로 당대 최초로 사람이 지향해야 하는바, 사람이 걸어가야 할 길에 대한 통찰을 제시한 인물이다. 저서로는 도덕경道德經

이 있으며, 이 때문에 도가의 창시자로 불린다. 도덕경은 무위자연의 사상으로 모든 거짓됨과 인위적인 것에서 벗어나 자연에 합일하려는 사상이다. 우리나라에는 삼국시대에 전해졌고 도교신앙과 접합되면서 민중의식 속에 깊이 뿌리박혀 남아있다.

도덕경 63장의 「天下難事천하난사 必作於易필작어이 天下大事천하대사 必作於細필작어세, 세상의 어려운 일은 반드시 쉬운 일에서 시작되고, 세상의 큰 일은 작은 일에서부터 일어난다」에서 유래되었다. 세상의 모든 큰 일은 작은 것에서부터 시작되니, 언제나 작은 것을 소홀히 하지 말고 절대로 간과하지도 말라는 충고이다. 평소 사소하고 작아서 별것 아닌 것 같아 소홀히 취급해 왔던 것들이 결정적인 순간에 치명타를 줄 수 있음을 인식하고 꼼꼼히 살피고 대비하는 것을 생활화해야 한다는 것이다.

한비자韓非子 유로편喩老篇에는 춘추전국시대 말기의 명의名醫 편작扁鵲의 일화가 실려 있다. "편작이 제나라 환공桓公을 만났을 때 처음에는 그의 병세가 피부에 있다 하였으나 환공이 무시하였다. 열흘 후에 다시 편작이 그를 만나 이번엔 병이 살갗 속에 있다고 하였으나 역시 무시하였다. 열흘 후에 또다시 편작이 그를 만나 그의 병이 창자와 위 속에 있다 하였으나 환공이 또다시 무시하였고 그리고 다시 열흘 후 편작이 환공을 만나러 와서 보고는 아무 말도 하지 않고 진나라로 도망갔다. 환공의 병이 이미 골수 속으로 깊어져 치료가 불가능해졌기 때문이었다" 사물의 화禍와 복福도 역시 피부와 같은 이치라 일이 생기면 초기에 센싱하고 하고 일찍 처리해야 한다. 안전관리에 이보다 더한 귀한 가르침이 어디에 있을까 싶다.

니어미스Near Miss, 앗차사고란 "사고로 연결되지는 않았지만, 하마터면 사고가 날 뻔했던 위기일발 상황"을 의미하는 것으로 비행 중인 항공기끼리 최근접 거리까지 접근해 충돌할 것 같은 상황을 말한다. 우리가 일상생활을 하는 과정에서도 보행 중이거나 차량 운전 중에 사고가 날 뻔했던 상황을 많이 경험할 수 있다. 실제로 많은 산업현장에서는 중대재해가 발생하기에 앞서 수많은 니어미스 상황이 일어난다. 그래서 경미한 사고나 중대재해를 예방하기 위해서는 이미 발생한 사고는 물론이고 이러한 사고가 날 뻔했던 위기일발의 상황, 즉 니어미스를 찾아내어 상황에 대한 정보를 공유하고, 원인분석과 대책을 수립해서 관리해야 한다.

먼저 깨진 유리창부터 치워라

1969년 필립 짐바르도 스탠퍼드대 심리학과 교수는 치안이 허술한 골목에 보존상태가 동일한 두 대의 자동차 보닛을 열어 놓은 채 1주일간 방치하는 실험을 했다. 자동차 한 대는 보닛만 열어 놓았고, 다른 한 대는 고의적으로 창문을 조금 깬 상태로 두었다. 그리고 1주일 뒤 흥미로운 결과가 나왔다. 보닛만 열어 둔 자동차는 상태가 그대로 유지됐지만, 유리창을 조금 깬 자동차는 배터리와 타이어가 분실되고 낙서와 파손으로 반 고철 상태가 되어 있었다.

이 실험은 "깨진 유리창의 법칙broken window theory"이라는 심리학 이론을 증명하기 위해 한 것이다. 이 법칙은 사소한 것들을 방치하면 나중에 더 큰 범죄와 사고로 이어진다는 사실을 설득력 있게 설명하고 있다. 반대로 얘기하면 아무리 사소한 문제라도 미리 발견해서 개선해야 향후 더 큰 문제가 발생하는 것을 방지할 수 있다는 의미이기도 하다.

깨진 유리창의 법칙은 안전관리에도 중요한 시사점을 일러준다. 사고 발생의 원인이 되는 물적 요인의 불안전한 상태나 인적 요인인 불안전한 행동이 사소하게 한두 개씩 쌓여 누적되면 언젠가 예상치 못한 큰 사고로 연결될 수 있기 때문이다. 따라서 사고의 원인이 되는 작은 문제점이라도 그냥 지나치지 않고 개선하려는 노력이 필요하다. 이것은 하인리히 법칙과도 일맥상통한다. 하인리히 법칙(H.W. Heinrich'Law, 1:29:300)은 한 건의 중대재해가 발생하기까지는 29번의 경미재해가, 그리고 300번의 앗차사고가 발생한다는 것으로 대형사고가 발생하기 전에 그와 관련된 수많은 경미한 사고와 징후들이 반드시 존재한다는 것이다. 즉, 중대재해는 어느 날 갑자기 예고 없이 찾아오는 것이 아니라 항상 사소한 것들을 방치할 때 발생한다. 하인리히 법칙에 기반해 2003년에 발표된 "사고 피라미드"는 하인리히 법칙을 좀 더 세분화해 앗차

확장된 사고 피라미드

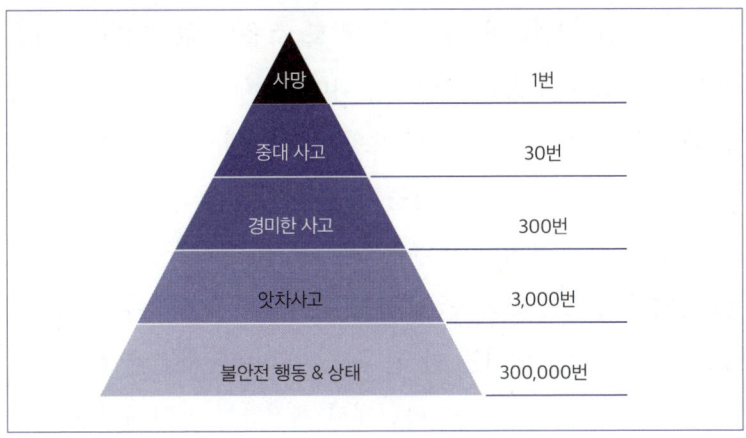

사고가 발생하는 원인까지 밝혀주고 있다.

　해마다 여름철이면 동해안 해수욕장은 피서객이 버리고 간 쓰레기로 몸살을 앓는다. 속초 해수욕장 역시 2018년 개장기간(45일)에 155톤의 쓰레기가 발생했다고 한다. 하루 평균 3.4톤이 발생한 것이다. 그런데 2019년 축구장에서 사용하는 고성능 대형 LED 조명탑 2기(당시 1기당 가격 1억 원)를 해변에 설치하니 피서철마다 모래사장을 뒤덮던 쓰레기가 싹 사라졌다고 한다. 이와 동시에 동해안 해수욕장 중 최초로 밤 9시까지 야간 개장을 했는데도 안전사고가 한 건도 없었다고 한다. 해변이 밝아지니 쓰레기와 음주 및 흡연이 눈에 띄게 줄어든 것이다. 이처럼 깨진 유리창의 법칙은 안전분야뿐만 아니라 우리 생활주변의 청결위생분야 등에도 그대로 적용되고 있다는 것을 알 수 있다.

"끓는 물을 식히려고 할 때는 한 사람이 불을 때고 있는데 백 사람이 물을 퍼냈다가 다시 담더라도 소용이 없습니다. 장작을 빼서 불을 그치게 하는 것만 못합니다" 한漢나라 매승枚乘이 오왕에게 간하여 올린 글인 상서연오왕上書諫吳王에서 나온 말로 '끓는 물을 퍼냈다가 다시 부어 끓는 것을 그치게 하는 것은 땔 나무를 치우는 것만 못하다. 揚湯止沸양탕지비 莫若去薪막약거신'는 뜻으로 문제가 있으면 발본색원해서 근원적으로 해결해야지, 임시방편으로 돌려막기 해서는 안 된다는 의미이다. 사고의 원인이 될 만한 위험요인은 근본책을 마련해서 제거하는 것이 무엇보다 중요하다. 깨진 유리창을 내버려두면 위험요인은 증가하므로 깨진 유리창부터 빨리 치워야 한다.

見볼견 微작을미 知알지 著나타날저
사소한 것을 보고 장차 드러날 것을 안다

출전(出典): 사마천(司馬遷)의 사기(史記)

- 큰 일이 일어나기 전에는 대개 이런 저런 작은 조짐들이 나타난다
- 안전이든, 건강이든, 사업이든 문제가 발생하기 전에 미세한 징조를 파악하여 예방하는 것이 중요하다
- 1:29:300의 법칙(Heinrich법칙, H.W. Heinrich)

사기史記는 중국 전한前漢의 왕조 무제武帝시대에 사마천(司馬遷, BC145년경~BC86년경)이 저술한 중국의 역사서로 중국의 이십사사 二十四史의 하나이자 정사의 으뜸으로 꼽히며 유려한 필치와 문체로 역사서로서의 가치 외에 문학적으로도 큰 가치를 가진 서적으로 평가받고 있다. 서술 범위는 전설상의 오제五帝의 한 사람이었다는 요(기원전 22세기)에서 기원전 2세기 말의 전한 무제까지를 다루고 있다.

견미지저見微知著는 큰 일이 일어나기 전에 대개 이런저런 작은 조짐들이 나타난다는 것으로 사기 송미자세가宋微子世家의 다음과 같은 이야기에서 유래되었다. 은殷나라 말기의 현자賢者였던 기자(箕子, 주왕의 배다른 형이라 함)는 주왕(紂王, 은나라 마지막 왕으로 폭군)이 처음에 상아로 만든 젓가락을 사용하기 시작하자, 한탄하며 말했다. "그 사람이 상아 젓가락을 사용하면 틀림없이 옥으로 만든 잔을 사용할 것이고, 옥으로 만든 잔을 쓰면 반드시 먼 곳의 진기하고 기이한 물건들을 그에게 몰고 올 궁리를 할 것이다. 그러니 수레와 말, 그리고 궁궐의 사치스러움이 이것으로부터 점점 시작될 것이니, 나라는 흥성할 수 없을 것이다."

주왕은 음란하고 제멋대로 하여 기자가 간언해도 듣지 않았다. 기자는 주왕이 상아 젓가락을 쓰는 것을 보고 은나라의 멸망을 예언했던 것이다. 조그마한 기미를 보고 큰 일이 일어날 것처럼 호들갑을 떨어서도 안 되지만 경험과 기술에 의해 미루어짐작할 수 있는 일들을 대수롭지 않게 여겨 어려움이나 사고가 발생한 후 돌이킬 수 없는 일이 되게 해서는 안 된다. 그러므로 현명한 사람은 미세한 것, 작은 것을 보고도 장차 발생될 일들을 예견하고 대비하여 어려움에 직면하는 일이 발생하지 않도록 해야 한다.

안전관리에 있어서도 마찬가지이다. 작은 위험이라고 무시하고 간과하면 큰 위험으로 전개되고 확대된다는 생각으로 위험요인을 관리해야 한다. 따라서 작업 현장의 모든 위험요소를 사소하게 생각하지 말고, 큰 사고위험大危險으로 인식하고 관리하는 자세가 필요하다.

잠재적 사고의 위험성

허버트 윌리엄 하인리히(Hebert William Heinrich, 1886~1962)는 1920년대에 미국 여행자 보험 회사의 엔지니어링 및 검사 부서의 보조 감독자로 근무하면서 업무 성격상 많은 사고 통계를 접하게 되었고, 사고의 인과관계를 계량적으로 분석했다. 여기서 실제로 발생했던 7만 5,000건의 사고를 정밀 분석했는데 거기에서 흥미로운 결과를 얻게 되었다. 그리고 1920년대 초반부터 연구해 온 산업재해에 관한 과학적 분석 결과물을 1931년 '산업재해 예방: 과학적 접근Industrial Accident Prevention: A Scientific Approach'이라는 제목의 책으로 발간했다. 1980년 제5판에서는 다니엘 피터슨Daniel C. Petersen, 네스터 루스Nestor R. Roos, 수잔 해즐럿Susan Hazlett이라는 세 명의 저자가 추가되고 부제가 약간 바뀌어 '산업재해 예방: 안전관리 접근Industrial Accident Prevention: A Safety Management Approach'이라는 제목으로 출간되었다.

추운 겨울에는 많은 사람들이 호주머니에 손을 넣고 걸어 다니거나 종종걸음으로 보행을 한다. 직장에서 흔히 사용하는 말로 입수보행入手步行이다. 겨울에는 도로나 바닥에 눈이나 얼음이 얼어 있는 경우가 많다. 대부분의 사람은 입수보행을 하다 미끄러져 넘어질 뻔해도 별문제가 생기지 않는다. 또 어떤 사람은 가볍게 넘어져 멍이 들거나 찰과상을 입기도 한다. 그러나 어떤 사람은 뼈가 부러지는 골절상을 입기도 하고 인대나 아킬레스건이 끊어지기도 하며 심한 경우에는 머리를 바닥에 부딪혀 뇌진탕을 일으키기도 한다. 실제로 전에 다니던 직장에서 입수보행을 하다 넘어져 뇌진탕이 와 생명이 위독한 상황까지 갔던 일도 있었다.

이처럼 어떤 사람은 전혀 부상을 입지 않은 사고에 그치기도 하지만, 어떤 사람은 경상을 입고, 그 가운데 운이 나쁘거나 재수가 없는 사람은 중상을 입기도 하고, 최악의 경우 사망에 이르기도 한다. 이와 같이 부상을 입지 않은 사고, 경상, 중상처럼 정도에 따라 발생 횟수를 비교해 보면 일정한 비율이 나온다. 하인리히는 1931년 발간된 자신의 책에서 산업재해로 인해 중상자 가 1

명 나올 경우 그 전에 같은 원인으로 발생한 경상자가 29명 있었고, 부상을 당하지는 않았지만, 같은 원인으로 앗차사고(니어미스)를 겪었던 사람이 무려 300명이 있었다는 사실을 밝혀냈다. 다시 말해 중상Major Injury과 경상Minor Injury, 그리고 부상이 발생하지 않은 사고No Injury Accident의 발생 비율이 1:29:300이었다는 것이다. 이것을 1:29:300 법칙이자 그의 이름을 붙여 '하인리히 법칙Heinrich's Law'이라고 한다.

하인리히 법칙(1:29:300의 법칙)

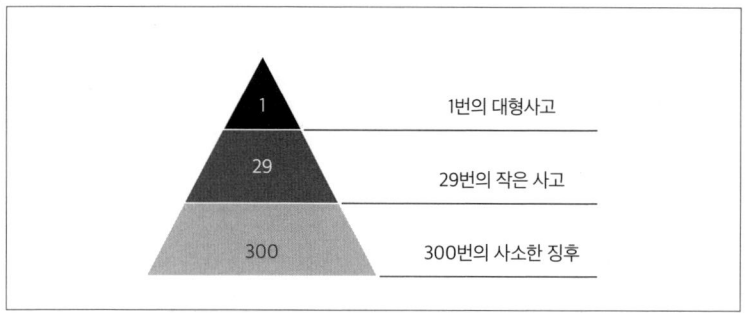

이 법칙에서 알 수 있듯이 중대재해는 우연히 또는 어느 순간 갑작스럽게 발생하는 것이 아니라 그 이전에 반드시 경미한 사고들이 반복되는 과정과 환경 속에서 발생한다. 따라서 사소한 문제가 발생하였을 때 이를 세심하게 살펴 그 원인을 파악하고 잘못된 점을 개선하면 큰 재해를 방지할 수 있다. 그러나 이러한 징후나 조짐이 있음에도 불구하고 이를 무시한 채 신속하게 대처하지 않고 방치하면 돌이킬 수 없는 중대재해로 이어질 수 있다는 것을 경고하고 있다. 하인리히 법칙은 원래 산업재해에 적용된 것이었으나 현대에 오면서 사고나 재난, 실패 등에 광범위하게 적용되고 있다. 큰 사고가 있기 전에는 반드시 수십, 수백 번의 전조가 있기 마련이라는 이 법칙은 결정적 실패를 피하기 위해서는 그 이전에 나타나는 실패의 징후들을 면밀히 지켜봐야 한다는 엄중한 교훈을 우리에게 준다. 따라서 여러 이해관계 때문에 작은 실패와 징후들을 숨기지 말고 공개적으로 공유하고 토론해서 성찰하는 노력이 필요하다.

2000년대 들어 하인리히의 법칙을 비판적인 관점에서 재분석하는 사람(프레드 A. 마뉴엘레, Fred A. Manuele)도 있다. 하인리히가 사용했던 데이터 파일이 현재 하인리히의 책 이외에는 존재하지 않기 때문에 조사 데이터와 조사 방법론을 검토하기가 힘들다는 것이다. 또한 하인리히가 연구를 진행했던 1920년대로부터 90년이나 지나 사회 전반적으로 안전도가 크게 개선되었으므로 사고 발생률도 따라서 떨어졌다는 사실을 지적하고 있다. 프레드 마뉴엘레의 지적은 상당히 타당성이 있다. 그러므로 1:29:300이라는 숫자에 너무 얽매일 필요는 없다. 그러나 중대재해 발생 전에 니어미스와 경미한 사고가 있었을 것이라는 주장은 틀리지 않으므로 사고 예방 차원에서 하인리히의 법칙은 여전히 유효하다고 하겠다. 이와 같이 사소한 것을 보고 미루어 장차 드러날 것을 알아채고 대비하는 견미지저의 자세가 사고 예방에 필요하다.

하인리히의 분석 한계는 사고를 일으킨 배경에 대하여 사고의 근본원인을 자세히 분석하지 않은 채 사고보고서를 작성한 조사감독관의 자료만을 갖고 분석했다는데 있다. 사람들이 불안전한 행동을 하는 환경과 배후에 대한 추가 조사가 없었던 것이다. 1969년 프랭크 버드(Frank E. Bird, Jr.,1921~2007)와 로버트 로프터스 Robert Loftus는 하인리히 법칙을 새롭게 해석하기 시작했고, 1976년 이를 정리하여 'Loss Control Management'라는 논문을 발표했다. 버드는 산업현장에서 발생한 1,753,498건의 사고데이터를 분석하여 하인리히의 1:29:300법칙을 확장한 1:10:30:600의 법칙을 만들었다.

버드는 사고구성을 중상 또는 폐질1, 경상(물적 또는 인적 상해)10, 무상해사고(물적손실)30, 무상해 무사고(위험순간)600의 비율로 사고가 발생한다고 정의하였다. 하인리히가 큰 상해, 작은 상해, 무재해 사고로 나누었다면, 버드는 큰 상해, 작은 상해, 무재해 사고에 추가하여 상해도 물적피해도 없는 앗차사고를 추가했고, 하인리히의 재해의 직접원인(불안전한 행동, 불안전한 상태)으로 4M $^{Man,\ Machine,\ Media,\ Management}$을 제시했다. 하인리히나 버드 모두 공통으로 강조하는 것은 앗차사고, 즉 작은 사고나 징후를 경계하여 큰 사고로 연결되지 않도록 관리해야 한다는 것이다.

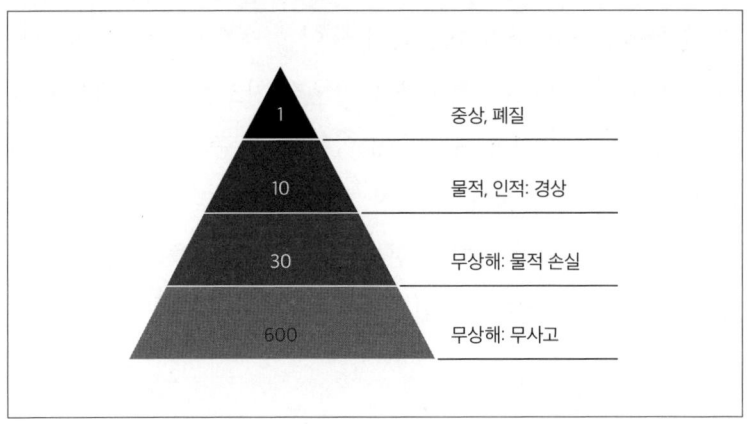

堤^{방죽 제} 潰^{무너질 궤} 蟻^{개미}의 穴^{구멍 혈}
천 길 높이의 둑도 땅강아지나 개미구멍 때문에 무너진다

출전(出典): 한비자(韓非子) 유로편(喩老篇)

- 작은 문제가 발생했을 때 무시하고 간과看過하면 큰 사고로 이어 진다
- 사고가 발생한 이후의 복구나 조치비용을 사전에 검토해 보고 예방관리에 소홀함이 없어야 한다

한비자韓非子는 제자백가의 한 사람으로 전국시대 말기 한韓나라 왕족 출신의 철학자이자 법가法家의 대표적인 인물이다. 본명은

한비韓非로 법치法治를 강조하며 강력한 군주권을 주장한 사람이다. 철학서로서의 한비자는 한비 등이 공동으로 저술한 법가사상을 집대성한 책이다. 한비자의 이론적 기조는 노자 해설에 있다. 한비자는 55편으로 구성되어 있는데 그 중 유로편喩老篇은 21편으로 노자老子에 대해 쓴 편장 가운데 하나로 좀 더 독자적인 비유가 많이 이뤄져 있다고 한다. 유로喩老의 유喩는 비유比喩를, 로老는 노자를 말한다. 즉 비유를 들어 노자의 말을 풀이한다는 뜻이다.

형체가 있는 것 중에 큰 것은 반드시 작은 것에서 생긴다
有形之類 大必起於小
(유형지류 대필기어소)

오래 존속하는 것 중에 많은 것은 틀림없이 적은 것으로부터 비롯된다
行久之物 族必起於少
(행구지물 족필기어소)

노자는 '천하의 어려운 일은 반드시 쉬운 일에서 생기고, 천하의 큰 일은 언제나 사소한 일에서 시작된다'고 했다
故曰 天下之難事必作於易 天下之大事必作於細
(고왈 천하지난사필작어역 천하지대사 필작어세)

그래서 사물을 제어하려는 자는 그 사소한 것부터
시작하는 법이다
是以欲制物者 於其細也

(시이욕제물자어기세야)

노자는 '어려운 것을 도모하려면 쉬운 것부터 하고
큰 것은 사소한 것에서부터 시작한다'고 말했다
故曰 圖難於其易也 爲大於其細也

(고왈 도난어기역야 위대어기세야)

천장 높이의 둑도 개미구멍으로 말미암아 무너지고
千丈之堤 潰自蟻穴

(천장지제 궤자의혈)

백 척짜리 큰 집도 굴뚝 틈에서 나온 불똥으로 타버린다
百尺之室 以突隙之烟焚

(백척지실 이돌극지연분)

그러므로 치수(治水)의 명인 백규(白圭)는 둑을 순찰할 때
구멍을 틀어막았고 집안의 노인들은 불을 조심해
굴뚝의 틈을 흙으로 발랐다.
故曰 白圭之行堤也塞其穴 丈人之愼火也塗其隙

(고왈 백규지행제야새기혈 장인지신화야도기극)

그래서 백규가 있을 때는 물난리가 없고
집안에 노인이 있으면 화재가 없다
是以白圭無水難 丈人無火患

(시이백규무수난 장인무화환)

이는 모두 쉬운 일에 주의를 기울임으로써 재난을 피하고
사소한 일을 조심함으로써 큰 일이 생기지 않게 하는 것이다.
此皆愼易以避難 敬細以遠大者也

(차개신역이피난 경세이원대자야)

여기에서 유래된 千丈之堤 潰自蟻穴천장지제 궤자의혈은 모든 큰 일은 다 사소한 것이 원인이 되고 있음을 이르는 말이다. 필작어세, 견미지저, 제궤의혈은 모두 니어미스 같은 사고가 쌓여 큰 사고를 일으킴을 경계하는 말로 사고의 징후나 조짐이 있을 때 선행적으로 조치하고 개선하여 중대재해로 이어지지 않도록 해야 한다는 것을 의미한다고 하겠다.

위험에 대응할 여러 안전장치나 프로세스 가운데 단 한 가지만이라도 제대로 작동하면 사고로 연결되지 않는다

산업화와 근대화, 정보화가 진행될수록 커지는 위험을 막기 위해

영국 맨체스터대 심리학자인 제임스 리즌James Reason은 '스위스 치즈모델(Swiss Cheese Model, 1990)'을 제시했다. 스위스의 대표적인 치즈인 에멘탈 치즈에는 불규칙한 구멍(사고요인 또는 결함)이 숭숭 뚫려 있는데 이것을 여러 장 겹쳐 놓으면 구멍이 메워진다. 위험에 대응할 여러 안전장치 또는 프로세스 가운데 단 한 가지만이라도 제대로 작동하면 사고로 연결되지 않는다. 반면 조직 내에서 '나 하나쯤이야, 이것 하나 정도는'과 같은 생각이 각 프로세스나 단계에 중첩될 때 사고로 연결된다는 것이다.

허버트 하인리히는 안전관리에서 인간의 심리를 매우 강조하면서 사고가 100번 발생하면 이 가운데 88번은 인간의 불안전한 행동 때문이고, 10번은 불안전한 상태 즉 기계적이거나 신체적인 문제 때문이며 2번은 천재지변 등 피할 수 없는 원인 때문이라고 했다. 사고의 원인에는 '2:10:88의 법칙'이 있다는 것이다. 다시 말해 사고원인의 90%는 사람에 의한 불안전한 행동에 기인한다. 따라서 사고를 예방하거나 최소화하려면 에멘탈 치즈를 여러 장 겹쳐 놓아야 한다. 작업자뿐만이 아니라 시설과 장치, 절차 그리고 안전행동을 위한 제도와 환경 등 각각의 '스위스 치즈'에 위험요소, 즉 구멍이 뚫리지 않았는지 확인하고 또 확인해야 한다. 어느 것 하나라도 사소하다고 무시하거나 간과해서는 안 된다. 각 단계를 총체적으로 점검하는 시스템적 접근이 필요한 이유다. 위험은 철저하게 관리해야 할 대상이다.

스위스 치즈 모델(Swiss Cheese Model)

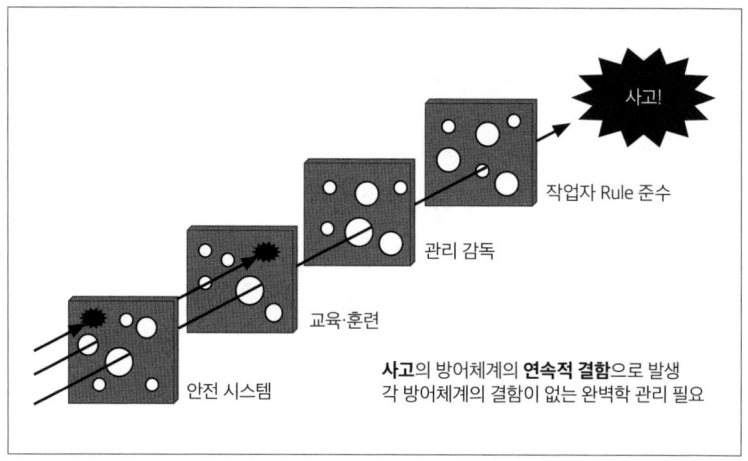

2014년 5월 2일 오후 3시 30분경 서울지하철 2호선 상왕십리역에서 차량 이상으로 승강장에서 잠시 정차해 있던 열차를 뒤따라오던 열차가 추돌하여 승객 391명이 다쳤다. 68km/h의 속도로 뒤에서 진입하던 열차가 128m 앞에 정차해 있던 열차를 발견하고 비상제동을 시도했으나 제동거리가 부족하여 정지하지 못한 채 15km/h의 속도로 추돌하였다.

사고조사 결과 지하철 안전운행을 구성하는 여러 시스템의 상호보완 작용이 제대로 작동하지 않은 것으로 나타났다. 신호기의 설계·제작에서부터 점검 및 유지관리와 관제업무에 이르기까지 문제투성이였다. 지하철에는 열차 간 안전거리를 유지하도록 앞 기관차와의 거리가 200m 이내가 되면 자동으로 제어하는 자동열차정지장치 ATS, Automatic Train Stopping Device가 있는데 이 장치에 신호를 주는 신호기에 고장이 생겨서 발생한 것이다. 사고 발생 3일 전 각 신호구간 간 열차 운행의 속도조절을 위한 데이터 변경 작업을 한 이후부터 신호체계 오류가 계속 발생하였으나 직원들은 이를 확인하지 않았다. 신호팀 담당자는 사고 당일인 5월2일 01:30분 경 ATS감시 모니터에서 신호 오류사실을 발견했음에도 현장확인 및 수리 등의 조치를 취하지 않고 소속팀 상부에 보고도 하지 않았다.

앞 차의 기관사는 열차가 한 곳에 40초 이상 정차할 경우 관제소에 알려야 하는데 2분간이나 정차했는데도 기관사는 관제소에 이 사실을 보고하지 않았다. 관제소에 출발지연 사실을 보고했더라면 관제소가 뒷열차에 이 같은 사실을 알려 사고를 막을 수도 있었을 것이다. 이뿐만 아니라 운행 관제소의 관제사는 운행상황판LDP, Local Display Panel을 주시하면서 전동차 간의 간격, 운행 전동차의 상황 등을 파악하여 돌발상황 발생 시 사고를 예방하도록 전반적인 감시와 통제를 해야 하는데 사고 직전 앞서가던 열차와 뒤따르던 열차가 모니터 상에 서로 붙어 있는 것으로 나타났는데도 신호제어 장치만 믿고 그냥 넘어갔다. 그밖에 신호제어장치를 납품하는 업체도 통신장애 등 고장이 발생하면 정지신호가 켜지도록 제품을 설계해야 하는데 그렇게 하지 않았다.

지하철에는 여러 단계의 안전시스템이 갖춰져 있다. 어느 한 단계에서라도 정신을 똑바로 차리고 있는 사람이 있으면 사고로 연결되지 않는다. '내가 한눈팔더라도 누군가가 대신 막아 주겠지'하는 생각으로 모두가 넋놓고 있으면 사고는 필연적으로 발생한다. 스위스 치즈 모델을 다시 한번 생각해 보게 하는 사고 사례이다.

4 위험관리와 위험성 평가 危險性平價

중처법(중대재해 처벌에 관한 법률)이 시행된 지 벌써 3년이 지났다. 지난해 1월 27일부터는 50인(건설공사 50억원) 미만의 사업장까지 확대 적용되고 있다. 하지만 3년 전에 발생한 사고가 아직까지 사건의 종결 또는 기소여부가 확정되지 않은 것이 대부분이다. 검찰이 지난해 말까지 중처법 위반으로 공소 제기한 사건도 62건에 불과했다. 산업현장에서 안전 업무를 하는 사람들의 고충이 이루 말할 수가 없다. 많은 논란도 있고 아직까지 법시행에 따른 효과도 미미하지만, 어찌 되었든 시행되고 있다. 지난해 말까지 법원의 1심 판결이 이루어진 사건은 총 31건이다. 이 가운데 유죄선고는 29건(실형 4건, 징역형의 집행유예 23건, 벌금형 2건)이고, 무죄선고는 2건으로 1건은 공사금액 50억원 미만으로 중처법 미적용 대상이었으며, 단 1건만이 중처법 의무 불이행과 사고발생 간 인과관계 없음으로 선고되었을 뿐 대부분 형사처벌되었다.

법원이 인용한 중처법 위반 조항으로는 법 시행령 제4조 의무 중 제3호 유해위험요인 확인·개선절차 마련이 24건으로 압도적으로 많았고, 그다음이 제5호 안전보건관리책임자 등에 대한 업무수행 평가·관리가 23건이었다. 그 외 안전보건 목표 및 경영방침 설정(8건), 도급 시 산재 예방능력 평가기준 마련(8건), 필요한 예산 편성 및 집행(6건), 전담조직 설치(2건) 등의 위반 사항도 법원의 유죄판단의 근거로 인용되었다. 이렇듯 위험관리와 위험성 평가는 사고 예방에 가장 중요한 부분일 뿐만 아니라 중처법 의무위반 판단 시에도 절대적인 영향을 미치고 있다. '위험을 보는 눈이 바로 안전의 시작'임이 중처법 위반 판단 시에도 중요한 기준이 되고 있음을 알 수 있는 대목이다.

고용노동부에서는 중처법 시행 이후 후속 조치로 2022년 11월 30일 중대재해 감축 로드맵을 발표해서 시행하고 있다. 이 로드맵의 골자도 중대재해의 예방과 재발방지를 위한 핵심수단으로 위험성평가 제도를 개편하여 위험성평가 중심의 자기규율 예방체계를 확립하는 것이다. 이것을 뒷받침하기 위한 감독행정, 법령과 기준을 재정비하여 '사업장 위험성 평가지침'을 개정(2023.5.22)했다. 위험성 평가도 새롭게 재정의하여 쉽고, 간편하게 했으며 빈도·강도법, 체크 리스트법, 위험성수준 3단계 판단법, 핵심요인 기술법 OPS, One Point Sheet 등 다양한 평가방법을 제시했다.

또한 위험성 평가의 모든 단계에 근로자의 참여를 확대했고, 근로자에게 위험성 평가결과를 공유하고 TBM 등을 통해 상시 교육하도록 했다.

위험성평가 단계

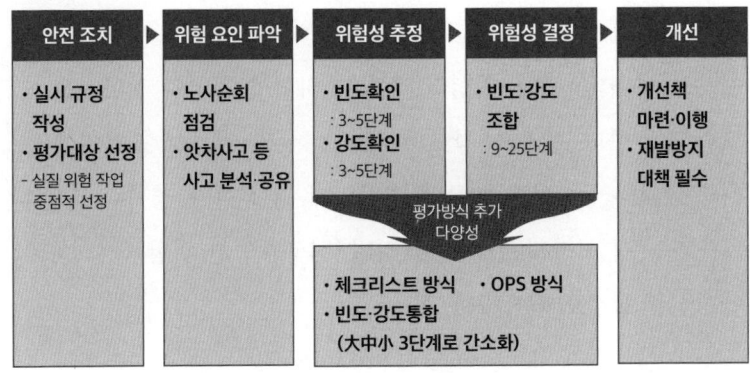

그렇다면 위험성 평가를 성공적으로 잘하기 위해서는 어떻게 하면 될까? 첫째, 무엇보다 중요한 것은 위험성 평가를 통해 사고를 예방하겠다는 마음가짐이다. 이런 자세를 바탕으로 위험이 누락되지 않도록 해야 하고, 위험성 평가가 잘못되거나 왜곡되지 않아야 한다. 또한 ISO45001을 인증 받은 회사는 업무가 이원화되지 않도록 ISO45001의 위험성평가 요건도 반영해서 평가해야 한다. 둘째, 위험성 평가에는 최고의 전문가가 참여해야 한다. 현장과 작업내용을 가장 잘 알고 있는 관리감독자 및 근로자는 물론이고 최고의 설비·생산·공정·기술엔지니어와 최고의 전문성이 있는 안전보건관리자가 모두 참여해야 한다.

셋째, 사업장의 업종, 규모, 공정 및 작업특성 등을 고려하여 최적의 위험성 평가방법Tool을 선정해야 한다. 평가방법이 간단하다고 해서 무조건 쉽고 편리한 방법만 선택해서는 안 된다. 대규모 사업장이나 공정이 복잡한 사업장에서는 기존의 위험성 평가방법을 사용하고 소규모 사업장이나 공정이 단순한 곳에서는 새롭게 제시된 다양하고 간소한 평가방법을 활용하는 것이 효과적이라고 하겠다. 넷째, 위험의 추정과 위험성 결정의 정확성을 고도화해야 한다. 빈도와 강도의 크기(수준) 및 위험성 크기의 산출은 무엇보다 중요하기 때문에 정확하게 해야 한다. 명확한 판단의 기준과 근거를 바탕으로 해야 하며, 허용가능한 위험(위험성 수준)의 합리적인 결정도 필요하다.

위험요인의 통제 계층

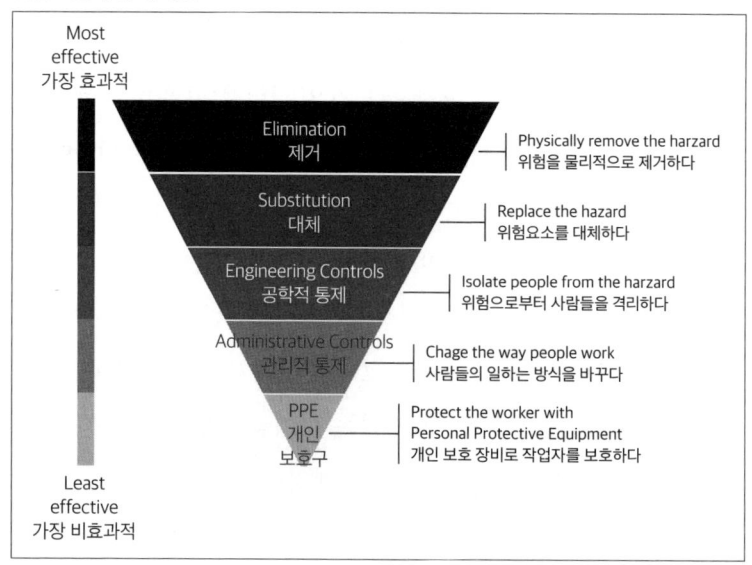

다섯째, 실현 가능한 위험성 감소대책의 수립과 실행이다. 위험성 평가 결과에 따라 위험성 수준이 높은 유해·위험요인부터 우선순위를 정해 개선대책을 수립하고 실행한다. 개선대책을 수립할 경우에도 위험관리계층Hierachy of Risk Controls의 원칙에 따라 계획을 수립하는 것이 가장 바람직하다. 마지막으로 위험성 평가결과의 효과적인 전파와 공유이다. 아무리 잘 수행한 위험성 평가라도 작업자 등 직접 관계되는 사람들이 모르면 안 된다. 온·오프라인을 통한 게시판 게시나 TBM, 정기 안전교육 등에 반영하고 이외에도 사업장 특성에 맞는 효과적인 공유방안을 수립해서 실행하면 효과는 배가 된다.

不아닐불 廬생각할려 之갈지 患근심환
생각하지 못한 곳에서 큰 재앙(근심, 걱정)이 발생한다

출전(出典): 서계 박세당(西溪 朴世堂) 남화경주해산보(南華經註解刪補)

- 미처 생각하지 못한 재난이나 근심
- 사전 대비가 부족할 경우 맞닥뜨릴 수 있는 재난이나 불행한 상황
- 예상되는 어려운 상황에서는 사람들이 미리 예측하고 철저히 대비하지만 전혀 예상하지 못한 위기는 무방비 상태에서 발생하므로 그 피해 역시 심각할 수 있다

조선 후기 학자 서계 박세당西溪 朴世堂 선생은 '사람의 위기는 예상하지 못한 곳에서 더 크게 발생한다'고 강조하면서 불려지환不慮之患의 개념을 제시했다. '생각慮하지 못한不 곳에서 큰 재앙患이 발생한다'는 뜻이다. '인간의 위기는人之患 생각하고 예상한 곳에서 일어나지 않는다(不作於其所慮, 불작어기소려) 항상 생각하지 못한 곳에서 일어나는 것이다(常作於其所不慮者也,상작어기소불려자야)' 박세당선생의 남화경주해산보南華經註解刪補에 나오는 글이다. 논어論語에도 미리 다가올 위기에 대해 깊은 고민과 준비를 하지 않으면 반드시 가까운 시일에 재앙을 당한다는 구절이 있다. '사람이 미래에 다가올 위기에 대해 고민하고 대비하지 않으면(人無遠慮, 인무원려), 반드시 가까운 시간에 근심이 생길 것이다(必有近憂, 필유근우)'

평소에 건강에 문제가 있는 사람들은 늘 건강진단 등을 통해 자신의 건강을 체크하고 조심한다. 조금이라도 몸에 이상 징후가 보이거나 의심쩍으면 병원을 찾거나 무리하지 않고 컨디션을 조절한다. 그러나 평소에 운동도 많이 하고 건강에 자신 있다고 큰소리치며 건강진단 한번 받지 않은 사람이 건강을 크게 망치거나 갑자기 사망하는 경우를 주변에서 가끔씩 본다. 이렇듯 세상의 위기는 가끔씩 전혀 생각하지도 못한 곳에서 발생하기도 한다. 폭우나 폭설, 태풍 등 기상특보가 발효되면 사람들은 피해를 막거나 최소화하기 위해 미리 대비를 한다. 사전에 대비하면 피해를 줄일 수 있다. 그러나 전혀 예상하지 못한 재해는 아무런 준비 없이 맞이하게 되어 피해가 심각하다.

가정이나 기업도 마찬가지다. 지금 아무런 문제가 없고 평온하게 잘 나간다고 해서 앞으로도 계속 그런 상황이 보장되는 것은 아니다. 은퇴 후를 생각하거나 미래의 새로운 먹거리를 고민하지 않으면 언제 어떻게 어려운 상황이 닥쳐와 개인이나 기업이 위태로워질지 모른다. 국가 역시 미래의 발전전략이나 생존전략을 적기에 제대로 잘 세워놓지 않으면 치명적인 위기에 빠질 수 있다. 그래서 개인과 기업은 물론 국가도 변화와 혁신의 노력이 필요하다. 세기의 경영자로 불리었던 잭 웰치Jack Welch 전 GE회장은 '변하라, 변하지 않으면 남이 우리를 변화시킨다'고 했다. 기업이 경쟁력을 유지하고 지속적으로 성장발전해 나가려면 현실에 안주하지 말고 끊임없이 변화와 혁신을 추구해야 한다는 의미다. 안전분야도 마찬가지이다. 사고가 발생하고 난 후에야 뒷북치는 일이 없게 하려면 변화하는 환경과 기술의 발전속도에 맞춰 선제적으로 위험을 찾아 대처해야 한다.

일상적으로 위험을 잘 알고 관리하는 곳에서는 큰 위기로 확대되지 않는다. 지금까지 전혀 생각지도 못했고 사고가 발생되지 않았던 곳에서 큰 위험이 생겨난다는 말은 결국 위험을 미리 막고 대비하려면 우리가 지금까지 생각해 보지 못했던 곳부터 위험성 평가를 하나하나 세밀하게 해야 한다는 뜻이다. 한 번도 생각해 보지도 못한 곳에 큰 위험이 도사리고 있다는 서계 박세당 선생의 글을 통해 우리가 방심하거나 놓치고 있는 곳은 없는지 다시 한번 되돌아볼 필요가 있다.

인공지능AI 시대와 4차 산업혁명

인공지능 시대와 4차 산업혁명은 기술의 발전이 우리의 삶과 산업 전반을 어떻게 변화시키고 있는지를 상징하는 중요한 흐름이다. 이 두 가지는 서로 깊이 연결되어 있으며 기술혁신을 통해 사회 전반에 걸친 구조적인 변화를 이끌고 있다. 이제 우리는 인간의 상상력을 넘어선 새로운 가능성과 도전에 직면하고 있다.

4차 산업혁명은 온라인과 오프라인이 결합하면서 산업현장에서도 놀라운 변화를 가져왔다. 즉, 또 다른 인터넷, 산업인터넷이 만들어졌다. 산업인터넷이란 모든 산업장비에 인터넷이 접목 된다는 의미로 사물인터넷을 대신하는 말이지만 사물인터넷과 달리 산업현장의 대형 기계설비가 중심이라 산업인터넷이라 불린다. 산업인터넷은 빅데이터 분석과 첨단 기계를 결합해 생산성을 높이는 동시에 기계설비에서 발생하는 사고와 고장을 사전에 예측함으로써 자원 낭비를 최소화하는 역할을 한다.

인공지능과 4차 산업혁명 기술의 발전에 따라 새롭게 출현하는 위험도 대형화·복잡화되고 있으며 발생빈도도 증가할 수밖에 없다. 따라서 이러한 위험들에 적극적으로 대응해야 함은 물론이고, AI와 4차 산업혁명 기술을 안전분야에 적극적으로 융합, 접목하여 각종 사고를 사전에 예측하고 조기에 감지해 이를 효과적으로 통제하는 등 빈틈없는 산업안전과 재난안전망을 구축해야 한다. 그래서 산업기술과 안전이 조화롭게 발전해 나가도록 해야 한다. 즉, 4차 산업혁명 시대에 재난안전분야도 새로운 변화와 혁신을 통해 사전 예방체제로 전환하여 재난안전 관리에 대한 패러다임을 바꿔 나가야 한다.

기술이 인간의 삶을 더욱 풍요롭게 만들려면 우리는 인간 중심적 접근을 잃지 말아야 한다. 기술이 발전하는 속도만큼 사회적, 윤리적 기준 및 안전기준 또한 함께 발전해 나가야 할 것이다. AI와 4차 산업혁명은 우리의 미래를 밝히는 혁신의 열쇠이지만 이를 올바르게 활용하기 위한 준비와 노력이 더욱 중요해지고 있다. 다시 말해서 인공지능의 진화와 동시에 이젠 이러한 것들의 위협도 감시받아야 할 상황이 되었다. 이에 정부에서도 AI를 안전하게 활용하게 하기 위한 전담 연구기관인 'AI안전연구소'를 지난해 설립하고 운영에 들어갔다. 이미 영국이나 미국, 일본 등의 선진국에서는 AI의 위험성을 전담하고 안전 평가기준 등을 제정하기 위한 'AI안전연구소'를 운영하고 있다.

AI기술을 안전관리에 적용하기 위한 연구기술도 활발하게 이루어지고 있다. 한국전자통신연구원ETRI에서는 산업재해 예방을 돕는 인공지능을 적용한 안전순찰 로봇을 최근 개발했다. 개발된 기술은 산업현장의 근로자 및 설비상태를 주기적으로 확인하는 안전순찰 로봇과 명령에 따라 임무를 수행하는 감독순찰 로봇이 협력하는 형태다. 근로자의 불안전한 행동이나 사고 등으로 인한 이상행동 등을 신속히 탐지하거나 온도, 압력, 수위level 등 산업설비에 대한 정상 작동 여부를 판단하는 AI기술이다.

　이러한 기술은 우선적으로 정유공장, 에너지, 석유화학, 발전소 등 주기적으로 점검을 필요로 하는 곳에 적합한 것으로 안전 순찰 로봇이 현장 내 지정 경로 순찰(점검)을 통해 게이지나 근로자의 상태에 관한 영상을 관제센터로 전송하면 관제센터에서는 AI융합영상분석 기술로 게이지의 상태 및 근로자의 이상행동을 자동으로 분석해서 판단한다. 지금까지 사람들이 주기적으로 온도계나 압력계 등 계측기를 통해 산업시설이나 공장의 안전을 점검했다면 이제는 이 기술을 활용하여 로봇이 로봇 간의 협업을 통해 공장, 산업시설의 안전을 점검할 수 있게 되는 것이다.

　또한 산업현장에서 로봇이 특정 시설이나 부위를 촬영할 때 구조물에 가려 문제가 발생하면 두 번째 로봇이 출동하여 정밀하게 분석해 촬영한다. 로봇 스스로 촬영이 잘못됐다는 것을 인지하면 내부 AI인식 모듈이 판단해 자동으로 두 번째 로봇을 보내 정밀 촬영한다. 이렇듯 현장의 안전 관리를 보조하는 인공지능 로봇기술이 근로자의 안전을 보호하는 것은 물론 산업계의 생산경쟁력 확보에도 기여할 수 있다.

　그 외에도 산업현장에서는 사물인터넷IoT, 가상현실VR, 빅데이터 등 4차 산업혁명의 핵심기술을 적용한 신기술들이 다양하게

산업재해 예방 로봇기술 개념도

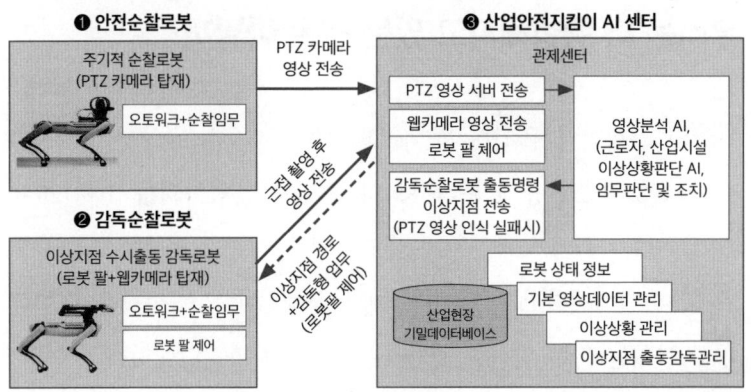

출처: 한국전자통신연구원(ETRI)

개발되어 안전분야에 활발하게 적용되고 있다. 대형 플랜트 산업에서의 안전문제는 재질, 구조, 센서기기 오작동, 안전장치 미작동, 유지보수 작업자 오류 등과 설계, 제작, 시공, 운전, 유지보수 및 인적요소 등 다양한 사고원인이 존재한다. 따라서 산업안전 문제는 안전만의 시각으로 봐서는 안 되며 시스템과 관리차원에서 분석하고 해결책을 찾아 근본 원인을 제거해야 한다. AI, Big Data, IoT 등을 종합적으로 연계해 실제 플랜트와 같은 사이버 플랜트를 구성하면 실시간 대응 시나리오와 비상대피 계획을 수립해 안전사고를 획기적으로 줄일 수 있다.

인공지능^AI 시대와 4차 산업혁명, 우리는 더 위험해지고 있는 것은 아닐까?

독일의 사회학자 울리히 벡(Ulrch Beck, 1944~2015)은 그의 저서 〈위험사회, 1986〉에서 중세 봉건사회와 19세기 산업사회를 거쳐 20세기 말 위험사회가 도래했으며 산업화와 근대화가 진행될수록 사회가 더 위험해진다고 분석했다. 개발 경제시대 압축성장을 경험한 한국 사회는 특히 위험한 국가라는 것이 그의 진단이었다.

기술의 진보는 분명 인류 복지에 큰 변화와 편리함을 가져다주고 있다. 그러나 그 변화와 편리함의 이면에는 미처 생각지도 못했던 새로운 형태의 위험요소가 도사리고 있고 언제 어디서 어떤 형태로 그 위험이 발현돼 생산자나 소비자 안전에 위해를 가할지 모르는 시대에 우리는 살고 있다. 문제는 기술의 진보 속도를 안전기준 등 규범이 따라가지 못하고 있다는 데 있다. 제품이 첨단 융복합화할수록 또 제품안전의 범위가 확대될수록 이런 경향은 더욱 심화될 수밖에 없다.

4차 산업혁명 시대, 정보화 사회, 나아가 스마트 사회는 더 위험하다. 스마트폰 열풍과 함께 시작된 TGIF^(Twitter, Google, IPhone, Facebook)시대의 즐거움과 편익 뒤에는 예상치 못한 위험이 도사리고 있을 수 있다. 사물 인터넷 센서로 모은 데이터를 클라우드 컴퓨팅으로 저장하고 빅 데이터 기술로 분석해 모바일 기기로 서비스하는 ICBM^{IoT, Cloud Computing, Big Data, Mobile}시대엔 개인정보 유출과 프라이버시 침해, 인공지능과 관련된 위험과 사고가 더 클 수밖에 없다. 과학기술 발달에 따른 부정적인 영향이다. 산업화, 근대화, 정보화가 진행될수록 커지는 위험을 예방하기 위한 노력이 함께 병행되지 않는다면 신기술, 신제품은 언제든지 희망을 불안으로 바꿔 놓을 수 있다.

세월호, 이태원 사고 이후에도 사회 도처에서 계속 발생하고 있는 대형 화재 등으로 인해 안전에 대한 관심은 그 어느 때보다 높아졌지만, 우리의 안전을 위협하는 위험요소는 새로운 형태로 진화하며 더욱 진보하고 있다. 이러한 위험 요소의 진화는 역설적으로 지금까지 인류사회가 이뤄온 산업발전에 따른 것이다. 미국의 한 연구결과에 따르면 20세기 이후 진보된 형태와 자재를 사용한 건축물은 우리의 주거환경을 쾌적하게 만들었지만 각종 합성소재로 인해 화재 진행속도는 20세기 초에 비해 8배나 빨라졌다고 한다. 그렇다고 위험을 감소시키기 위해 인류가 이뤄낸 진보를 되돌릴 수는 없다.

4차 산업혁명이 등장하면서 국지적이고 정형화돼 있던 기존 산업의 경계가 허물어지고 있다. 각종 편의와 함께 다양한 위험 요인도 함께 안고 있다. 이에 따른 새로운 위험을 예측하고 안전을 확보해야 한다. 사람의 접근이 어려운 위험지대를 드론이 날아다니며 안전점검을 하고 있고 운전자 없이 운행하는 자율 주행차가 상용화를 눈앞에 두고 있다. 공장설비는 운용자의 조작이 없어도 스스로 생산과 출하, 품질관리까지 한다. 빅 데이터 수집과 분석을 통해 사회 각 분야에서 소비자의 마음까지 읽어낼 정도로 세밀한 서비스가 제공되고 있다.

이는 수년 전만 해도 볼 수 없었던 것들이다. 충분한 검증과 확인을 거쳐 세상에 드러낸 문물이 아니며 등장 전과 후의 파급력이 비교가 되지 않을 만큼 간극이 크다. 이 급진적 변화에 안전이 흔들릴 우려가 상당하지만, 대부분 사람들은 인공지능, 사물인터넷, 빅데이터 등이 선사할 거대한 편익에 젖어 그 위험성을 간과하고 있다. 특히 최근에는 농업, 제조업, 서비스업을 나누던 전통적 경계를 넘어 이종 산업 간의 융합이 활발하게 진행되는데, 이것은 안전에 중대한 위협으로 볼 수 있다.

정보기술IT과 금융이 만나 핀테크라는 새로운 영역이 등장했다. 핸드폰으로 스마트홈과 스마트자동차를 움직일 수 있는 사물인터넷 시대가 도래했다. 아무리 사전 점검을 철저히 한다고 해도 이러한 새로운 영역과 제품에 예상치 못한 복잡한 위험이 도사리고 있을 가능성을 간과해서는 안 된다. 독성물질의 탐지나 3D 프린팅의 안전 등도 마찬가지다.

기업들이 앞다퉈 도입하고 있는 스마트팩토리를 예로 살펴보자. 이는 사물인터넷을 활용해 설비관리를 하는 것으로 센서가 부착된 설비 간에 오가는 정보를 통해 설비상태를 실시간으로 진단할 수 있다. 또 수집된 데이터를 분석해 문제발생 가능성이 있는 설비에 대해 사전에 안전조치를 취할 수도 있다. 하지만 매우 복잡하고 고도화된 시스템 특성상 오류가 발생할 가능성도 높다. 오류나 시스템의 충돌 등이 일어나면 매우 정교한 복구작업이 필요하기 때문에 재가동에 상당한 시간이 소요될 수도 있다.

또한 중앙 컨트롤 체계에 해커 등의 공격행위가 가해질 경우 공정 전체가 한순간 멈추거나 큰 사고가 발생할 수도 있다. 하나의 공장이면 수습 가능하겠지만 클라우드 등을 통해 연계된 네트워크 공장 모두가 피해를 입는다면 복구는 힘들어진다. 피해 대상이 원자력발전소와 같은 국가 기반시설이라면 그야말로 재앙이 될 수도 있다.

제조현장에서 사용하는 산업용 로봇도 진화를 거듭하고 있다. 1980년대부터 제조업 생산공정은 수동화에서 반자동화를 거쳐 완전 자동화로 공정의 자동화가 급속히 확대되었다. 그러나 자동화 기술의 발전에 따른 안전기술이 뒷받침되지 못하면서 초기 자동화 설비에 의한 안전사고가 많이 발생했던 것을 상기할 필요가 있다. 인공지능 기술의 발전으로 생산현장에 다양한 용도의 로봇을 개발하고 사용할 때에는 로봇 기술의 완성보다는 안전성에 있어서 완벽함이 무엇보다 우선임을 잊어서는 안 된다.

2015년 7월 독일 바우나탈에 있는 폭스바겐 자동차 생산공장에서는 로봇이 사람을 살해하는 최초의 「로봇 살인 사건」이 발생했다. 공장에 고정식 로봇을 설치하던 중 로봇이 22세의 기술자를 갑자기 들어 올려 금속 철판에 내동댕이치는 끔찍한 일이 발생한 것이다. 이 사건으로 기술자는 가슴에 심한 타박상을 입고 병원으로 옮겼으나 결국 숨졌다. 당시 언론은 로봇 살인이 현실로 등장했다고 보도했다. 회사는 사고원인을 로봇의 결함보다는 작업자의 실수로 판단하고 있다고 주장했다. 기술자는 안전펜스Safety Fence 안에 있었지만, 안전 펜스 밖에 있던 다른 직원들은 안전했다는 것이다. 외국에서뿐만 아니라 우리나라에서도 자동화설비에 의한 끼임(협착) 중대재해는 매년 끊이지 않고 발생한다.

이처럼 이제는 로봇이 사람을 살해하기도 하는 시대이다. 아예 산업현장밖에는 사람을 살해하려는 목적으로 개발된 로봇도 있다. 바로 킬러 로봇이다. 킬러 로봇은 사람의 간섭없이 공격이 가능한 치명적 자율 무기 시스템LAWS를 말한다. 전쟁터에서 적군을 살상하거나 경찰을 도와 범인 살해를 담당하는 인공지능 로봇으로, 감정 없이 인간이 설정한 프로그램에 따라 기계적 판단으로 수류탄을 던지거나 총을 쏴 적군이나 범인을 살상한다.

킬러 로봇을 인류에 보탬이 될 순기능으로 사용할 때에는 문제가 없겠지만 사용 과정의 실수나 오조작은 크나큰 인명의 손상을 초래할 수 있으며, 테러 등 악의 집단에 의해 악용될 때에는 인간을 위협하는 수단이나 인류에 돌이킬 수 없는 해악을 끼칠 수 있다. 이런 이유로 영국은 킬러 로봇의 개발을 전면 금지했으며 유엔과 재래식무기금지협약회의CCW 등을 중심으로 국제 규제 논의가 활발히 진행되고 있으나, 아직까지 국제 조약은 채택되고 있지 않다. 2024년 12월 2일 유엔총회는 LAWS에 대한 최초의 결의안 79/62를 채택했고, 국제 사회는 2026년까지 LAWS에 대한 새로운 법적 틀을 마련하기 위해 논의를 진행하고 있다.

비행기, 자동차, 각종 기계공구 등 인간의 한계를 극복하기 위해 우리 인류는 수많은 기계를 발명했다. 날개가 없는 인간은 비행기를 타면 날 수 있지만 기계는 인간의 주먹보다 훨씬 더 세고 단단하다. 하지만 만약 기계에 자율성이 추가된다면 어떻게 될까? 기계는 왠지 모르게 무섭고 걱정스럽다. 4차 산업혁명의 대표 분야인 인공지능 및 로봇공학 등 최첨단 장비도 마찬가지다. 최첨단 장비를 도입했으니, 예전보다 더 안전해야 하지 않을까? 그러나 현실은 그렇지 않은 경우가 많이 있다. 최첨단 장비를 사용한 최신식 비행기가 추락하는 것을 보면 그렇다.

모든 문명의 이기들은 사용 시 안전이 보장돼야 제 역할을 수행할 수 있다. 자동차는 달리기 전에 안전하게 멈출 수 있음을 증명해야 하고, 스마트폰은 그 편리성 이전에 전자파가 인체에 해롭지 않음을 입증해야 한다. 최근에 문제되고 있는 SK텔레콤의 해킹 사건처럼 고객정보가 유출되어 심각한 문제가 초래될 수도 있다. 사람이 호흡하는 가습기 살균제 같은 것이 생물평가와 같은 과학적 근거를 통해 인체의 유해성 여부를 확인하지 않은 것이 오히려 이상하지 않은가.

이처럼 새로운 기술이 가져다주는 편익에만 집중할 것이 아니라, 그러한 기술이 발생시킬 수 있는 각종 위험요소에 대해서도 새로운 시각과 접근법으로 면밀하게 분석하고 대응책을 사전에 마련해야 한다. 보다 효율적이며 풍요로운 생활을 위한 기술적 모험과 시도는 마땅히 장려할 일이지만 이면에 현재의 안전에 대한 충분조건은 물론 안전에 대한 보이지 않는 미래의 도전에도 대응할 수 있도록 선제적 준비를 갖춰야 한다. 진화하는 기술과 위험에 따라 안전도 함께 진화해야 한다. 희망과 불안이 공존하는 인공지능과 4차 산업혁명 시대를 희망으로 채우기 위해 안전에 대한 치밀한 연구와 노력이 요구되는 시대다.

이제 우리나라도 추격경제 fast follower 에서 선도경제 first mover 로 나아가고 있다. 선도경제는 추격경제에 비해 더 많은 위험을 떠안는다. 새로운 과학기술이 초래하는 위험의 특징은 위험을 인지하기가 쉽지 않다는 것이다. 위험을 인지했다 하더라도 그 위험의 원인을 정확하게 찾아내는 것은 더 어렵다. 위험의 원인을 알더라도 그 위험을 예방하고 제어하는 방법이나 기술을 개발하는 것은 또 다른 어려움이다. 그렇다면 4차 산업혁명의 신기술들로 인해 발생하는 위험요소에 대해 우리는 어떤 예방노력을 기울여야 할까?

　인공지능 로봇을 개발한다면 개발과정에서 로봇이 불러올 위험을 사전에 예측하고 그 대응 방안을 마련해야 하며, 자율 주행차의 성능 개선과 함께 탑승자 및 보행자의 안전확보도 같이 이루어져야 한다. 각종 위험요소에 대한 본질적 연구를 비롯해 진화한 위험을 제거할 수 있는 테스트 방법론과 장비, 절차, 표준제정 등 제도적 장치들을 개발하고 확충해 나가야 한다.

　과학기술은 항상 편익과 위험을 동시에 가진 양면적 존재다. 적절한 수단과 방법으로 잠재적 위험을 제거하고 피해를 최소화할 수 있도록 사용돼야 한다. 위험은 항상 불시에 우리가 준비 못 한 빈틈을 파고든다. 기술 혁신은 늘 안전으로 완성되어야 한다는 명제를 잊어서는 안 된다. 자율 주행차, 자율 항공기, 인공지능 의료시스템 등 미래 인공지능 시대의 진정한 승자는 가장 먼저가 아닌 가장 안전한 인공지능 기술을 개발한 사람과 기업일 것이라고 믿고 싶다. 옛날의 압축경제 성장기처럼 안전을 도외시한 채 급진적으로 신기술의 발전만 추구한다면 AI 시대의 미래는 불안하다.

虎^{범호} 視^{볼시} 牛^{소우} 步^{걸을보}
호랑이처럼 노려보고, 소처럼 걷는다

출전(出典): 보조국사 비명(普照國師 碑銘)

- 호랑이의 시선으로 멀리 보고 소처럼 우직하게 걷는다
- 호랑이의 눈처럼 예리하고 날카롭게 사물을 관찰(감시)하고 소처럼 신중하게 걸음을 옮긴다
- 예리한 통찰력으로 위험을 꿰뚫어 찾아내고 우직하게 개선해 나간다

'범처럼 노려보고 소처럼 걷는다'는 호시우보虎視牛步 또는 호시우행虎視牛行은 고려시대 보조국사 지눌스님(1158~1210)의 비문에서 유래되었다. 이 비문은 진각국사眞覺國師 혜심(1178~1234)이 보조국사 지눌을 기리며 지은 것으로 원문은 '虎視牛步 以濟其業호시우보 이제기업'이다. 「호랑이처럼 예리하게 보면서도, 소처럼 신중하게 걸으며 그 업을 이룬다」는 뜻이다. 호시우보의 호시虎視는 호랑이의 날카로운 눈빛처럼 멀리 내다보는 안목을 말하며, 우보牛步는 소의 걸음처럼 신중하면서 꾸준한 태도를 나타내는 것으로 서두르면 놓치는 것들이 많으므로 모든 일에 신중을 기하라는 뜻이다. 혜심은 지눌의 수행태도를 묘사하며 날카롭고 예리한 안목을 가지되 행동은 신중하게 했다는 뜻으로 이 표현을 사용했다.

위험관리나 위험성 평가를 할 때는 호시우보의 자세로 임해야

한다. 첫째, 예리한 통찰력과 전문지식을 갖추고 호랑이의 시선으로 넓고 입체적이며 예리하게 위험요소를 감지해야 한다. 이를 위해서는 먼저 주변의 위험요소를 예리하게 관찰하고 문제점이나 위험의 신호를 빠짐없이 찾아내는 위험의 식별이 중요하다. 또한 관련 데이터와 정보를 충분히 수집 후 전체 상황을 파악하여 각각의 위험요소가 가져올 영향(위험성 추정)을 분석하고 발생 확률과 예상되는 잠재적 피해를 평가(위험의 결정)해야 한다.

둘째, 대책을 수립하고 실행할 때에는 소의 걸음처럼 실행 가능한 방안을 찾아 작은 개선이라도 꾸준히 실행하는 것이 중요하다. 위험성 평가 결과에 따른 위험순위에 대해 사고를 근원적으로 예방할 수 있도록 단기, 중기, 장기대책을 수립하고 철저히 개선이 이루어지도록 해야 한다. 빠르게 위험을 감지하되 대응은 신중하게, 급하지 않되 멈추지 않고, 신중히 하되 기회를 놓치지 않는 위험성 평가가 되도록 해야 한다.

다시 말해 호시우보는 위험을 발본색원하여 근본적으로 없애겠다는 원대한 목표를 가지되 성급하지 않고 신중하게, 체계적이고 과학적으로 실천하는 자세를 의미한다. 또한 이 표현은 다양한 분야에서 신중하고 꼼꼼한 전략을 수립하고 실행해야 함을 강조하는 말로 확장되어 사용하고 있다.

過^{허물 과} 則^{곧 즉} 勿^{말 물} 憚^{꺼릴 탄} 改^{고칠 개}

허물이 있으면 고치는 것을 꺼리지 말라

출전(出典): 논어(論語) 학이편(學而篇)

- 잘못을 고치는데 주저하지 말고 즉시 고치도록 최선을 다하라
- 위험요인이 발견되면 방치하지 말고 즉시 개선하라

과즉물탄개過則勿憚改는 논어論語의 학이편學而篇에 실려 있는 것으로 잘못이 있으면 고치는 데 주저하지 말고 즉시 고치라는 의미이다. 공자孔子는 일찍이 군자의 수행에 관해 다음과 같이 말하였다. 「君子不重則不成군자불중즉불성 學則不固학즉불고 主忠信주충신 無友不如己者무우불여기자 過則勿憚改과즉물탄개, 군자는 중후하지 않으면 위엄이 없어 학문을 해도 견고하지 못하다. 충忠과 신信을 주장으로 삼으며 자기보다 못한 자를 벗으로 삼으려 하지 말고 허물이 있으면 고치기를 꺼리지 말아야 한다」

공자는 사람은 잘못을 하지 않을 수는 없다고 생각하고 잘못을 알고 있으면서 고치지 않는 것이 더 큰 허물이라고 하였다. 그래서 허물을 고치는데 꺼리지 말라고 한 것이다. 잘못이 있는데 고치기를 주저하면 같은 잘못을 다시 범할 위험이 있고 잘못은 또 다른 잘못을 낳을 수 있으므로 잘못을 고치는데 꺼리지 말고 즉시 고치도록 최선을 다하라는 것이다. 설령 일시적으로 자신이

믿는 가치관에서 벗어난 삶을 살더라도 그것의 잘못됨을 깨닫고 고치기만 한다면 무방하다는 것을 제자들에게 강조한 것이다.

과즉물탄개는 안전관리에도 적용할 수 있다. 위험요인이 있을 때는 방치하지 말고 즉시 개선해야 사고를 예방할 수 있다. 아울러 관리감독자나 안전관리자의 시정요구 사항도 바로 개선해야 한다. 그렇다면 이것을 방해하는 장애요인은 무엇일까?

안전은 공짜로 얻어지지 않는다

안전사고는 왜 발생하는 것일까? 안전 전문가들은 사고발생 원인을 분석할 때 크게 불안전한 상태와 불안전한 행동으로 분류한다. 즉 기계설비나 작업 자체의 위험성을 잘 관리하지 못하거나, 작업자의 실수 때문이라는 것이다. 겉으로 보이는 사고 자체만 보면 맞는 말이지만 조금 더 깊이 파고 들어가면 결국 돈과 시간을 충분히 들이지 않았기 때문이다. 그리고 이러한 돈을 언제, 어디에, 얼마나, 어떻게 쓸 것인지를 결정하는 것은 결국 사람이다.

이 외에도 안전을 확보하고 유지하기 위해 필요한 요소들이 많이 있지만, 안전을 하고자 하는 마음이 정해지면 우선적으로 반드시 갖춰야 할 요소가 바로 「돈」과 「시간」 그리고 「사람」이다. 안전에 조건이 있다는 것은 조건이 충족되어야 비로소 안전이 보장된다는 것을 의미한다. 안전한 기업이나 안전한 산업현장, 그리고 안전한 사회는 그냥 공짜로 얻어지는 것이 절대 아니다.

우리나라의 거의 모든 공장이나 건설현장 등 산업현장에는 「안전제일」이나 「안전이 최우선이다」와 같은 안전표지판이나 현수막이 걸려있다. 심지어는 안전모나 작업복 등에도 붙여져 있다. 안전이 제일이고 최우선인데 왜 사고는 계속해서 발생하고 있을까? 안전은 표어나 슬로건 또는 미사여구美辭麗句나 그럴싸한 구호만으로는 절대로 개선되지 않는다. 그래서 안전에는 조건이 있다는 것이고 그 조건이 충족될 때 비로소 안전이 보장된다는 사실을 잊어서는 안 된다.

안전은 「돈」으로 지켜진다

산업 현장에서의 산업재해나 화재 등 우리 사회 곳곳에서 대형 참사가 끊이지 않고 발생하고 있다. 우리의 일터나 우리 사회가 이렇게 위험한 것은 안전 유지를 위한 돈을 쓰는 데 인색하기 때문이다. 안전은 그럴싸한 구호만으로는 절대 개선되지 않는다. 말잔치만으로 간단하게 안전해지지도 않는다. 반드시 돈을 들여야 바뀐다.

안전은 겉으로 잘 드러나지 않고 때로는 번거롭다. 적지 않은 비용도 발생한다. 게다가 예방한 사고는 사고가 아니라고 생각하기 때문에 대부분 평가가 절하된다. 안전조치의 성과는 쉽게 체감할 수도 없다. 오히려 현실에선 안전조치는 불편조치로 생각한다. 사전예방은 비용이 들고 귀찮은 것처럼 느끼기 때문에 쉽게 돈을 쓰려고 하지 않는다. 그러나 안전을 강화하고 안전해지려면 반드시 돈을 써야 안전해진다. 반드시 대가를 지불해야만 얻을 수 있는 것이다.

미국은 1973년 2년간의 연구 끝에 현재의 소방안전 관련조직, 제도, 교육 시스템의 기초가 된 「아메리카 버닝리포트^{ABR}」를 작성했다. 당시 미국의 화재 사망률은 캐나다의 2배, 영국의 5배, 일본의 6.5배였다. 세계 최강국이었지만 소방안전 후진국에 가까웠던 것이다. 보고서가 채택된 후 미국은 연방소방국, 소방학교, 화재연구센터 및 국가화재정보시스템을 구축했다. 또한 초중고교생을 대상으로 화재예방 교육을 실시하고 건축물을 설계할 때 화재안전을 최우선으로 고려하도록 법제도를 정비했다. 스프링클러, 화재감지기 설치가 의무화된 것도 이때다. 안전에는 지름길도 무임승차도 없다. 우리 모두가 안전에 꾸준한 관심을 쏟고 투자할 때 안전한 일터, 안전한 기업, 안전한 사회에 도달할 수 있는 것이다.

사람들은 「안전은 비용」이라고도 하고, 「안전은 비용이 아니라 투자」라는 인식의 전환이 필요하다고도 한다. 둘 다 맞는 말이다.

버스나 지하철을 예로 들자면, 과연 낮은 요금으로 안전한 이용이 가능할까? 안전은 거기에 합당한 비용을 요구한다는 측면에서는 「안전은 비용」이다. 안전에 필요한 적정 비용을 누구도 부담하지 않는 구조적인 부실이 있는 곳에서 사고는 발생한다. 많은 사람들이 투자와 비용의 개념을 혼동하는 것 같다. 기업은 돈을 벌어야 투자도 하고 고용도 늘리고 세수도 늘어나는 선순환이 이루어진다. 기업이 이익을 낼 수 없는 어려운 환경에 처하게 될 때 비용을 아끼다 보면 확률상 사고의 가능성이 낮은 안전장치를 하나둘씩 아끼게 되는 것이다. 이런 상황은 개인 사업자나 중소·영세기업일수록 더욱 심해질 수밖에 없다.

반면에 안전을 투자의 관점에서 보아도 충분히 투자의 효용성이 있는 시대가 되었다. 중대재해처벌법의 시행으로 이제 중대재해가 발생하면 합의·보상과 작업중지에 따른 생산손실 등 막대한 경제적 손실이 발생하고, 기업 이미지 실추와 사회적 평판에 따른 불매운동 등이 매출 저하로 이어져 기업이 패망할 수도 있는 시대가 되었기 때문이다. 그러므로 안전에 대한 투자는 손해가 아니라 잠재적 이익창출 행위가 되므로 투자로 보아 마땅할 것이다. 듀폰이나 카길 등 세계적인 기업이 100년 이상 영속적으로 지속가능한 세계적인 기업이 될 수 있었던 비결은 바로 안전에 대한 투자와 안전문화가 그 바탕이 되고 있음을 상기해 볼 필요가 있다.

삼성코닝 수원공장과 구미공장 그리고 삼성물산 리조트 부문과 쿠팡에 근무하면서 가장 먼저 중점을 두고 추진했던 것이 바로 「설비의 안전화」였다. 사람은 언제든지 부주의하거나 생략하거나 착각하는 등의 실수(휴먼 에러)를 할 수 있다. 그렇기 때문에 이런 전제하에 최대한 작업자가 실수를 해도 다치지 않게 하고 설비가 고장이 나도 사고로 연결되지 않게 하기 위해 풀프루프와 fool proof 페일세이프 fail safe 개념에 입각해 설비의 근원적인 안전화를 추진하였다. 이를 위해 밤을 새워가며 최적의 기술적인 방법을 찾았고 투자승인을 받기 위해 부서장과 경영진을 설득하는 데에도 부단한 노력을 기울였다. 다행히도 많은 어려운 여건 속에서도 대부분의 경영진들은 흔쾌히 얘기를 듣고 지원해 주었다. 이러한 것이 안전사고 예방에 가장 큰 기여를 하였음은 두말할 나위가 없다.

안전은 「시간」이다.
안전확보를 위한 적정 시간은 보장해야

지금까지 우리 사회의 경쟁력은 빨리빨리로 대변되는 속도였다. 속도가 성과나 보상의 기준이 되었으며, 이로 인해 안전절차나 기준을 준수하는 행동보다는 불안전한 행동에 눈감는 일이 많았다. 이를 통해 압축·고도성장으로 한강의 기적을 이루었으며, 그 결과 경제규모가 세계 10위권에 도달했다. 우리나라에서는 1960~1970년대 고도 경제 성장기에 생산제일 문화와 빨리빨리 문화가 생겨났다. 단기간에 초고속 근대화와 산업화의 압축성장을 거치면서 우리나라가 선진국 대열에 올라서게 한 원동력이 되었지만, 미처 산업사회와 기술사회를 떠받치는 시스템적 가치관이나 안전의식이 함께 발맞춰 정립되지 않았다. 이러한 대가로 우리 사회는 각종 안전사고나 대형 재난을 하루가 멀다 하게 치르고 있다.

산업현장에는 「조금 위험하긴 해도 이게 더 빠른 방법인데」라고 생각하고 작업하는 빨리빨리 문화가 만연해 있다. 아직도 많은 경영진과 근로자들이 다소 위험이 따르더라도 빨리빨리 그리고 안전을 적당히 지키며 작업해서 생산성을 높이는 것이 기업의 이익을 높이는 빠른 길이라고 생각하는 경향이 있다. 아주 위험한 시대착오적인 발상이 아닐 수 없다. 빨리빨리는 더 이상 성공 방정식이 아니라는 것을 이제는 알아야 한다. 100번의 작업 중에 99번 사고가 없었다고 해도 단 한 번 사고가 발생하게 되면 그것으로 소중한 목숨을 잃을 수도 있고 평생 장애를 안고 살아가야 할 수도 있다. 그래서 안전은 100-99=1이 아니라 100-99=0인 것이다. 절대로 안전은 확률로 이야기할 수 있는 분야가 아니다.

안전의 조건에 있어서 시간의 중요성은 아파트 건설현장에서 쉽게 찾아볼 수 있다. 건설현장의 아파트 외벽 도색작업을 한번 살펴보자. 외벽 도색 작업 중 추락에 의한 사망재해의 84%가 수

직구명줄을 설치하지 않은 것으로 확인됐다. 수직구명줄은 작업자가 외벽 도색을 위해 매달리는 주 작업줄과는 별개로 주 작업줄이 파손될 경우에 작업자를 보호할 수 있도록 설치하는 작업자 안전용 장비다. 산업안전보건법의 산업안전보건 기준에 관한 규칙에는 「근로자의 추락위험을 방지하기 위하여 달비계에 안전대 및 구명줄을 설치해야 한다」고 정하고 있다.

그렇다면 왜 이런 위험한 작업에 수직구명줄을 설치하지 않고 작업을 할까? 바로 시간을 아끼기 위해서다. 도색작업은 작업기간이 짧기 때문에 작업의 효율이 중요한데 구명줄을 설치하면 본 작업줄과 엉키는 등 작업속도를 늦추는 원인이 된다는 이유로 작업자들이 설치하는 것을 꺼리고 관리감독자는 이를 방치하는 것이다. 그 밖에도 잠깐하고 마는 작업에 안전장치나 시설을 하는 등의 일련의 과정을 번거롭게 여기거나 낭비로 생각하는 사람들은 작업시간 단축, 공사기간 단축, 즉 시간을 줄이기 위해 과감하게 건너뛰고 생략한다.

우리의 일상생활에서도 약간의 시간을 아끼거나 줄이기 위해 안전을 볼모로 하는 행위들은 너무나 많다. 10~20미터 앞에 횡단보도가 있는데도 도로를 무단횡단하는 보행자들이 있는가 하면 신호등이 빨간불인데도 신호를 무시하고 횡단보도를 건너는 사람과 그냥 통과하는 운전자들이 많이 있다. 무단횡단으로 도로를 건너다 교통사고로 목숨을 잃는 사람들이 매일 발생하고 있는데도 말이다.

안전은 속도에 반비례한다. 쉽게 자동차만 생각해 봐도 그렇다. 속도를 올리면 당연히 위험해지지 않겠는가? 자동차만이 아니라 앞에서 언급했듯이 각종 공사현장이나 제품을 생산하는 제조현장에서 공기를 단축하고 생산량을 늘리기 위해 조금이라도 빨리하려고 하는 모든 과정에서 안전은 속도에 반비례한다. 속도를 높이는 것은 시간을 아끼고 줄이려고 하는 것이기 때문이다. 그래서 안전은 속도를 싫어한다.

시간을 줄이고 속도를 높이려면 기업에서는 안전을 보장하면서도 속도를 올릴 수 있는 기술이나 작업방법을 개발하는 연구와 투자를 많이 해야 한다. 「하려고 하면 방법이 보이고, 하지 않으려고 하면 변명만 보인다」는 말을 그래서 필자는 즐겨 쓴다. 생산성이나 품질을 높이려고 밤새 연구하고 고민하는 노력을, 안전을 위해서도 그렇게 할 수 있다면 안전하게 못 할 게 없다는 생각을 제조 회사인 삼성코닝에 근무할 때 참으로 많이 했었다.

에버랜드에서는 이러한 문제점을 해결하기 위하여 새로운 기종이나 시설을 도입할 때 FAT^{Final Acceptance Test}라고 하는 제도를 시행하고 있다. 새로운 기종이나 시설의 기획-설계-시공-시운전 전 과정에 걸쳐 회사 내·외부의 전문가들에 의해 안전성을 평가하고 검증한 후에야 상용적인 오픈을 한다.

예를 들어 시운전 과정에서 승용물에 더미(dummy, 실험용 인체모형)를 적재한 상태에서 몇천 회 또는 몇만 시간 시운행을 해야 한다고 하면 비록 고객과 약속한 그랜드 오픈일을 맞추지 못한다 하더라도 반드시 이행한다. 어떤 경우에도 고객의 안전이 영업에 우선하지 않는다는 경영철학이 확고하기 때문에 가능한 것이다. 그러나 사실 생산현장이나 많은 고객을 상대하는 서비스 산업현장의 현실에서는 이러한 단순한 원칙이 준수되는 것이 그렇게 쉬운 일이 아니다. 투자예산 승인 등 기획이나 설계단계에서 일정이 늦어진 것을 시공이나 시운전 단계에서 시간을 줄이라고 한다면 과연 어떤 일이 벌어지겠는가? 안전이 보장이 될까?

안전을 위해서는 안전확보에 필요한 최소한의 절대적인 시간이 반드시 필요하다. 이것마저 무시하면 절대로 안전을 확보할 수 없다. 우리는 그동안 너무 빠름에 익숙해져 있었다. 그러다 보니 대충이라는 문화에 젖어 있는건 아닌지, 한번 생각해 볼 필요가 있다. 이젠 좀 늦더라도 정확하고 바르게 가야 하지 않겠는가?

안전은 「사람」이다

안전의 3요소를 다른 말로 얘기하면 안전의 조건이라고 할 수 있다. 그렇다면 돈과 시간만 있으면 안전이 가능할까? 아니다. 특히 기업은 한정된 재원財源과 시간으로 국내뿐만 아니라 글로벌 기업들과 생존을 위한 무한경쟁을 펼쳐야 한다. 수익은 별로 안 나는 데 안전에만 돈을 쓰며 투자할 수는 없는 노릇이다. 그리고 안전만 생각하면서 생산속도나 공사속도를 마냥 늦출 수도 없다. 이러한 어려움 속에서 안전성과 경제성을 동시에 추구해 나가는 데 결정적인 역할을 하는 것은 결국 사람이다.

안전을 제일의 가치로 여기며 안전한 일터에서 기업의 경쟁력을 높이기 위해 노력하는 사람들, 즉 경영진, 관리감독자, 안전부서에 있는 자는 전문지식과 경험을 갖춘 엔지니어와 근로자들이다. 특히 사고 예방에 결정적인 역할을 담당하는 임원과 관리감독자 및 안전관리자에 대해 생각해 보고자 한다. 안전에 대한 오너십을 갖추고 위험의 생산자가 안전에 책임을 지는 것을 당연하게 생각하는 임원, 자신이 맡고 있는 일터에서 부하 직원을 보호하지 못하고 다치게 하는 것이 경영자의 가장 큰 잘못이자 부끄러움이라고 생각하며 일하는 임원, 책임감이 강하고 우수한 관리감독자와 안전관리자. 이런 사람들이 있다면 사고를 예방할 수 있을까? 단언컨데 「그렇다」이다. 그렇다면 무책임하고 무능한 경영자와 관리감독자 및 안전관리자와 홀대받는 안전관리 부서라면 어떨까. 당연히 사고는 많이 발생할 수밖에 없다.

행정학에는 안전율에 해당하는 의미의 가외성加外性이라는 개념이 있다. 일정한 표준이나 한도 밖의 남는 것, 초과분, 꼭 필요하지는 않은 것 등을 의미하는 것으로 과거에는 낭비나 비효율이라 생각하여 행정개혁의 대상이 되기도 했다고 한다. 그러나 란다우라는 학자가 불확실한 상황에서 안정성과 신뢰성을 확보하기 위해서는 가외성이 매우 중요하다는 의견을 제시한 후 행정 영역에서 의미 있는 개념으로 인정되고 있다. 안전관리는 가외성이 필요한 대표적인 분야이다. 과거에는 반드시 있어야 되는 것은 아니지만 있으면 좋은 것, 그렇게 필요하지 않은 것, 초과분이라는 가외성 영역으로 인식되었던 안전관리가 이제는 반드시 필요한 것, 기본이 되는 시대가 도래했다.

책임감을 바탕으로 전문지식을 갖춘 임원, 관리감독자 및 안전관리자가 안전을 위해 소신껏 일할 수 있는 환경을 갖추고 있는 회사는 안전사고 발생율이 현저히 낮고 안전문화 수준이 우수할 수밖에 없다. 이런 회사는 안전과 관련한 투자도 효율적으로 집행하는 것이 가능하다. 안전율을 높게 하면 할수록 안전성은 당연히 높아질 수밖에 없다. 그러나 안전율을 높이면 높일수록 투자비도 이에 비례하여 상승한다. 적정수준의 안전율을 확보하면서 투자수준을 합리적으로 결정하는 것은 책임감 있고 우수한 사람만이 할 수 있는 일이다. 안전과 관련된 투자를 하지 않거나 소홀히 하는 것은 큰 문제지만 이런 안전 관계자들이 안전만을 생각해서 무책임하게 적정수준 이상으로 안전율만 무작정 높게 하는 것도 기업 입장에서는 문제가 아닐 수 없다. 실제로 우리 주변에서 이런 현상을 쉽게 볼 수 있다. 정부나 공공기관도 마찬가지다. 예산만 많이 쓴다고 안전관리를 잘하는 것이 아니다. 국민의 안전과 안심을 위해 책임감을 갖고 효과적으로 예산을 집행하고 실효성 있는 정책을 펴야 한다. 그래서 안전은 「사람」이다.

5 익숙한 곳(사람)에서의 위험관리

牛소우 **生**살생 **馬**말마 **死**죽을사

소는 살고 말은 죽는다

출전(出典): 이익(李瀷) 성호사설(星湖僿說)

- 수영을 못하는 소는 살고, 수영을 잘 하는 말은 물에 빠져 죽는다
- 물에 빠졌을 때 소는 물살에 몸을 맡겨 살아 남고, 말은 물살을 거슬러 올라 가려다 지쳐서 죽는다
- 자신의 경험과 능력을 맹신하여 안전기준을 무시하고 자기 생각대로 작업하면 사고를 당한다

우생마사牛生馬死는 조선시대 이익(李瀷, 1681~1763)의 성호사설星湖僿說에서 유래된 말로 홍수가 났을 때 소와 말이 물에 빠지게 되면 소는 살아나고 말은 죽는다는 뜻이다. 말은 헤엄을 잘 치는 동물로 알려져 있지만 급류에 휘말리면 자신의 힘만 믿고 물살을 거슬러 헤엄치기를 반복하다 지쳐서 끝내 익사하는 경우가 많다고 한다. 반면 소는 헤엄을 잘 치지 못하기 때문에 절대로 물살을 거슬러 무리하게 위로 올라가지 않는다. 그냥 물살에 몸을 맡기고 떠내려가면 그대로 죽을 것 같지만 그렇게 떠내려가다 보면 물가에 닿아 결국 살아남는 경우가 많다는 것이다.

즉, 헤엄을 잘 치는 말은 자신의 실력을 믿고 물살을 거슬러 올라가다 힘이 빠져 익사하고, 헤엄을 잘 못 치는 소는 물살에 편승하여 조금씩 강가로 쓸려 나와 목숨을 건지게 된다는 것이다. 이러한 현상에서 유래되어 자신의 능력만 믿고 고집을 부리기보다는 상황에 따라 유연하게 대처하는 것이 중요함을 강조하는 고사성어다. 자신의 능력이나 힘을 과신하지 말고 겸손하며 상황 변화에 따라 유연하게 대처하는 지혜가 필요하다고 하겠다. 힘들고 어려운 상황일수록 조급해하지 말고 침착하게 대처해야 한다는 교훈이다.

흔히 소는 묵묵하고 우직함을 나타내는 상징적인 동물로 표현된다. 소牛는 천천히 움직이고 순종적이며 자연의 흐름에 따르는 동물로, 이는 자연의 순리를 상징하기도 한다. 말馬은 빠르고 강하며 인간의 욕심과 지배를 상징한다. 말은 인간의 통제를 받으려 하지 않으려는 성질이 있어 자연의 흐름을 거스르는 것으로 해석한다. 자연의 법칙에 순응하면 생명을 보존할 수 있지만牛生, 욕심과 억지로 자연을 거스르면 파멸을 초래한다馬死는 교훈을 담고 있다.

자신의 경험과 실력만 믿고 자만하면 일을 그르치거나 실패할 수도 있다. 이같은 사례는 안전관리에 있어서도 예외가 아니다. 일반적으로 직무 지식과 경험이 적은 신입사원의 사고발생률이 월등히 높지만, 근속연수가 높고 기능과 숙련도가 우수한 직원들도 사고를 당하는 경우를 적지 않게 보게 된다. 오랜 경험을 갖고 능숙하게 작업하는 사람은 자신의 경험과 능력을 과신하여 자기 생각대로 작업을 하면 방심하다 실수를 할 수 있다. 자신이 공정에 대해 너무 잘 알고 있다고 생각하기 때문에 정해진 작업 방법이나 절차를 생략하고 작업을 하고 싶은 유혹에 빠지기 쉽다. 그러나 안전은 이러한 유혹에 넘어가서는 결코 안 되는 분야이다. 아무리 경험이 많은 숙련자라고 하더라도 단 한 번의 실수로 모든 것을 잃을 수 있음을 우리는 주변에서 너무 많이 보게 된다. 소처럼 묵묵히 누가 보든 말든 원칙대로 일하는 습관이 몸에 배게 해야 한다.

善^{잘할 선} 遊^{헤엄칠 유} 者^{놈 자} 溺^{빠질 익}

헤엄 잘 치는 사람이 물에 빠져 죽는다

출전(出典): 회남자(淮南子)

- 말 잘 타는 사람이 말에서 떨어져 죽는다
- 자기의 재주를 믿고 지나친 행동을 하다가 화를 입는다
- 자신감이 있더라도 자만심을 버리고 겸손하게 처신해야 함을 우회적으로 표현

선유자익善遊者溺은 중국 전한前漢의 회남왕 유안劉安이 저술한 회남자淮南子에 나오는 말로「善遊者溺 善騎者墜^{선유자익 선기자추}」에서 유래되었다. 즉 '헤엄 잘 치는 사람은 물에 빠져 죽고 말 잘 타는 사람은 말에서 떨어져 죽는다'는 뜻이다. 이 고사성어는 산업 현장에서 이루어지는 안전관리에도 그대로 적용할 수 있다. 자신의 능력과 경험만 믿고 정해진 안전기준이나 안전수칙을 따르지 않고 행동하다가 위험을 초래하거나 사고를 당하는 경우가 있는데 이러한 것을 경계하는 의미로 사용할 수 있다.

이와 비슷한 사례로는 고대 그리스 신화 속 인물인「이카루스의 이야기」가 있다. 이카루스는 그리스 신화에서 가장 유명한 비극적 인물 중 하나로, 그의 이야기는 아버지 다이달로스와 함께 크레타섬 탈출을 시도하는 과정에서 시작된다. 이카루스의 아버지 다이달로스는 감금상태에서 탈출하기 위해 새의 깃털과 밀랍

을 사용해 날개를 만들었다. 아버지는 이카루스에게 너무 높이 날아 태양에 가까이 가지 말고, 너무 낮게 날아 바다에 가까이 가지 말 것을 경고했다. 왜냐하면 태양의 열로 밀랍이 녹아 바다에 빠질 수 있기 때문이었다.

그러나 이카루스는 자신의 날개가 자신을 자유롭게 해줄 것이라는 믿음과 함께 기쁨과 흥분에 빠져 아버지의 경고를 잊고 점점 더 높이 올라 태양에 너무 가까이 갔다. 결국 태양의 열기로 인해 날개를 붙들고 있던 밀랍이 녹아 날개가 망가지고 이카루스는 그대로 바다에 추락해 목숨을 잃었다. 이 이야기는 선유자익의 교훈을 잘 보여준다.

이카루스가 자신의 능력과 경험을 과신하고 주의를 기울이지 않은 결과 불행한 결과를 맞은 것처럼 너무 자만하거나 오만한 태도가 결국 자신에게 불리한 상황을 초래할 수 있음을 경고하는 말이다. 또한 이카루스의 이야기는 자기통제와 겸손의 중요성을 상기시키며 균형과 중용의 덕목을 강조한다. 이는 안전관리에 있어서도 똑같은 교훈을 준다. 자신의 능력과 재주 또는 경험을 지나치게 믿고 과도한 행동을 취하게 되면 결국 화를 입게 될 수 있음을 항상 잊어서는 안 된다.

千일천천 慮생각할려 一한일 失잃을실
천 번의 생각 중에 한 번의 실수

출전(出典): 사기(史記) 회음후열전(淮陰侯列傳編)

- 아무리 지혜로운 사람도 한번쯤의 실수는 있다
- 원숭이도 나무에서 떨어질 때가 있다

千慮一失천려일실은 한漢나라가 천하통일의 길로 나아갈 무렵 회음후 한신韓信이 고조高祖 유방劉邦의 명에 따라 조趙나라에 쳐들어갔을 때의 이야기에서 유래되었다. 한신은 조나라와의 결전을 앞두고 부하들에게 다음과 같이 말했다.「적의 모사 광무군廣武君 이좌거李左車를 사로잡는 자에게는 천금을 주겠다」조나라 장수였던 이좌거는 지知와 덕德을 겸비하고 있었는데 한신이 이좌거의 능력을 일찍부터 알고 있었기 때문이다. 결전의 결과 조나라의 20만 대군은 괴멸되었고 이좌거는 포로가 되었다. 한신은 손수 이좌거의 포박을 풀어주고 주연을 베풀어 위로하였다. 그런 다음 '나는 북진하여 연燕나라를 공격한 다음 다시 동으로 제齊나라를 치려고 합니다. 어떻게 하면 잘 되겠습니까?'하고 연과 제의 공략 방법을 물었다.

그러나 이좌거는 사양하며 말하였다.「패군지장敗軍之將은 무용武勇을 말하여서는 안 되고, 망국亡國의 대부大夫는 입국立國을 논하여서는 안 된다고 들었습니다. 지금 저는 패한 포로로서 어떻게 그런 대사를 꾀할 자격이 있겠습니까」하였다. 그러나 계속되는 한신의 설득이 있자 마지못해 이렇게 답하였다. 「옛말에 지혜로운 사람도 천 번 생각에 한 번의 실수가 있을 수 있고[智者千慮 必有一失지자천려 필유일실], 어리석은 사람도 천 번 생각하여 한 번은 맞힐 수 있다[愚者千慮 必有一得우자천려 필유일득]고 하였습니다. 따라서 미치광이의 말도 성인은 가려서 듣는다고 하였습니다. 도움은 되지 않겠지만 어리석은 자의 천려일득이라 생각하시고 들어 주십시오」 그 후 이좌거는 한신의 참모가 되어 많은 공훈을 세웠다.

천려일실은 '천 번 생각에 한 번의 실수'라는 말로 지혜로운 사람도 많은 생각 중의 한 가지 쯤은 잘못된 생각이 있을 수 있으니 너무 안다고 자신하지 말라는 교훈이자 실수에 대한 변명이나 위로의 말로 쓰이기도 한다. 이것을 안전관리에 적용해 보면 '아무리 지식과 경험이 많고 숙련된 작업자라고 하더라도 한 번의 실수는 한다'는 의미로도 쓰일 수 있다. 우리나라 속담 '원숭이도 나무에서 떨어진다'와 의미가 같다고 하겠다. '늘 하던 일이니까 별일 없을거야, 괜찮을 거야'라고 자신만만했다가 실수나 사고를 당하는 것에 대한 비유이자 교훈을 주는 말이다.

아무리 여러 번 해봤던 잘하는 일이라고 하더라도 간혹 실수할 수 있으니 자만하지 말고 겸허히 원칙과 기준을 지키려고 하는 자세가 중요하다. 기본과 원칙을 지키는 마음가짐과 자세가 습관이 되었을 때 안전이 체질화體質化 되었다고 할 수 있다.

왜 습관을 바꾸기가 어려운가?

사람들이 불안전한 행동을 계속하는 이유는 무엇일까? 이것은 응용행동분석에서 찾아볼 수 있다. 응용행동분석은 환경에 적응하는 인간행동의 기본 원리를 이용하여 바람직한 행동을 향상시키거나 문제행동을 감소시키기 위해 사용하는 행동치료의 한 형태로 여기에서 사용하는 대표적인 분석 방법이 PIC/NIC 분석이다. 이 분석은 행동 전에 특정 행동을 촉구, 유발, 유도하는 선행자극antecedent과 행동 이후에 개인이 내적, 외적으로 경험하는 결과consequence를 체계적으로 분석하여 그 행동이 왜 발생하는지 혹은 발생하지 않는지를 분석하는 방법이다. 특히 개인이 경험하는 행동의 결과에 대해 P(Positive, 긍정적)-N(Negative, 부정적), I(Immediate, 즉각적)-F(Future, 미래적), C(Certain, 확실히 발생하는)-U(Uncertain, 발생이 불확실한) 3가지 차원으로 분석한다.

아래 표는 안전행동과 불안전한 행동에 대한 PIC/NIC 분석 결과의 예를 나타내고 있다. 산업 현장에서는 겨울철에 근로자들이 보행할 때에 호주머니에 손을 많이 넣고 걷는다. 이러한 입수보행은 보행이 부자연스러워 넘어지기 쉽고, 넘어질 경우 뇌진탕을 일으키는 원인이 되기도 한다. 실제로 매년 살얼음 바다 등 미끄러운 곳에서 뇌진탕으로 사망하는 경우가 종종 발생하고 있다. 호주머니에 손을 넣고 보행하는 경우를 생각해 보면 분석결과를 쉽게 이해할 수 있을 것이다. 안전행동을 하게 하는 선행 자극들이 많이 있지만 개인이 경험하는 주관적인 결과를 살펴보면 안전행동은 불편함, 추위, 부자연스러움 등 부정적인 결과가 즉각적으로 확실하게 오는 NIC 경우가 많다. 반면 사고 예방이라는 긍정적인 결과는 미래에 불확실한 결과 PFU로 나타난다.

안전행동과 불안전 행동에 대한 PIC/NIC 분석 결과

선행자극	행동	결과	P/N	I/F	C/U
안전사인물	안전행동	불편함	N	I	C
아침조회/안전교육	(出手보행)	부자연스러움	N	I	C
안전관리자의 감독		손이 시림	N	I	C
사고 또는 사고목격		사고 미발생	P	F	U
날씨가 춥다	불안전	손이 따뜻함	P	I	C
습관	행동	자유로움	P	I	C
안전관리자의 부재	(入手보행)	편안함	P	I	C
관리자들의 무관심		사고 발생	N	F	U

이에 비해 불안전한 행동은 편안함, 따뜻함, 그리고 자유로움 등 즉각적이고 확실하며, 긍정적인 결과 PIC를 가져오는 경우가 많기 때문에 계속 유지된다. 특히 불안전한 행동을 했을 때 나타나는 사고나 재해와 같은 부정적인 결과는 먼 미래에 불확실한 결과 NFU이기 때문에 영향을 미치기 어렵다. 이러한 분석결과와 관련하여 안전심리학 handbook of safety psychology의 저자 Geller는 불안전

한 행동을 안전행동으로 변화시키는 것을 「fighting with human nature」라고 표현하였다. 즉 인간 본성과의 싸움으로 매우 어렵다고 지적하였다.

불안전한 행동을 안전 행동으로 바꾸기 위해서는 불안전한 행동에서 오는 긍정적인 결과를 상쇄시킬 수 있을 만큼 안전 행동을 했을 때 긍정적인 결과를 충분히 제공하는 것이 필요하다. 즉 교육홍보, 점검 및 안전 사인물 등이 필요하지만 이러한 선행 자극만으로는 불안전 행동을 안전 행동으로 변화시키기는 어렵다. 조직 내에서 안전행동에 대해 인정해 주고 칭찬과 격려 그리고 다양한 보상 등을 지속적으로 자주 제공해 줄 수 있는 안전행동 향상 프로그램을 설계하여 실행하는 것이 필요한 이유다.

사람과 집단에 대한 몇 가지 연구 결과를 분석해 보면 우리가 생각하는 변화나 습관을 고치는 것이 왜 그렇게 어려운지를 잘 알 수 있다. 첫째, 사람들은 현재의 행동을 유지하려는 경향이 있다. 흡연자가 심각한 질병으로 인해 의사가 담배를 끊지 않으면 죽을 수 있다고 얘기하기 전까지는 담배를 끊기가 쉽지 않듯이 변화해야 하는 아주 절실하거나 절박한 이유가 있기 전에는 기존처럼 하던 대로 하는 것이 일반적이다.

둘째, 사람들은 다른 사람이 겪은 일에 대해 자기가 겪은 일만큼 크게 영향을 받지 않는다. 어떤 사람이 교통사고로 목숨을 잃었다는 뉴스를 들어도 안타까워는 하지만 내가 아는 친척이나 지인 그리고 가깝게는 친구나 가족이 아니면 남의 일로 생각하고 쉽게 잊어버린다. 언제든지 나 자신이나 내 가족에게도 닥칠 수 있는 일인데도 말이다. 셋째, 사람이 행동을 변화시키는 데 필요한 시간은 평균 66일이다. 이것은 아주 동기가 높고 변화의 의지가 강한 사람들의 평균이다.

습관은 뇌가 일상생활을 효율적으로 하기 위해 만든 편리한 장치이다. 기존의 습관을 바꾸기 어려운 건 뇌가 이미 난 길로 가는 것을 좋아하기 때문이다. 좋은 습관을 가져야겠다고 결심하는 것은 올바른 방향으로 목표를 정하게 하고 편한 길로 가려는 충동을 억제하여 인내심을 갖게 하는 뇌의 전두엽 덕택이다. 새로운 습관은 뇌에 새로운 길을 만드는 것이기 때문에 이를 위해서는 익숙한 행동을 어떻게 바꿀지 구체적인 목표를 정하고 꾸준히 실천해야 한다. 이 말은 적어도 66일은 변화를 위한 계획과 노력이 필요하다는 얘기다. 그리고 그 행동을 지속하려면 그 행동으로 인해 얻는 결과에 좋은 점이 있어야 한다. 이러한 사실들은 안전한 행동을 하도록 생각을 바꾸는 노력은 체계적으로 꾸준히 하지 않으면 안 된다는 것을 시사해 준다.

동서고금을 막론하고 습관의 중요성을 강조한 금언(金言)들이 많이 있다. 논어에는 「性相近也 習相遠也성상근야 습상원야」라는 글귀가 있다. 사람의 타고난 본성은 서로 엇비슷하지만, 습관이 큰 차이를 만든다는 말이다. 고대 철학자 아리스토텔레스는 「탁월함은 한차례의 행동이 아니라 반복된 습관으로 이루어진다」라고 하였으며, 「습관의 힘」의 저자 찰스 두히그는 「습관 하나하나가 그 자체로는 큰 의미가 없을지라도 결국에는 건강과 생산성, 경제성, 안정과 행복 등에 막대한 영향을 끼친다」라고 했다.

흔히 「생각을 바꾸면 행동이 바뀌고, 행동을 바꾸면 습관이 바뀌고, 습관이 바뀌면 운명이 바뀐다」고 한다. 습관이 곧 운명이라는 뜻이다. 습관을 만드는 것은 우리 자신이지만 결국엔 그 습관이 우리 삶을 만들어 가게 되므로 좋은 습관들을 갖는 것은 무엇보다 중요하다. 그중에서도 운명과 직결되는 습관이 있다면 그것은 바로 안전이다. 찰스 두히그는 습관이 형성되는 이유가 우리 뇌가 활동을 절약할 방법을 끊임없이 찾기 때문이라고 했다. 어떤 자극도 주지 않고 가만히 내버려두면 뇌는 일상적으로 반복되는 거의 모든 일을 습관으로 전환해 휴식의 시간을 가지려고 한다는 것이다. 따라서 습관을 바꾸려면 일상이 바뀌어야 하고 그 일상이 바뀌기 위해서는 반복되는 행동의 고리를 끊어 줄 인식의 전환이 필요하다.

자신도 모르게 무심코 행하는 잘못된 안전습관이나 교통법규를 쉽게 어기는 행위 같은 좋지 않은 습관을 바꾸려는 사람이 늘어나는 사회가 될수록 안전한 일터, 안전한 사회는 앞당겨진다. 좋은 습관이 좋은 미래를 만든다고 한다. 안전을 생각하는 작은 관심과 습관은 우리의 미래를 안전하고 행복하게 바꿔 줄 것이다.

습관을 바꾸려면…

임직원들의 안전습관을 바꿔서 위기의 기업을 5배까지 성장시킨 사람이 있다. 바로 미국의 알루미늄 제조회사인 알코아Alcoa의 최고경영자였던 폴 오닐Paul H. O'Neill의 이야기다. 그는 나쁜 습관 하나를 고치는 것에 따른 변화가 회사 전체에 파급될 것이라 생각했다. 그전에는 노동조합과 경영진 모두가 가장 중요하다고 인정하는 것이 품질과 생산성이었으나 안전을 최우선 순위에 두고 구성원 모두의 안전습관을 바꾸어 보기로 했다. 폴 오닐의 안전계획은 습관고리를 바탕으로 한 것이었다. 오닐은 간단한 신호를 찾아냈다. 신호는 직원들의 부상이었다. 그는 자동적으로 수행되는 반복행동을 제도화했다. 근로자가 다치면 단위 조직의 관리감독자가 24시간 이내에 오닐에게 직접 보고하고, 사고재발방지 대책을 수립하여 제출하고 철저히 실행하게 했다. 그리고 이러한 시스템을 적극적으로 받아들이는 사람들이 좋은 평가를 받고 승진할 수 있도록 했다.

알코아에서 안전습관이 바뀌자, 회사의 다른 부분들도 급속히 바뀌기 시작했다. 개별 근로자들의 생산성 평가 등 노동조합이 수십 년 동안 반대했던 조항들까지 수용되었다. 생산성 평가가 생산공정에서 어떤 부분이 제대로 돌아가지 않는지를 파악해서 안전 및 위험요인을 해결하는 데 도움을 주었기 때문이다. 또한 생산라인의 속도가 너무 빨라 감당하기 어려울 때 작업자에게 생산라인을 멈출 수 있는 자율권을 부여하는 정책은 사고 예방을 위한 최상의 방법이었기 때문에 자연스럽게 받아들여졌다. 회사가 이렇게 대대적으로 변하자, 임직원들은 이제 무의식적으로 안전을 최우선으로 생각하게 되었다. 알코아가 세계에서 가장 안전한 기업이 된 덕분에 이 모든 성장이 가능했다.

「넛지」와 「아웃라이어」 이후 세계가 주목한 최고의 비즈니스북으로 알려진 「습관의 힘」의 저자 찰스 두히그는 습관이 어떻게 작동하는지 이해하고, 습관 고리의 구조를 알게 되면 습관을 쉽게 변화시킬 수 있다고 했다. 「신호-반복행동-보상」이라는 습관의 고리를 정확히 파악하면 습관을 얼마든지 자신의 의지대로 조절할 수 있다는 것이다. 동일한 신호와 동일한 보상을 제공하면 반복행동을 바꿀 수 있다. 따라서 습관도 바꿀 수 있다. 신호와 보상이 같다면 거의 모든 행동은 바꿀 수 있다.

예를 들어 담배를 끊으려고 한다면 담배와 관련된 신호와 보상을 찾아내서 유사한 결과를 제공하는 새로운 반복행동(금연껌, 스트레칭 등)을 선택하면 담배를 끊을 확률이 높아진다. 그러나 그것만으로는 충분하지 않다. 습관을 항구적으로 바꾸기 위해서는

습관의 고리

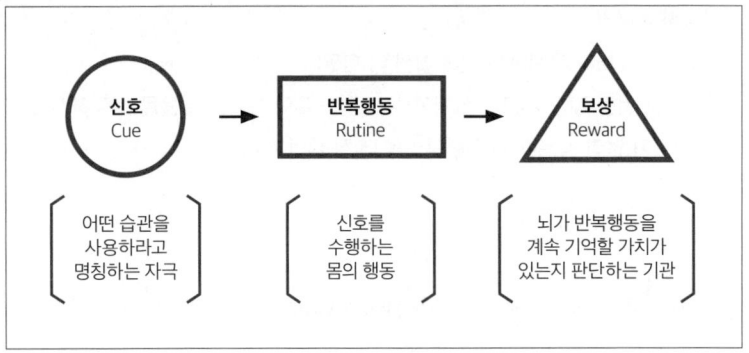

나도 변할 수 있다는 강한 자신감과 믿음이 필요하다. 또한 자신감과 믿음은 공동체와 함께할 때 더욱 성장한다. 다시 말해서 동일한 목표를 추구하는 사람들의 모임과 같이 할 때 효과는 배가 된다고 한다. 습관의 변화로 개인의 삶만이 바뀌는 것은 아니다. 습관이 바뀌면 조직 및 공동체의 운명도 달라진다. 앞에서 얘기한 알코아의 안전 습관처럼 말이다.

戰싸움 전 **勝**생각할 려 **不**한 일 **復**잃을 실

전쟁에서 한 번 거둔 승리는 반복되지 않는다

출전(出典): 손자병법(孫子兵法) 허실편(虛實篇)

- 세상에는 영원한 승리란 없다. 지금의 승리에 도취되거나 영원히 지속되리라고 착각하지 마라
- 승리하는 것보다 유지하는 것이 훨씬 더 힘들다
- 안전이란 것은 지금 사고가 없다고 해서 앞으로도 사고가 없음을 보장하지 않는다. 사고가 없이 평온할 때 위험관리를 더 잘 해야 한다

손자병법孫子兵法은 중국 춘추전국시대에 오吳나라의 장군이자 병법가인 손무孫武가 쓴 병법서兵法書이다. 손자병법은 중국뿐만 아니라 전 세계적으로 군사 전략과 전술의 고전으로 평가받고 있다. 진晉나라로 통일되는 과정에 제후국諸侯國 간에 수많은 전쟁이 치러졌는데 이러한 통일 전쟁에서 승리하기 위한 책략과 군사 학설을 담은 저술서이기도 하다. 전승불복戰勝不復은 손자병법 허실편虛實編에 나오는 구절로 '전쟁에서 한 번 거둔 승리는 반복되지 않는다'는 뜻이다.

세상에 영원한 승리란 없다. 지금의 승리나 성취에 도취되어 있거나 그것이 영원히 지속되리라고 생각해서는 안 된다. 한 번의 승리 또는 오늘의 승리가 영원한 승리 또는 내일의 승리까지 보장해 주지는 못한다는 말이다. 오늘의 승자가 내일의 패자가 될 수도 있다. 성공과 실패는 영원히 존속되는 것이 아니며 언제나 반복되고 끊임없이 변화된다는 것을 알아야 한다. 그렇기 때문에 오늘 성공했다고 해서 결코 자만해서도 안 되며, 오늘 실패했다고 해서 절대 좌절해서도 안 된다. 왜냐하면 전승戰勝은 불복

不腹이기 때문이다. '승리하는 것보다 유지하는 것이 더욱 힘들다'라는 메시지를 담고 있는 고사성어가 바로 전승불복이다.

「승리는 영원하지 않다」는 의미인 장자莊子의 우화寓話에 다음과 같은 이야기가 있다. 「어느 날 장자가 밤나무밭에 놀러 갔다가 나무에 앉아 있는데 이상하게 생긴 까치 한 마리를 보았다. 장자가 돌을 던져 까치를 잡으려고 하는데 까치는 자신이 위험에 처한 것도 모르고 나무에 있는 사마귀 한 마리를 잡는데 정신이 팔려 있었다. 그런데 사마귀는 뒤에서 까치가 자신을 잡으려고 한다는 사실을 모른 채 매미를 향해 두 팔을 쳐들어 잡으려 하고 있었고, 매미는 그것도 모르고 그늘에서 자신이 승리자인 양 모든 위험을 모른 채 노래하고 있었다. 장자는 순간 세상에는 진정한 승자가 없다는 것을 깨닫고 던지려던 돌을 내려 놓았다. 그때 장자가 밤을 훔치려는 줄 알고 밤나무 밭지기가 쫓아와 장자에게 욕을 퍼부으며 뒤에서 막대기를 흔들었다」 장자 역시 최후의 승자는 아니었다는 우화이다.

사업장이나 현장의 규모, 특성 및 업종과 관리수준에 따라 안전사고가 많이 발생하는 곳과 그렇지 않은 곳이 있다. 우리나라에서는 과거 한 때 무재해 운동을 추진하면서 무재해 목표시간 관리를 한 적이 있다. 물론 지금도 자율적으로 진행하고 있는 곳도 많이 있다. 무재해 목표시간을 정해 놓고 모든 임직원이 목표 달성을 위해 다양한 안전활동을 했던 기억이 필자에게도 있다.

얘기하고 싶은 것은 무재해 10배, 20배 등의 목표를 달성한 우수 사업장이라고 해서 앞으로도 계속 무재해가 보장되지는 않는다는 것이다. 안전은 사고가 없다고 해서 한 번 만족하고 끝나는 것이 아니라 지속적인 관리와 노력이 필요하다. 위험성 평가를 통한 체계적인 P^{Plan}-D^{Do}-C^{Check}-A^{Action}-A^{Audit} 관리를 철저히 해야 안전이 보장된다는 것을 알아야 한다.

일반적으로 많은 회사에서는 사고가 났을 때는 바짝 신경쓰고 관리를 잘하지만, 시간이 지나면서 서서히 잊게 되고 잊을 만하면 사고가 발생하는 악순환이 반복되는 것을 주변에서 많이 보게 된다. 그래서 안전은 오히려 사고가 없을 때 더 관심을 갖고 해야 할 일들에 대해 철저히 관리해야 한다. 한 번 무재해를 달성했다고 해서, 한동안 사고가 없었다고 해서 앞으로도 계속 사고가 없으리란 보장은 없다. 또한 지금까지 사고가 없었던 사업장이라고 해서 앞으로도 계속 없으리란 보장도 없다. 일상적으로 끊임없이 지속적으로 점검하고, 개선하고, 교육해서 안전한 상태가 계속 유지될 때 무재해 사업장, 안전한 사회가 실현된다. 전승불복의 의미를 상기하면서 흐트러짐 없이 안전관리를 해야 한다.

6 사고 예방대책豫防對策의 수립樹立

狡교활할교 兎토끼토 三석삼 堀동굴굴
영리한 토끼는 숨을 수 있는 세 개의 굴을 파 놓는다

출전(出典): 사기(史記) 맹상군열전(孟嘗君列傳)

- 교묘한 지혜로 위기를 피하거나 재난이 발생하기 전에 미리 대비한다
- 안전을 위해 미리 몇 개의 방안(대책)을 마련해 놓는다
- 언제 닥칠지 모를 미래의 위기에 대비하여 사전에 여러가지 방비책과 차선책을 준비해 놓으면 화禍를 입지 않는다

교토삼굴狡兎三堀은 중국 역사서인 사기史記의 맹상군열전孟嘗君列傳에서 유래된 것인데, '꾀 있는 토끼는 굴을 세 개 파놓는다'는

뜻으로 바로 맹상군의 일화에서 나온 말이다. 전국시대戰國時代 제齊나라의 명재상인 맹상군孟嘗君은 위魏나라 신릉군信陵君, 조趙나라 평원군平原君, 초楚나라 춘신군春申君과 함께 '전국 사공자戰國四公子'로 불렸다. 사공자는 재능있는 인재들을 전국에서 불러 모아 적극적으로 등용하고 이들 가신을 식객食客이라 불렀다. 그들은 각기 수천 명의 식객을 거느리고 있었는데 그중에서도 맹상군의 식객이 가장 많아 3,000명이나 되었다고 한다.

맹상군열전에 나오는 교토삼굴의 일화는 다음과 같다. 제나라에 풍훤馮諼이란 사람이 있었는데 집이 매우 가난해서 입에 풀칠하기도 어려웠다. 그래서 맹상군에게 사람을 보내 식객으로 들어가고 싶다고 청했다. 맹상군은 두말없이 그를 받아들였다. 그러던 어느 날 맹상군은 풍훤에게 설읍薛邑에 가서 빚을 받아오라고 했다. 떠날 때 풍훤이 물었다. '빚을 다 받으면 무엇을 사 올까요?' '우리 집에 무엇이 부족한가를 보고 부족한 것을 사 오게' 설읍에 도착한 풍훤은 빚을 진 사람들을 모두 불러 모아서 채무를 하나하나 대조해 보게 했다. 그러고는 맹상군이 빚을 탕감해 주기로 했다고 얘기하며 빚 문서들을 사람들이 보는 앞에서 모두 불태워 버렸다.

백성들이 맹상군에게 감사해한 것은 두말할 나위가 없었다. 이튿날 풍훤은 도성으로 돌아왔다. 맹상군은 빨리 돌아온 것을 보고 매우 놀라워하며 이렇게 물었다. '빚은 다 받아 왔는가?'

'예, 다 받았습니다' '그럼 무엇을 사 왔는가?' 「분부대로 공자님의 댁에 없는 것을 사 왔습니다. 소인이 보건대 공자님의 댁에는 다른 것은 다 있는데 오직 '의義'가 부족한 것 같아서 '의'를 사가지고 왔습니다. 맹상군이 어리둥절해하자 풍훤이 말을 보탰다. '소인은 공자님의 허락도 없이 사사로이 공자님의 결정이라고 꾸며 그들의 빚을 모두 탕감해 주었습니다. 그리고 빚 문서도 모두 다 태워버렸습니다. 그러자 백성들은 하나같이 공자님의 은덕을 잊지 않겠다고 소리쳤습니다. 이렇게 소인은 공자님에게 '의'를 사 왔습니다」

맹상군은 속으로는 몹시 언짢게 생각했지만, 겉으로는 아무 말도 하지 않았다. 그런데 1년 후에 제나라 민왕湣王이 맹상군의 직위를 파면시키자, 그는 어쩔 수 없이 봉읍지인 설읍으로 내려가야 했다. 그 소식을 들은 설읍의 백성들은 남녀노소 할 것 없이 1백 리 밖까지 나와서 그가 오기만을 기다렸다. 그 광경을 본 맹상군은 크게 감동했으며 풍훤을 돌아보며 이렇게 말했다. 「오늘에서야 비로소 자네가 사왔다는 '의'를 이 눈으로 보게 되었네」

그러자 풍훤은 이렇게 대답했다. 「꾀 있는 토끼들은 굴을 세 개씩 파놓는다고 합니다. 그래야 생명을 보존할 수 있지요. 지금, 이 설읍은 굴 하나에 불과합니다. 이 굴 하나로는 안심할 수 없습니다. 소인이 굴 두 개를 더 파놓도록 허락해 주십시오」 물론 맹상궁은 찬성했다. 풍훤은 위 나라의 혜왕慧王을 찾아가 '지금 제나라가 맹상군을 파직시켰습니다. 어느 제후든지 맹상군을 맞아들이게 된다면 국력과 군사력이 강해지고 번영할 것입니다'라고 말했다. 혜왕이 맹상군을 맞이하기 위해 황금 천 냥과 수레를 세 번이나 보내어 설득했으나 풍훤의 책략대로 모두 사양하고 제의를 받아들이지 않았다.

이 소식을 들은 제나라 민왕과 군신들이 몹시 두려워하며 맹상군에게 황금 천 냥과 네 마리의 말이 끄는 아름다운 마차 두 대와 함께 편지를 보냈다. '내가 복이 없어서 선조께서 내려주신 복을 물리쳤소. 아첨만 하는 신하들을 믿고 맹상군에게 죄를 지었소. 나는 그대가 보좌할 그릇이 못 되나 제나라 선대 왕들의 종묘를 생각해서라도 제나라로 돌아와 나라의 백성을 돌보아 주시오'하고 간청하며 자신의 잘못을 사과하고 재상으로 다시 임명하였다. 이것이 풍훤이 맹산군을 위해 마련해 준 두 번째 굴이었다.

그다음 풍훤은 설 땅으로 제나라 선대 왕들의 종묘를 옮겨 지을 것을 민왕에게 건의토록 하여 이를 관철시켰다. 선대 왕들의 종묘가 맹상군의 영지인 설 땅에 있는 한 아무리 왕이라도 맹상군을 함부로 대하지 못할 것이므로 세 번째 굴로 마련한 것이었다. 이리하여 맹상군은 수십 년 동안 아무런 위협이나 화禍를 당하지 않고 순조롭게 제나라 재상을 지냈다. 이것은 풍훤이 맹상군을 위해 세 가지 굴을 마련해 준 덕분이었다.

안전관리에 있어서도 이러한 교토삼굴의 지혜와 대책이 필요하다. 사고의 예방을 위해서는 다양한 방법과 기술을 동원해서 풀푸르프Fool Proof와 페일세이프Fail Safe에 입각한 2중, 3중의 안전장치와 안전시스템을 갖추어야 한다. 사고의 예방을 위한 대책으로 필자가 가장 많이 사용했던 것이 가장 간단하면서도 필요한 모든 것이 함축되어 있는 하비의 기술적 대책Engineering, 교육적 대책Education 및 관리적 대책Enforcement인 3E이다.

공정관리에서 많이 활용하는 4M Man, Machine, Media, Management적 측면을 고려한 대책도 많이 사용했다. 무엇보다 중요한 것은 작업자가 부주의하거나 착각을 하더라도 곧바로 사고로 연결되지 않도록 설비를 안전하게 만들어서 설치해야 한다는 것이다. 즉 설비의 근원적인 안전화를 도모해야 한다. 그런 다음 작업방법이나 절차를 안전하고 효과적으로 수립해서 사용하고, 작업자들이 휴먼에러Human Error를 일으키지 않도록 체계적인 교육과 제도로써 뒷받침해 주면 된다. 교토삼굴과 같은 의미로 사용하는 것으로 토영삼굴兎營三堀이 있다.

應응할응 事일사 以써이 精정교할정
일에 응함에 있어 정성(정교, 정밀)으로 해야 한다

출전(出典): 연연주(演連珠)

- 어떤 일을 할 때 정성을 쏟아서 하고 겉모양이나 눈속임으로 해서는 안 된다
- 사람을 상대할 때나 업무를 할 때에는 열熱과 성誠을 다해야 좋은 관계가 유지되고 성과를 낼 수 있다.
- 사람의 생명과 관계되는 안전을 다루는 업무는 매사 정성을 다해 디테일하고, 정교하게 사고 예방대책을 수립해야 한다

응사이정應事以精은 서진西晉의 육기陸機가 쓴 연연주演連珠에서 유래된 것으로 '일에 응함에 있어 정성(정교, 정밀)으로 해야 한다'는 의미이다. 어떤 일을 할 때에 정성을 쏟아서 하고 겉모양이나 눈속임으로 해서는 안 된다는 것이다. 업무를 처리함에 있어 내 일이 아니라고 또는 눈앞의 이익만 생각해서 대충 처리하거나 눈가림으로 마감하는 것은 나중에 커다란 피해를 야기할 수도 있다. 매사에 정성을 다할 뿐만 아니라 정교하고 정밀하게 원인을 분석하고 대책을 수립하여 빈틈이 생기지 않도록 하는 것이 필요하다.

100년 전통을 자랑하는 미국 최고의 백화점 중 하나인 노드스트롬의 성장배경엔 '정성을 다하는 고객 서비스 정신'을 빼놓을 수 없다고 한다. 노드스트롬은 고객에게 절대 'No'라고 얘기

하지 않는 것으로도 유명하다. 이 백화점의 뛰어난 고객 서비스를 보여주는 많은 일화가 있으며 많은 기업의 벤치마킹 대상이 되고 있다. 대표적인 사례 두 가지를 소개한다. 한 고객이 급하게 노드스트롬에서 쇼핑을 한 후 공항으로 향했다. 그런데 너무 급히 쇼핑을 한 나머지 그만 비행기 티켓을 매장에 두고 온 것이다. 비행기 출발 시간이 임박해 있던 상황에서 당황하던 고객은 공항까지 택시를 타고 뒤쫓아온 노드스트롬 직원이 건네준 티켓 덕분에 무사히 비행기에 오를 수 있었다.

또 다른 사례는 한 고객이 세일 기간에 바지를 사기 위해 노드스트롬에 들렀다. 하지만 고객이 사려고 했던 바지는 이미 다 팔리고 난 뒤였다. 다른 노드스트롬 매장에 알아보았지만 거기에도 없었다. 이에 고객이 몹시 실망하자 노드스트롬 직원은 급히 밖으로 나가 다른 백화점 매장에서 고객이 원하는 바지를 구입해 와서 고객에게 세일 가격으로 판매하였다. 이 사례들은 다소 과장 되어 전달되었을 수도 있겠지만 고객의 입장에서 진심과 정성으로 고객을 대하는 노드스트롬의 고객에 대한 자세를 말해 주는 데 부족함이 없다.

안전관리에 임하는 자세도 응사이정의 마음가짐으로 해야 할 일이다. 무엇보다 진솔한 마음과 자세로 정성을 다해서 일해야 한다. 특히 소중한 사람의 생명과 직접 관련이 있는 안전을 다루는 업무에 있어서는 매사 정성을 다하는 자세와 태도가 정말 필요하다. 작업공정에 대해서는 디테일하게 위험성을 평가하고, 사고발생 시에도 사고원인을 정밀분석하여 실현가능하면서 정교한 예방대책을 정성을 들여 수립하고 계획대로 철저히 시행해 나가야 사고를 예방할 수 있다.

集^{모을 집} 思^{생각 사} 廣^{넓을 광} 益^{더할 익}
여러 사람의 생각을 모아 이익을 더한다

출전(出典): 삼국지(三國志) 촉지(蜀志)

- 여러 사람의 지혜를 모으면 더 큰 효과와 이익을 얻을 수 있다
- 여러 사람의 의견을 편견없이 듣고 일을 처리하면 실수가 적고, 더 좋은 효과를 얻을 수 있다
- 사고 예방을 위한 효과적인 대책을 수립하기 위해서는 열린 마음으로 다양한 현장의 관리감독자, 엔지니어 및 작업자의 의견을 들어야 한다

집사광익集思廣益은 삼국지三國志 촉지蜀志에서 중국 촉蜀나라의 제갈량諸葛亮이 쓴 글에서 유래되었다. 여러 사람의 의견을 모아 유익한 점을 취하면 더 큰 효과와 이익을 얻을 수 있음을 비유하는 고사성어다. 제갈량은 신기묘산神奇妙算의 지략가로 알려져 있지만 나랏일을 독단적으로 처리하지 않았다. 그는 촉나라의 승상

이 된 뒤에 '여러 사람의 가르침을 청하다: 교여군사장사참군연 속交與軍師長史參軍連屬'이라는 글을 휘하의 사람들에게 전하여 널리 의견을 구하는 방침을 밝히고 협조를 당부하였다. 후세 사람들은 이 말을 여군하교(與群下敎, 속관들에게 내리는 교서)라고 하며 명문장으로 꼽는다.

「무릇 관직에 참여한 사람은 여러 사람의 의견을 모아 나라의 이익을 넓히도록 힘써야 할 것이다 '夫參署者 集衆思廣忠益也부참서자 집중사광충익야' 조금이라도 미움을 받지 않을까 걱정하여 의견 말하기를 멀리하고 서로 의견이 엇갈리게 될까 걱정하여 말하기를 어려워한다면 큰 손실을 입을 것이다. 의견이 엇갈리는 가운데 얻는 것이 있으니 병폐를 버리고 주옥을 얻는 것과 같다. 그러나 사람의 마음이 그렇게 하기 어렵거늘 오직 서서徐庶만은 하는 일마다 미혹됨이 없었다. 또 동화董和도 7년 동안 일하면서 생각이 다른 경우에는 열 번이라도 와서 서로의 의견을 교환하였다. 진실로 서서의 10분의 1이라도 본받고 동화의 은근함을 본받아 나라에 충성을 다한다면 나의 잘못을 줄일 수 있을 것이다」

요즘은 소통疏通, Communication이란 말을 많이 쓴다. 소통은 막혔던 대롱이 '뻥'하고 뚫리는 것이다. 즉 소통은 그냥 통하는 것이 아니고 상대를 설득하고 이해시켜 공감대가 형성되었을 때 소통이 된다는 말이다. 그러기 위해서는 상대방에 대한 배려와 존중이 필요하다. 먼저 마음문이 열려야 대화가 되기 때문이다. 기업에서 분임토의나 토론을 할 때에 자주 사용하는 브레인스토밍 Brainstorming 원칙도 상대를 배려하고 의견을 중요시하여 창의적이고 효과적인 아이디어를 도출하기 위한 좋은 방법이다.

집사광익은 현대사회를 살아가면서 기업이나 조직에서 중요한 회의나 의사결정을 할 때 꼭 필요한 회의운영 방식이다. 안전과 관련해서도 문제의 원인을 찾고 대책을 마련해 나가는 과정에서 관련되는 다양한 사람들의 의견을 듣고 반영하는 전향적인 자세가 필요하다. 안전분야는 그 어떤분야보다도 현장 각계각층 各界各層의 의견이나 다양한 목소리를 듣는 것이 필요한 분야이다. 그런 과정을 거쳐 사고 예방관리를 위한 아이디어를 얻어야 효과적인 대책을 수립할 수 있다. 또한 안전대책을 수립할 때에는 내부의 관련 분야 및 전문가뿐만 아니라 필요한 경우 외부 전문가, 전문기관의 진단과 컨설팅 및 자문도 고려해야 한다. 다시 말해 사고 예방을 위한 효과적인 대책을 수립하기 위해서는 집사광익의 열린 마음으로 다양한 분야, 다양한 현장의 관리감독자 및 작업자의 의견을 들어야 한다.

문제의 해결은 활발한 의사소통에서부터

안전관리에서 정보와 의견의 소통은 필수불가결한 사항이다. 중요한 안전 정보가 제때에 제대로 전달되지 않는다면 각종 사고의 치명적인 원인이 될 수 있다. 한 조직에서 소통을 잘하기 위해서는 먼저 대화가 잘 이루어져야 한다. 개인주의 성향으로의 시대 변화와 바쁜 회사 업무 등으로 인해 직장에서 진정한 대화시간이 많이 줄어들고 있다. 대화를 하더라도 평등한 입장에서의 대화보다는 상하관계에 따른 보고나 지시가 대부분으로 바뀌고 있다. 격의 없는 자유로운 토론기회는 점차 찾아보기 어려워지고 있다. 서로가 바쁘다 보니 상대방의 말을 차분히 들으려고 하지 않고 빨리 내가 하고 싶은 말만 하려고 한다. 대화를 방해하는 또 다른 문제는 건성으로 듣는 것이다. 상대방의 말을 진지하게 듣기보다는 언제 끼어들지 다음에 자신이 무슨 말을 해야 할지 고민하느라 집중하지 못한다. 대화가 겉도는 중요한 이유다.

사람은 나이가 들어 지위가 오르고 가르치는 자리에 오를수록 남의 말을 잘 듣지 않고 자신의 말을 많이 하게 된다. 삼성그룹 창업주인 이병철 선대 회장님이 직접 아들인 이건희 회장에게 써 준 휘호도 바로 「경청傾聽」이다. 경청은 상대방이 전달하고자 하는 말의 내용은 물론 그 내면에 깔려 있는 동기나 정서에 귀를 기울여 듣고 이해된 바를 상대방에게 피드백해 주는 것을 말한다. 이렇듯 경청은 효과적인 커뮤니케이션의 가장 기본이 되는 중요한 사항이다.

「사람의 귀가 외이, 중이, 내이 세 부분으로 이뤄졌듯이 남의 말을 들을 때도 귀가 세 개인양 들어야 한다. 상대방이 말하는 바를 귀담아듣고, 무슨 말을 하지 않는지를 신중히 가려내며, 말하고자 하나 차마 말로 옮기지 못하는 바가 무엇인지도 귀로 가려내야 한다.」「멘토-성공으로 이끄는 자」의 저자 R.이안시모어의 충고다. 입이 하나고 귀가 둘인 이유가 자기가 말할 때보다 남의 말을 들을 때 두 배로 신경써야 한다는 얘기다. 남의 말을 제대로 듣는 자세를 습관화하는 것이야말로 대화의 기본이다.

내가 하고 싶은 말을 줄이고 상대의 얘기를 들어주는 것, 내 생각만 옳다고 주장하기보다는 상대의 의견도 존중해 주는 것, 이것이 바로 소통이다. 소통의 원리도 세상사는 법칙과 똑같다. 이 세상에는 공짜가 없다. 받은 것이 있으면 그에 합당한 것을 내줘야 한다. 누군가에게 내 주장을 들으라 했으면 나 또한 그의 주장을 들어줘야 공평하지 않겠는가? 오래가고 안정적인 관계를 유지하려면 반드시 주는 만큼 받고, 받는 만큼 줄 수 있어야 한다. 더불어 사는 좋은 사회, 한 방향 팀워크의 탄탄한 조직을 만들어 주는 시작이자 기본 원리가 바로 경청이다.

이렇듯 안전은 활발한 소통을 바탕으로 발전할 수 있다. 안전과 관련된 문제가 발생했을 때 상사나 동료 및 선후배가 거리낌 없이 대화할 수 있어야 빠른 시간내에 문제점을 파악하고 최선의 대책을 찾을 수 있다는 의미이다. 원활한 소통을 위해서는 서로간의 신뢰와 용기가 필요하다. 직원들은 안전과 관련한 문제에 있어서는 상사 및 경영진에게 언제든지 솔직하고 다양한 직언을 할 수 있어야 한다. 또한 관리감독자와 경영진은 이를 진지하게 듣고 전향적으로 검토해서 의사결정에 반영해야 한다. 많은 회사에서 소통을 위한 간담회나 소통 공간 등을 마련하는 이유가 여기에 있다.

위험사회의 울리히 벡도 그랬고, 정상 사고의 찰스 페로도 현대사회에서 기술적 문제와 의사소통 문제의 복잡성으로 인해 사고는 언제든지 발생할 수 있다고 경고했다. 그 사고를 막기 위해 할 수 있는 일은 끊임없는 의사소통의 개선과 교육, 그리고 훈련밖에 없다. 안전도 결국은 원활한 소통을 통해서 이루어진다.

上^{위 상} 屋^{집 옥} 抽^{뽑을 추} 梯^{사다리 제}
지붕 위에 올라가게 한 뒤에 사다리를 치워 버린다

출전(出典): 삼십육계(三十六計)

- 적을 유인하여 사지에 몰아넣거나 상대방을 곤경에 처하게 함으로써 주도권을 잡는 계책
- 배수진을 치는 것과 마찬가지로 스스로 퇴로를 끊음으로써 사력을 다해 싸우게 하는 일을 비유
- 대안이 없다고 생각할 때 더욱 치열하게 생각하고 고민하여 사고 예방대책을 수립한다

상옥추제上屋抽梯는 중국의 대표적인 병법 가운데 하나인 삼십육계三十六計 중 28번째 계책이다. 이 책은 명나라 말기에서 청나라 초기에 쓰여진 것으로 추정되며 최초의 공식적인 기록은 청나라 강희제康熙帝 시기에 나왔다. 삼십육계의 내용은 손자병법孫子兵法, 오자병법吳子兵法, 사마법司馬法등의 중국 고대 병법서에서 영향을 받은 것으로 오랜 기간 동안 다양한 실전 경험과 전술이 집대성된 결과물이다. 28계에 나오는 원문은 「假之以便가지이변, 唆之使前사지사전, 斷其援應단기원응, 陷之死地함지사지, 편의를 제공하여 적을 유인하고, 앞으로 나아가도록 부추긴 후, 지원을 끊어 죽음의 함정에 빠뜨린다」이다.

손자병법의 구지九地편에도 「장수가 병사들을 이끌고 싸울 때에는 마치 높은 곳에 올라가게 한 뒤에 사다리를 치우는 것과 같이 하여야 한다. '帥與之期 如登高而去其梯수여지기 여등고이거기제'」라고 하였다. 이 고사성어의 전거가 되는 이야기는 '삼국지'의 '제갈량전'에 실려 있다. 후한後漢 시대 말기에 유표劉表의 맏아들 유기劉琦는 계모의 미움을 받았다. 그는 제갈량에게 자신의 안전을 지킬 방법을 물었으나 제갈량은 남의 집안일이라 하여 응하지 않았다. 어느 날 유기는 제갈량을 청하여 높은 누각에 올라가 주연을 베푼 뒤에 몰래 사람을 시켜 누각으로 오르내리는 사다리를 치워버리게 하였다. 그러고는 제갈량에게 이제 위로 올라갈 수도 없고 아래로 내려갈 수도 없게 되었으니 방법을 알려 달라고 하였다. 오도 가도 못하게 된 제갈량은 하는 수 없이 중이重耳의 예를 들며 몸을 피하라고 알려 주었다. 유기는 곧 외지로 파견해 줄 것을 자청하여 화를 면할 수 있었다.

상옥추제는 이처럼 상대방을 곤경에 처하게 함으로써 주도권을 잡는 계책을 의미하기도 하지만 스스로 퇴로를 끊음으로써 배수진을 치고 사력을 다해 노력하는 것을 비유하는 말로도 사용된다. 지붕 위에 올려놓고 내려오지 못하게 사다리를 치워 절박하게 만든다는 것이다. 사다리를 통해 지붕 위로 올라갔는데 내려갈 사다리가 없어졌다면 매우 당황하게 될 것이다. 지붕 위에 올라가 오도 가도 못하는 상황이 되었을 때의 그 절박감이 경쟁력이 될 수도 있다는 것이다. 어려운 상황에 맞닥뜨려 대안이 없다고 생각할 때 사람들은 더욱 치열하게 고민하게 되고 그 고민 끝에 새로운 방법을 찾아낼 수 있기 때문이다. '근로자(국민)들의 생명을 위태롭게까지 하면서 해야 할 중요한 일이 회사에, 또는 우리 사회에 없다'라고 생각할 때 해결하지 못할 안전문제는 없다고 생각한다. 이러한 절박한 마음가짐으로 사고 예방대책을 찾는다면 해결하지 못할 것이 없다.

과거 삼성코닝에 다닐 때 세계 시장에서 치열하게 경쟁하는 TV 브라운관용 유리생산의 생산수율과 생산량을 높이기 위해 고군분투하던 생산과 관련된 직원들이 야전 침대를 현장에 놓고 몇 날 며칠을 집에도 못 가며 불량과 씨름하던 기억이 지금도 생생하다. 그 당시에 안전사고도 종종 발생하고 있어서 필자가 생산부서

간부들에게 안전사고와 관련해서 했던 절박했던 외침도 생생하다. '불량을 잡아 품질문제를 해결하겠다는 의지와 노력의 10분의 1만 안전에 할애해도 사고를 예방할 수 있다'고 설득하곤 했었다.

破^{깨트릴 파} 釜^{가마솥 부} 沈^{잠길 침} 舟^{배 주}
밥해 먹을 솥을 깨뜨리고 타고 온 배를 가라 앉힌다

출전(出典): 사기(史記) 항우본기(項羽本紀)

- 끼니를 해결할 솥을 깨트려 버리고 배를 가라 앉힌다
- 살아서 돌아갈 일을 기약하지 않은 채 죽음 각오로 싸우겠다는 굳은 의지
- 사고 예방대책을 수립함에 있어 배수의 진을 치는 각오로 절박함을 갖고 최선을 다하면 반드시 좋은 해결책을 찾을 수 있다

파부침주破釜沈舟는 사기史記 항우본기項羽本紀에서 유래된 고사성어로 전쟁에서 살아 돌아오기를 기약하지 않고 결사적으로 싸워서 이기겠다는 의미로 쓰인다. 초楚나라의 항우項羽는 그의 숙부 항량項梁과 함께 진秦나라에 대항하다가 항량은 정도에서 진나라의 장군인 장한章邯에 의해 죽게 되고, 이 기세에 눌려 조왕趙王까지 죽게 하고 거록鉅鹿, 쥐루까지 점령당했다. 뒤늦게 항우는 영포를 보냈지만 역부족이었다. 결국 항우는 스스로 진을 치기 위해

출병했고 마침내 항우와 그의 군대는 장하漳河를 건너게 된다.

장하를 건넌 후에 항우는 병사들에게 배를 부수고 물에 가라앉히라 명령했다. 또한 싣고 온 솥마저도 깨트리라고 명령했고, 주변의 집들도 불태워 버리라고 했다. 그리고 오로지 3일 치의 식량만 나누어 주었다. 병사들에게는 이제 밥을 지을 솥도, 고향으로 돌아갈 배도 없었으며 편히 머무를 수 있는 집도 사라졌다. 3일 치의 식량만을 갖고 오로지 죽을 각오로 맹렬하게 진과 싸워 이기는 방법만이 그들이 살길이었다. 이는 '이 전투에서 반드시 승리하지 않으면 모두 죽는다'는 결의를 다지기 위한 조치였다. 병사들은 더 이상 후퇴할 수 없었고 전력을 다해 싸운 결과 진나라 군대를 대파하였고 항우는 제장諸將의 맹주가 되었다.

이렇듯 파부침주는 결사적인 항전태세를 의미하는 것으로 더 이상 물러설 곳이 없으니 목숨 걸고 필사적으로 싸워서 이긴다는 각오를 나타내는 표현이다. 즉 어떤 일을 할 때 퇴로를 끊고 전력을 다한다는 의미로 사용된다. 한신韓信의 배수진背水陣과 유사한 말로 사람들의 창의력이나 새로운 아이디어도 이렇게 절박한 상황이 만들어지면 더 잘 나온다고 한다. 안전관리를 하면서도 사고 예방대책을 수립하거나 어떤 목표(안전목표)를 반드시 이루기 위해서는 파부침주의 기개와 정신으로, 또한 필요할 때 한 번 정도는 결사의 의지와 마음가짐으로, 모든 것을 걸고 도전하는 노력을 기울일 필요가 있다.

7 목표目標 및 과정課程 관리

切 자를 절 磋 갈 차 琢 다듬을 탁 磨 갈 마
옥과 돌 같은 것을 자르고 갈고 쪼고 다듬는다

출전(出典): 시경(詩經) 위풍(衛風) 기욱편(淇奧篇)

- 학문이나 인격을 힘써 끊임없이 갈고 닦는 과정
- 꾸준한 노력과 수양을 통해 학문, 능력, 인격, 덕행을 갈고 닦는다
- 안전문화는 어느 날 갑자기 정착되는 것이 아니다. 계획을 잘 세우고 한 단계, 한 단계 체계적인 과정을 잘 거쳐야 안전을 중시하는 굳건한 문화로 정착된다

공자孔子의 제자 중에 자공子貢이 있었다. 자공은 언변에 능하였으며 재물 증식에 재주가 많았다. 자공은 공자의 제자 중에 재물

증식에 능해 가장 부유하게 살았다고도 한다. 다음은 자공이 공자에게 가난한 자와 부자를 예로 들어 이상적인 삶의 모습을 물은 대화이다. 자공이 말했다. '사람이 가난하지만 아첨하지 않으며, 부유하지만 교만하지 않는 것은 어떻습니까?' 공자가 답했다. '옳은 일이다. 그러나 가난하면서 즐거움을 찾고, 부자이면서 예를 좋아하는 것보다는 못하다.' 자공이 말했다. '시경詩經에 말하길 자르는 듯하다가 다시 가는 듯하고如切如磋, 여절여차, 쪼는 듯하다가 다시 가는 듯하다如琢如磨, 여탁여마고 했는데 이것을 일컫는 것입니까?' 공자가 말했다. '자공과 더불어 비로소 시경을 말할 수 있겠구나'

공자의 가르침을 듣고 영민한 자공은 「시경」에 나오는 시의 의미와 결부시켰다. 자공이 인용한 시는 뼈와 뿔을 자르고 가는 듯하며如切如磋, 옥과 보석을 쪼며 가는 듯하듯이如琢如磨 가난하거나 부자이거나 간에 각각 아름다운 삶을 살도록 노력해야 한다는 말이다. 如切如磋여절여차의 切절은 '자르다'의 뜻이고, 磋차는 뿔이나 상아를 '간다'는 뜻이다. 如琢如磨여탁여마의 琢탁은 '쪼다'의 뜻이고 磨마는 보석이나 돌을 '간다'는 뜻이다. 여기서 절차탁마란 고사성어가 유래되었다.

공자와 그의 제자 자공의 대화에서 알 수 있듯이 절차탁마는 원래 시경에 나오는 말이다. 위풍衛風편 기욱淇奧이라는 노래에 '어여쁜 우리 낭군님은 옥돌을 자른 듯하고 썬 듯하고 쫀 듯하고 갈은 듯하다'라는 구절이 나온다. 이 말의 정확한 뜻을 알려면 고대 중국에서 옥을 다듬던 과정을 먼저 알아야 한다. 옥玉을 만드는 4단계의 과정이 바로 절차탁마이다. 이처럼 절차탁마는 뼈와 뿔을 자르고 갈고, 옥과 보석을 쪼고 갈아내듯이 학문과 인품을 힘써 갈고 닦는 것을 의미한다.

옥(玉)을 만드는 4단계 과정
① 옥 원석(옥돌)을 모양대로 자른다: 절切
② 옥돌에서 필요 없는 부분을 줄로 없앤다: 차磋
③ 끌로 쪼아서 원하는 모양대로 만든다: 탁琢
④ 윤이 나도록 숫돌로 갈고 닦는다: 마磨

절차탁마를 거치기 전에는 옥돌은 그냥 돌멩이일 뿐이다. 사람도, 안전문화도 마찬가지다. 원석을 잘 갈고 다듬어 훌륭한 옥구슬을 만들어 내듯이, 사람도 목표를 세우고 끊임없이 노력하면 성공에 이를 수 있다. 안전문화도 계획을 잘 세우고 한 단계 한 단계 과정을 잘 거쳐야 안전을 중시하는 단단한 문화가 정착될 수 있다. 안전문화는 어느 날 갑자기 급하게 외친다고 되는 것이 아니다. 우리가 원하는 무엇을 하려면 필요한 만큼의 시간과 노력과 정성을 기울여야 한다. 그래야 우리가 원하는 것을 얻을 수 있다. 안전도 예외일 수 없다.

안전 목표관리의 중요성

목표目標, Goal의 사전적 의미는 '조직이 달성하고자 하는 바람직한 상태'이다. 그러나 개인이나 기업에 있어서의 목표는 여기에 '누가, 언제, 무엇을'이라는 세 가지 요소가 추가되어야 한다. 예를 들면 '지난 해보다 올해의 재해율을 낮춘다, 안전문화지수를 높인다'가 아니라 '올해 12월 말까지 생산1부의 재해율을 10% 낮춘다, 안전문화지수를 10% 높인다'라고 구체적으로 서술되어야 업무 목표라고 할 수 있다. 따라서 업무목표는 달성하고자 하는 최종 결과와 달성할 시기, 그리고 그 주체를 구체적으로 기록해 놓은 것이다.

조직에서 목표를 설정하는 것은 여러가지 기능을 한다. 조직의 구성원들로 하여금 장래에 원하는 상태를 이룰 수 있도록 생각과 행동의 지침을 제공하는 역할을 한다. 첫째, 조직의 목표는 조직이 나아갈 방향을 제시하는 기능을 한다. 둘째, 목표는 조직의 주위 환경으로부터 정당성을 인정받을 수 있는 근거로서의 기능을 한다. 셋째, 목표는 조직 구성원들에게 일체감을 갖도록 할 뿐만 아니라 동기부여의 기능도 수행한다. 넷째, 목표는 효과성을 평가하는 척도로서의 기능을 한다. 여기서 효과성Effectiveness이란 조직이 여러 과정을 통하여 자기가 내세운 목표를 달성하는 정도이다.

업무목표 설정은 업무의 구체적인 활동을 사전에 결정하는 것으로 성과평가 프로세스의 출발이자 가장 핵심이 되는 단계이다. 피평가자가 작성한 목표설정 내용을 평가자가 검토하고 상호 협의를 거쳐 최종적으로 목표를 확정하는 단계이기도 하다. 조직 내에서 목표를 설정할 때는 개개인의 목표는 모두 다르지만 목표 달성에 책임이 있는 사람들끼리 협의를 하거나 또는 리더의 혁신적인 목표 설정을 통해 조직의 목표를 설정한다. 목표를 설정할 때는 누가(행동의 주체) - 언제까지(달성기한) - 어떻게(주요 달성방안) - 무엇을 (측정할 수 있는 최종결과)과 같이 단계별 필수 요소를 고려하여 작성해야 한다.

목표는 스마트해야한다. 스마트 SMART 한 목표란 첫째, 구체적이어야 한다 Specific. 둘째, 측정할 수 있어야 한다 Measurable. 셋째, 진취적이되 달성 가능해야 한다 Aggressive yet Achievable. 넷째, 결과 지향적이어야 한다 Results oriented. 다섯째, 시간의 제약이 있어야 한다 Time-bound. 이러한 스마트한 목표의 특징을 요약하면 중요성을 인정받고, 분명하고 명확한 표현으로 기록되어야 한다. 예측 가능하고 시간에 맞춰 구상되어야 하며, 조직의 전략과 보조를 같이 맞춰야 한다. 또한 달성 가능하며 도전해 볼 만한 것이어야 하고, 적당한 보상이 뒷받침되어야 한다.

흔히 도전적인 목표의 의미로 스트레치 골 Stretch Goal 을 사용하는데 스트레치 골이란 '스스로 가능하다고 생각하는 그 이상의 것을 추구하는 도전적인 목표'를 뜻한다. 쉽게 말해서 목표를 충분히 실현할 수 있다고 생각하는 수준보다 높게 잡고 그것을 실현하기 위해 노력하는 것을 말한다. 재해율을 빠른 시간안에 획기적으로 감소시키려거나 안전문화 수준을 단기간에 향상시켜 나가고자 한다면 경영자나 관리감독자 또는 안전부서 및 안전관리자들도 스트레치 골을 설정하고 한번 도전해 나가는 용기도 필요하겠다.

미국의 미시건 대학교 심리학과 교수인 노먼 마이어 Norman Maier에 의하면 '사람들에게 목표를 준 다음 그들이 해결책을 가져오면, 단지 그들에게 그 해결책이 마음에 들지 않는다고 말하는 것만으로도 대부분의 경우 다음 해결책이 처음보다 훨씬 향상되는 것으로 나타났다'고 한다. 스트레치 골을 적절히 활용하면 구성원들은 기존에 전혀 생각지도 못한 새로운 방법으로 사고를 예방할 수 있는 아이디어를 내고, 성과를 창출할 수 있는 방안을 모색한다는 것이다.

樹(나무수) 上(위상) 開(열개) 花(꽃화)
나무 위에 꽃을 피운다

출전(出典): 삼십육계(三十六計)

- 본래 꽃을 피울 수 없는 나무에 조화(造花)를 진짜 꽃처럼 장식하여 상대방을 속인다는 말
- 나무 위의 조화를 마치 생화처럼 위장하는 것으로 상대의 눈을 속인 후에 목적을 달성하는 전법
- 겉만 번지르하게 개화(開花)에만 신경쓰는 것을 경계하는 말로도 쓰인다.
- 보여주기식 안전활동을 경계하여 내실있는 안전관리(활동)의 필요성을 강조한다

수상개화樹上開花는 중국의 병법서인 삼십육계三十六計에서 병전계 (併戰計, 동맹 등을 맺어 함께 싸울 때의 계략)에 속하는 29번째 계책으로 사용된 것으로 '쇠로 만든 나무에 꽃이 핀다'는 철수개화鐵樹開花에서 유래되었다. 그 내용은 「형세에 따라 위세를 떨치면 작은 세력이라도 큰 세력처럼 꾸밀 수 있다. 기러기가 높은 하늘을 날 때 무리를 지어 날개를 활짝 펴고 대형을 이루어 나는 것처럼 하는 것이다」 즉, 아군의 힘이 약할 때 다른 세력이나 어떤 도움을 받아 아군을 강하게 보이게 함으로써 적으로 하여금 두려워하게 만들어 굴복시키는 일종의 기만책이다. 즉 철수개화라는 단어를 병법에서 사용하게 된 것이 수상개화이다.

'삼국지연의'에서 장비가 장판교長坂橋를 필기단마로 지키며 조조의 대군과 맞설 때 수상개화의 계책을 이용하였다고 한다. 그 때 유비는 조조의 군대에 쫓겨 달아나고 있었다. 장비는 20여 명의 병사를 이끌고 장판교를 지키며 병사들로 하여금 말꼬리에 나뭇가지를 매달고 숲속에서 이리저리 달리게 하였다. 그로 인해 먼지가 자욱하게 일어 멀리서 보면 마치 대군이 몰려오는 것처럼 보였다. 조조의 군대가 장판교에 이르렀을 때 장비가 다리 앞에 홀로 서서 대적하였다. 조조는 장비의 용맹이 두렵기도 하고 복병이 있을지도 몰라 선뜻 공격하지 못하던 차에 장비가 빨리 싸우자고 내지른 벼락같은 호통소리에 놀라 도망치고 말았다.

수상개화는 원래 꽃이 피지 않은 나무에 색깔 있는 비단으로 꽃송이를 만들어 붙이면 진짜 꽃과 똑같아서 가까이 다가가서 보거나 냄새를 맡거나 잘라보지 않는 이상 진짜와 가짜를 구별할 수 없다는 의미이다. 사람들은 종종 사물의 겉모습만 보고 미혹되기 때문에 일시적으로 속을 수 있고 이로 인해 전쟁의 승패도 결정될 수 있다는 것이다. 현대 사회의 마케팅 분야에서 제품이나 기업에 대해 원래보다 부풀려서 광고하는 과장광고가 이에 해당되지 않을까?

안전분야는 수상개화 전략이 필요 없는 대표적인 분야가 아닐까 싶다. 누가 보건 말건 오로지 무사고와 안전 문화 정착만을 바라보고 이 목표를 달성하기 위해 가장 효과적이고 인풋 대비

아웃풋을 극대화할 수 있는 방법을 찾고 연구해 나가야 한다. AI로 대표되는 4차 산업혁명의 기술들은 안전분야에도 필요한 부분에 도입하면 큰 효과를 얻을 수 있다. 하지만 '스마트안전'이라는 명칭에 현혹되어 효용성을 배제한 채 일시적인 보여주기식의 형식적, 단발성 이벤트로 끝나는 일 같은 것은 철저히 경계해야 한다. 또한 효과를 고려하지 않은 각종 보여주기식 안전 행사도 이에 해당하는 것으로 지양止揚해야 할 일이다. 이렇듯 내실 있는 안전 관리(활동)의 필요성을 강조하는 의미로도 수상개화를 사용할 수 있다.

안전의 목표관리는
과정관리課程管理로 전환해야

안전 업무는 「결과outcome중심」이 아닌 「과정process중심」으로 관리해야 한다. 결과 중심은 사고건수나 재해율에 초점을 맞춰 관리하는 것으로 예방에 초점이 맞춰진 것이 아니라 사후에 관리하는 방식이다. 이러한 결과중심의 문제점은 사고는 자주 발생하는 것이 아니기 때문에 기업의 안전관리 향상을 위한 시간과 노력을 잘 반영하지 못한다는 것이다. 즉 사고가 없다는 것이 안전하게 관리되고 있다는 것을 의미하는 것은 아니란 얘기다.

안전관리를 열심히 잘하는 과정에 사고가 발생하는 것과 그렇지 않은 상태에서 사고가 발생하는 것을 단순히 같은 사고로 평가해서는 안 된다. 이렇듯 사고에 초점을 두게 되면 조직 내 부정적 분위기를 조성하게 되고 주로 책임자를 문책하거나 인사고과에 불이익을 주는 부정적인 방식으로 조치가 이뤄진다. 사고를 은폐하게 되는 것도 이런 이유 때문이다. 이러한 상황들이 지속되면 안전관리에 대한 부정적인 인식이 쌓이게 되고 관리자와 근로자들의 자발적 참여는 더욱 어려워진다.

안전관리가 과정중심으로 자리잡기 위해서는 생산성 및 품질관리처럼 측정 가능한 예방관리 활동 지표를 바탕으로 목표를 세우고 관리해야 한다. 예를 들면 위험요인의 발굴관리(점검&개선율), 위험성 평가관리, 안전교육의 질적 수준, 안전행동 관찰율과 안전행동 수준(안전작업표준 준수율)과 같은 것이 과정중심의 관리지표가 될 수 있다. 사람들은 대개 실패에 대한 회피보다 무엇인가 성취하기 위한 것에 동기부여가 된다. 그러나 안전은 성취에 대한 목표도 아니고 결과가 가시적이지도 않기 때문에 동기부여가 잘 되지 않는다. 따라서 안전관리도 실패를 회피하는 방식이 아닌 성취하는 방식으로 전환하여 관리할 수 있는 안전관리 프로그램을 개발해서 시행해야 한다. 이러한 과정을 통해 오랜 시간동안 끊임없는 노력을 기울일 때 안전은 기업의 가치로 내재화되고 문화가 된다.

皮가죽피 爲할위 之갈지 災재앙재

아름다운 가죽(무늬)의 재앙

출전(出典): 장자(莊子)

- 호랑이의 멋진 가죽이 호랑이를 해친다
- 아름다운 가죽을 경계하라
- 안전을 지키고 확보하기 위해 만든 것들(각종 규정, 작업표준 등)이 오히려 불편을 초래하고, 사고발생 시 불이익을 받게 되는 경우에 비유

피위지재皮爲之災는 장자莊子에 나오는 '강한 표범이 인간에게 죽임을 당하는 것은 결국 그 가죽이 아름답기 때문이다'라는 구절에서 유래되었다. 얼마 전 아르헨티나 밀림에 갔을 때 아직도 마을 근처 밀림에 재규어가 나타난다는 얘기를 들었다. 아마존에 사는 재규어는 한때 정글의 최강자였다고 한다. 먹이사슬의 가장 꼭대기에 있었던 재규어는 헤엄을 잘 쳐서 물에서도 당할 자가 없었고, 나무도 잘 타서 정글의 어떤 동물도 녀석을 당해내지 못했다고 한다. 그런데 인간이라는 천적 때문에 현재 재규어는 멸종위기에 처했다고 한다. 어쩌다 재규어는 인간의 표적이 된 것일까? 바로 아름다운 가죽 때문이다. 아름다운 무늬가 있는 가죽을 얻기 위해 인간들이 매년 수천 마리의 재규어를 포획한다는 것이다. 아름다운 무늬의 가죽이 재규어에게는 커다란 불행의 씨앗이 된 셈이다.

쓸모가 있는 나무는 쓸모가 있기 때문에 일찍 잘려 재목이 된다. 쓸모없는 나무는 쓸 곳이 없기 때문에 자신의 수명이 다할 때까지 살 수 있다. 호랑이는 아름다운 가죽 때문에 제명에 죽지 못하고 일찍 죽을 수밖에 없었다. 남들이 보기에 아름답고 훌륭한 것을 가지고 있어도 그것이 꼭 행복을 가져다주는 것만은 아니다. 역설적이지만 다른 사람에게 부러움을 사는 것들이나 아름다움이 오히려 해가 될 수도 있음을 의미하는 것이 피위지재이다. '못생긴 나무가 선산을 오래 지킨다'는 말도 있듯이 세상에는 쓸모없는 것이 쓸모 있는 것보다 오히려 수명을 더 오래 보존하고 온전하게 자신을 지킬 수 있는 경우가 많다. 모두 남보다 더 잘나가기 위해 정신없이 앞만 보고 달려가는 세상에서 좀 못나고 좀 덜한 것이 어쩌면 인생의 큰 관점에서 본다면 나를 구제하는 동아줄이 될 수도 있음을 의미한다.

피위지재를 안전관리에 적용해 본다면 각종 규정이나 지침, 매뉴얼, 작업표준 등을 제정하고 개정할 때가 아닐까 싶다. 특히 작업 및 안전과 관련된 표준작업절차^{SOP}는 겉보기에 화려하고 그럴싸하게 작성하는 것이 중요한 것이 아니라, 실제 불필요한 절차나 동작이 없는지 직접 작업을 담당하는 작업자의 의견을 들어 보고 반영을 해야 한다. 애매한 표현보다는 구체적이고 디테일해야 하며 무엇보다 심플해야 한다. 보통 표준작업절차 등의 문서작업은 사무실에 근무하는 직원들이 담당을 하기 때문에 현장의 작업환경이나 상황과는 다소 거리가 있는 법과 원칙만을 그대로 옮겨 놓는 경우가 있다. 예를 들면, 작업여건이나 인력상황 상 2인1조 작업을 할 수 없는데도 표준에는 2인1조 작업이라고 해 놓는다면 어떻게 될까? 지킬 수 없는 표준이고 만일의 경우 그런 상황에서 사고라도 발생한다면 표준을 준수하지 않았다는 귀책사유가 될 수도 있는 것이다. 법 기준과 현실을 잘 반영하고 또 개선해서 현장 상황에 맞는 지킬 수 있는 안전 표준을 만들어야 한다. 피위지재가 되지 않게 하기 위해서라도…

표준관리 체계와 운용

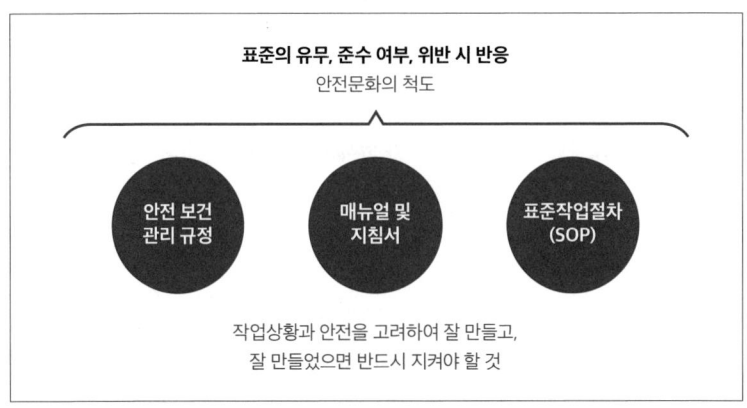

8 안전보건 安全保健 교육 教育 관리

耳^{귀 이} 聞^{들을 문} 不^{아닐 불} 如^{같을 여} 目^{눈 목} 見^{볼 견}

귀로 듣는 것은 눈으로 보는 것만 못하다

출전(出典): 설원(說苑) 정리편(政理篇)

- 눈으로 보고 발로 뛰고 손으로 직접하는 것이 중요하다
- 귀로 듣는 것은 속임을 당하거나 확실하지 않으므로 눈으로 직접 보고, 확인하는 것만 못하다
- 안전교육도 직접 보고, 느끼고, 체험해 보게 하는 것이 효과가 높다

이문불여목견耳聞不如目見은 '귀로 듣는 것은 눈으로 보는 것만 못하다'는 의미로 중국 전한前漢 시대 학자였던 유향劉向이 지은 설원

說苑의 정리편政理篇에서 유래되었다. 위나라 문후가 그의 신하 서문표西門豹를 업業땅의 지방 관리자로 보내면서 특별히 당부한 말이다. 원문은 「耳聞之不如目見之이문지불여목견지 目見之不如足踐之목견지불여족천지 足踐之不如手辨之 족천지불여수변지」, 귀로 듣는 것은 눈으로 보는 것만 못하다. 눈으로 보는 것은 발로 확인하는 것만 못하다. 발로 확인하는 것은 손으로 직접 실행해 보는 것만 못하다」이다. 귀로 듣지만 말고 눈으로 보고, 눈으로 보지만 말고 발로 뛰고, 발로 뛰지만 말고 손으로 직접 하라는 것이다.

이문불여목견은 우리가 많이 듣고 일상적으로 자주 사용하는 말인 백문百聞이 불여일견不如一見과 같은 뜻이다. 즉 '백 번 귀로 듣는 것이 한 번 보는 것만 못하다'는 의미이다. 이 고사성어는 특히 현장을 책임지고 있는 경영자나 관리감독자 및 안전관리자는 현장에 직접 가서 눈으로 확인하고 상황에 맞는 현실적인 대안을 찾을 수 있도록 하는 데 필요한 덕목이다. 현장에 나가 보지도 않고 책상에 앉아 보고서만 보고 판단하는 안일한 자세가 때로는 조직을 위태롭게 할 수도 있다. 산업현장에서는 현장 경영의 중요성을 강조하는 표현으로 우문현답愚問賢答의 고사성어를 빌어 '우문현답'을 '우리의 문제는 현장에 답이 있다'는 표현으로도 많이 사용한다.

이 고사성어는 현장 경영의 중요성을 강조할 때 많이 사용하는 것이지만 안전관리의 관점에서는 안전보건 교육의 효과를 높이는 방법으로 활용해도 좋을 것 같다. 사람들은 듣기만 한 것은 쉽게 잊어버리고, 본 것은 기억이 되지만, 직접 해 본 것은 이해가 되고 오랫동안 기억한다. 세계적인 마케팅 권위자로 마케팅 3.0의 저자인 필립코틀러Philp Kotler는 '말하라. 잊을 것이다, 보여줘라. 기억할지도 모른다, 참여시켜라. 믿을 것이다'고 했다. 기업교육 및 트레이닝 분야의 전문가로 참여형 학습Participant Centered Learning 기법을 개발한 밥 파이크Bob Pike는 '어른은 몸집이 큰 어린 아이다'라고 했다. 따라서 안전교육의 방법도 효과를 배가하기 위해서는 참여형·체험형 교육으로의 전환이 필요하다.

필자도 안전교육의 효과를 높이기 위해서 여러가지 방법을 동원해 보았는데 가장 효과가 좋은 것은 어떤 형태로라도 근로자들을 참여시키는 것이었다. 질의 응답식의 쌍방향 요소를 반영한다든지 역할극Role Play, 집단토론, 사례연구, 실습 및 실전훈련 등이 효과가 가장 높은 교육활동이다. 가장 효과가 떨어지는 교육활동이 설교형(강의식) 교육임을 잊지 말고 안전교육에 반영해야 한다. 특히 항상 바쁘게 돌아가는 현장에서의 안전은 아무리 성인이라고 하더라도 아이들처럼 직접 참여와 체험을 통해 경험할 수 있게 해 주는 것이 가장 기억에 오래 남고 효과적이다.

효과적인 안전교육을 하려면…

안전교육은 가장 일반적인 강의식 교육에서부터 시청각 교육, 토론형 교육, 체험형 교육, 역할 연기$^{\text{role playing}}$, 벤치마킹, 감성교육, 그리고 최근에는 VR$^{\text{Virtual Reality}}$이나, AR$^{\text{Augment Reality}}$기기를 활용한 교육까지 그 대상이나 교육환경에 따라 실시 방법이 실로 다양하다. 그런데 안전교육을 담당하는 많은 사람들이 가끔 안전교육의 목적을 잊고 실시하는 경우를 많이 본다. 후배들에게 늘 강조하는 말이기도 하다.

안전교육은 몇 회를 실시하고 몇 명이 이수했는지가 중요한 것이 아니라, 안전교육을 받은 사람들이 과연 그 교육을 이수한 후에 자신의 행동이나 생각에 얼마나 변화가 있었느냐가 중요하다. 변화가 없다면 그 안전교육은 잘못한 것이다. 따라서 안전교육의 목표를 달성할 수 있도록 하는 데 가장 효과적인 방법이 무엇이겠는지를 생각하고 많은 시간과 노력을 들여 준비하지 않으면 안전교육 본래의 목표를 달성할 수 없다. 필자도 안전교육을 할 때는 사전에 정말 많은 시간과 노력을 들여서 준비를 한다. 다시 말하면 교육의 접근방식을 행동 중심적 방식이 아니라 목표 중심적 방식으로 교육행위 자체에 초점을 맞추는 것이 아니라 목표에 초점을 맞춰야 한다.

교육에 참여하는 교육 대상자들도 교육에 참여할 때는 당연히 안전에 대한 전향적인 자세가 필요하다. 안전교육을 받을 때는 그 무엇과도 바꿀 수 없는 자기 자신의 생명과 안전에 관련한 일이므로 시간만 때우면 되는 통과의례로 생각하지 말고 내 자신과 가정의 행복을 위해 하나라도 더 알고 배우려고 해야 한다. 시오노 나나미는 「로마인 이야기」에서 「사람은 자기가 보고 싶은 현실만 보려고 한다」고 얘기했다. 자기가 보고 싶은 것만 보고, 하고 싶은 대로만 한다면 당장은 괜찮겠지만 안전과 미래는 없을 것이다.

안전교육은 다섯 가지 원리에 따라 시행할 때 그 효과가 배가 된다. 첫째, 「일회성의 원리」다. 안전교육은 단 한 번의 교육만으로도 피교육자로 하여금 적시에 필요한 안전지식을 습득하게 하여 불의의 사고를 예방할 수도 있고 순간적인 깨달음으로 안전을 잘 지키겠다고 다짐하는 계기를 만들 수도 있다. 따라서 한번 실시하는 교육이 처음이자 마지막이라는 생각을 갖고 최선을 다해 준비해야 한다.

둘째, 「반복성의 원리」다. 일회성의 원리와 배치되는 것 같지만 안전교육은 반복해서 실시해야 한다. 한 번의 교육으로 그 효과를 얻기가 쉽지 않을뿐더러 한번 받은 교육은 사고나 안전에 관한 이슈가 없어지면 시간이 지나면서 서서히 잊혀지게 된다. 이때를 놓치지 말고 잊을 만하면 안전을 리마인드 시켜주는 것이 중요하다. 교육 대상자를 분석하여 필요한 내용이나 주제 또는 수준별 교육으로 연간계획을 수립하여 시행해야 한다.

셋째,「방법만이 아니라, 이유를 가르치는 원리」다. 대부분의 작업표준과 안전수칙은 How To와 Know How로 구성되어 있다. 그러나 안전교육을 할 때는 How To와 Know How뿐만 아니라 왜 그렇게 하는지, 원리는 무엇인지를 알려주는 교육이 되어야 한다. 즉 Know Why를 알려 주는 교육이 되어야 한다. 번거로운 절차나 하기 어려운 방법일수록 반드시 그 이유를 알려주어야 한다. 왜냐하면 사람들은 번거로운 것이나 귀찮은 것, 또는 하기 어려운 것은 쉽게 생략하고 최대한 편리한 방법으로 하려고 하는 본능이 있기 때문이다.

넷째,「인성 교육의 원리」다. 안전교육은 자신의 생명과 안전이 소중한 만큼 함께 일하는 동료나 선·후배의 안전도 내 안전만큼 중요하다는 사실을 인식해야 하는 인명존중의 휴머니즘에 관한 교육이다. 따라서 자신의 안전은 물론이고 함께 일하는 사람들의 안전에도 관심을 갖도록 하는 인성교육이 수반되어야 한다.

마지막으로「실행과 확인의 원리」다. 안전교육이 소기의 목적을 달성하려면 교육받은 근로자는 교육받은 내용을 현장에서 철저히 실천해야 한다. 교육을 실시한 사람은 피교육생이 교육한 내용을 충분히 알고 이해하는지를 평가해야 한다. 아울러 교육한 내용이 현장에서 잘 실천되고 있는지도 확인하고 점검해야 한다. 교육-실행-확인점검의 사이클이 유기적으로 작동되고 실행될 때 안전교육이 제대로 시행되고 있는 것이며 안전한 일터는 이런 것들이 쌓여서 만들어진다.

盈^{찰 영} 科^{구덩이 과} 後^{뒤 후} 進^{나아갈 진}
물은 웅덩이를 만나면 그 웅덩이를 채운 후에야 흘러간다

출전(出典): 맹자(孟子) 이루장구(離婁章句) 하편(下篇)

- 기본적인 것을 먼저 한 뒤에 다음으로 나아간다
- 사람의 배움의 길도 속성으로 하지 말고 차근차근 단계를 거쳐 닦아 나가야 한다
- 안전교육도 근로자의 마음을 하나하나 채워 나가는 단계적 교육이 필요하다

영과후진盈科後進은 '물은 흐르다 웅덩이를 만나면 반드시 그 웅덩이를 모두 채우고 난 뒤에야 다시 흐른다'는 의미이다. 이것은 달리 말하면 '기본적인 것을 먼저 한 뒤에 다음으로 나아간다'는 뜻이다. 우리나라 속담에 '급하다고 바늘허리에 실을 꿰어 쓰랴?'는 말과도 일맥상통하는 표현이다. 기본에 충실하자는 의미로 사람의 배움의 길도 급하다고 해서 속성으로 하려고 하지 말고 차근차근 단계를 거쳐 닦아 나가야 한다는 것이다. 이 고사성어는 맹자孟子 이루장구離婁章句 하편下篇에 실려 있는 서자(徐子)라는 제

자와 맹자의 문답내용에서 유래되었다.

  徐子曰 仲尼亟稱於水曰 水哉 水哉 何取於水也
  서자왈 중니극칭어수왈 수재 수재 하취어수야
  孟子曰 原泉混混 不舍晝夜 盈科而後進 放乎四海
  맹자왈 원천혼혼 불사주야 영과이후진 방호사해
  有本者如是 是之取爾
  유본자여시 시지취이

「서자가 말했다. 공자께서는 자주 물을 칭송하면서 물이로다, 물이로다, 하셨는데 물에서 무엇을 취하신 것입니까? 맹자께서 말씀하셨다. 근원이 되는 샘물은 끝없이 용솟음쳐 올라와서 밤낮을 쉬지 않고 흘러가는데 웅덩이를 만나면 가득 채운 다음에 흘러가서 바다에 이른다. 근본이 있는 것은 이와 같으므로 바로 그 점을 취하신 것이다」

공자孔子는 물의 성질을 바로 지혜의 상징으로 보았기 때문에 칭송하였다는 내용이다. 영과후진이란 웅덩이를 가득 채운 다음에 나아간다는 뜻으로, 물이 흐를 때에는 조금이라도 오목한 웅덩이가 있으면 먼저 그곳을 가득 채운 다음에 아래로 흘러가게 되듯이 사람이 배움을 갈고 닦는 길에도 모든 과정을 차근차근 밟아 나가야 한다는 뜻이다.

영과후진은 비록 물에 대한 비유지만 인생을 살아가는 지혜가 담겨있다. 인생을 살다가 또는 업무를 하다가 어려움을 만나거나 힘든 상황을 맞이하면 무작정 앞으로만 나아가려고만 하지 말고 차분하게 그 상황을 기다리고 재충전하며 지혜를 모으고 힘과 용기를 얻은 다음 비로소 새로운 길로 나아갈 수 있다. 어떤 일이든지 기본적인 것을 먼저 수행한 뒤에 다음 단계로 나아갈 수 있다. 특히 안전관리는 기본관리가 매우 중요한 분야이다. 작업을 하기 전에 반드시 위험요인을 확인하고 안전에 대한 주의를 환기 후 작업에 임하는 것은 기본 중의 기본이다. 마찬가지로 안전교육도 근로자의 마음을 하나하나 단계적으로 채워 나가는 교육이 되도록 체계적으로 과정을 준비하고 실행해 나가야 한다.

왜 안전교육과 훈련이 필요한가?

안전을 지킨다는 것은 능률적이지 않을 수 있다. 그리고 안전을 실천하는 것은 귀찮고 때로는 작업효율을 저하시키기도 한다. 그러나 그 대가로 「안전」을 얻을 수 있다. 이런 유혹 때문에 안전이 어렵고 결국은 교육을 통해서 바로잡을 수밖에 없다. 소중한 것을 잃고 난 뒤에야 안전의 중요성을 절감하는 실수를 하지 않도록 하기 위해서도 안전교육은 중요하다. 신입사원뿐만 아니라 익숙한 작업자에게도 안전이 체질화되고 체득화하기 위해서는 교육과 습관화는 필수 조건이다.

그동안 우리는 안전교육이란 것을 습관이 다 형성되고 난 후 성인이 되어서야 접하게 되었다. 우리나라는 세월호 사고 이후에야 생존수영 등 학교 안전교육이 부분적으로 시행되고 있지만 그 이전에는 회사에 취업하기 전까지 그 어떤 안전교육을 시키지도 않았고 받아본 적도 없다. 20년 이상을 안전에 전혀 무방비로 생활하다가 기업에 입사해서야 비로소 안전교육이라는 것을 경험하는 것이다. 선진국처럼 유아나 어린이 및 청소년 시절부터 교육받아 몸에 배어 습관화되어도 부족한데 생활습관이 완전히 굳어진 상태에서 안전에 관한 다양한 지식과 기술 그리고 태도를 가르치고 배워나가야 하는 것이다. 그러니 안전교육에도 얼마나 많은 시간과 노력이 필요할까?

똑같이 4개월 된 원숭이 아기와 인간 아기의 인지를 비교한 실험이 있다. 결론을 말하자면 원숭이 아기는 눈을 반짝이며 영리하게 이것저것 아는 체를 하고 외부와 소통을 하는 반면 같은 나이의 사람 아기에게는 이렇다 할 자각이나 반응도 일어나지 않았다는 것이다. 그 이유는 사람의 뇌에는 억만 개의 뉴런이 있어서 이것들이 제자리를 잡고 일관성 있는 질서의 형태로 발전하려면 오랜 시간에 걸친 환경적 경험이 필요하기 때문이라고 한다. 이 이론대로라면 꼼수나 잔머리가 안 통하고 곧이 곧대로가 몸에 배게 원칙을 고수하고 안전의식을 내면화하여 체질화시키려면 일정기간 시간이 걸린다는 것이다.

아무리 안전이 중요하고 기본을 잘 지키자고 소리 높여 외쳐도 인간의 두뇌 기능상 조직 구성원의 뉴런에 새로운 질서와 체계가 인식되고 자리 잡으려면 시간이 걸린다. 심리학자들의 과학적 분석 결과에 의하면 한 가지 행동을 바꾸는 데 필요한 최소한의 시간이 평균 66일이라고 한다. 뉴런에 새로운 안전질서와 안전의식 체계를 형성하고 자리잡게 하는 것이 교육말고 무엇이 있을 수 있겠는가? 따라서 안전교육은 사고 예방에 있어서「설비의 안전화」와 함께 가장 중요한 핵심요소 중의 하나이다. 하비 J.H. Harvey도 재해 예방대책의 3E Engineering, Education, Enforcement를 통해 안전교육의 중요성을 강조하지 않았던가?

안전훈련도 교육과 다르지 않다. 평소에 훈련을 통해 기본을 익힌 것과 그렇지 않은 것은 위험이 닥쳤을 때 그 위험으로부터 벗어나는 능력에 큰 차이가 있을 수밖에 없다. 대부분의 사고와 재난은 예고 없이 발생하므로 항상 반복훈련을 통해 미리미리 대비하는 것이 최선의 방법이다. 우리의 안전을 지키기 위해서는 해야 할 것은 반드시 해야 하고 하지 말아야 할 것은 절대로 하지 않는 것이 안전을 지키는「필요 충분 조건」이다.

9 위험요소危險要素 및 안전기준安全基準 관리

先 먼저 선 勝 이길 승 求 구할 구 戰 싸울 전
미리 이겨 놓고 난 후에 싸운다

출전(出典): 손자병법(孫子兵法)

- 먼저 승리를 만들어 놓은 후에 실제 전쟁은 그 승리를 확인하는 것이다
- 전쟁은 도박이 아니기 때문에 오기나 투지만으로 전쟁을 벌여서는 안 된다
- 작업을 할 때는 안전을 먼저 확보하고 작업에 임해야 한다

선승구전先勝求戰은 손자병법孫子兵法에 나오는 勝兵先勝而後求戰 승병선승이후구전에서 유래되었다. '승리하는 군대는 먼저 승리를 확보하고 난 후에 전쟁에 임한다'는 의미이다. 승리에 대한 확실한

데이터나 승산 없이 단순히 이길 수 있다는 신념이나 개인적인 감정으로 전쟁을 하거나 중요한 의사결정을 한다면 군대는 패하고, 기업은 망하며, 개인은 파산하게 된다. 늘 바쁘게 돌아가는 생산현장이나 건설현장 등 산업현장에서도 작업을 하기 전에 먼저 안전을 확보하고 작업에 임하는 것이 일상이 되어야 한다.

고수는 땀을 흘리지 않는다는 말이 있다. 잘 싸우는 사람은 이미 승리를 만들어 놓고 싸우기 때문에 그렇게 힘들지 않게 승리를 얻어 낸다는 뜻이다. 반면 하수들이 싸울 때는 땀을 뻘뻘 흘리면서 열심히 싸우는 것 같지만 그것은 이길 수 없는 싸움에서 이기기 위한 하수들의 몸부림이라고 한다. 손자병법에는 이기는 군대와 지는 군대의 차이를 바로 이 점에 두고 있다. 勝兵 先勝求(승병 선승구), 이기는 군대는 먼저 이길 수 있는 상황을 만들어 놓고 싸우는 군대다. 敗兵 先戰求勝(패병 선전구승), 지는 군대는 일단 싸워 놓고 승리의 방법을 찾는 군대다. 이기는 군대와 지는 군대는 전쟁을 하기 전에 승리의 방법을 만들어 놓고 싸우느냐 아니면 일단 싸워놓고 승리의 방법을 찾느냐는 아주 간단한 차이에 의해 구별된다. 선승先勝의 조건을 만들어 놓고 싸우는 군대의 5가지 특징이 있다.

上下同欲者勝(상하동욕자승)
첫째, 위아래 모든 구성원이 같은 꿈을 가지고 있는 조직은 승리한다.

최고경영자의 꿈과 비전을 공유하는 조직이다.

以虞待不虞者勝(이우대불우자승)
둘째, 준비한 자가 준비 안 된 상대와 싸우면 승리한다.
위기에 앞서 철저한 준비와 대비를 한 조직이다.

知可以戰與不可以戰者勝(지하이전여불가이전자승)
셋째, 싸울만한 상대인지 아닌지를 미리 판단할 수 있는 조직은 승리한다. 전쟁에 앞서 승리의 가능성을 정확히 꿰뚫고 전쟁의 여부를 결정하는 조직이다.

識衆寡之用者勝(식중과지용자승)
넷째, 인원과 물자의 규모를 자유자재로 운용할 줄 아는 조직은 승리한다. 가용한 자원의 적절한 할당과 분배를 할 줄 아는 조직이다.

將能而君不御者勝(장능이군불어자승)
다섯째, 전방의 장군이 능력 있고 후방의 인사권자인 군주가 간섭 안 하면 승리한다. 능력 있는 인재를 뽑아 권한을 이임할 줄 아는 조직이다.

승리를 이미 확보해 놓고 싸우는 이기는 군대는 형세形勢가 다르다. 이길 수밖에 없는 형세를 만들어 놓고 질 수밖에 없는 형세를 가진 상대와 싸운다면 백 번 싸워도 백 번 모두 지지 않는 전쟁의 성과를 얻는 것이다. 선승구전은 산업현장에서의 안전의 원칙이 어떠해야 하는지를 확실하게 보여주는 고사성어다. 先 安全 確保, 後 作業開始선 안전확보, 후 작업개시. 작업을 할 때에는 당연히 먼저 안전을 확보하고 작업에 임하는 것이 지극히 정상적인 일이 아닌가? 잊을 만하면 들려오는 대형 참사의 소식들, 선승구전의 구절이 절실하게 가슴에 다가온다. 선승구전! 참으로 명쾌한 승리의 비법이 아닐 수 없다.

위험요소가 존재하는 한 언젠가는 사고가 발생한다

안전업무를 수행하면서 직접 체득한 진리가 하나 있다. 비록 아무리 사소한 위험요소라고 하더라도 위험요인이 있는 곳에서는 반드시 사고가 발생한다는 사실이다. 다만 그 시기가 언제가 될지 예상할 수 없을 뿐이다. 넓은 놀이공원에서 사람들이 다니는 동선動線에 조그마한 걸림돌(단차)이라도 있으면 누가 거기에 걸려 넘어지겠냐 싶지만 실제 그런 곳에서 아이든 어른이든 걸려 넘어지는 사고가 발생한다. 단차가 있으면 언젠가 누군가 걸려 넘어진다고 생각하고 단차가 발생하는 곳이 없도록 세심한 관리를 해야 한다.

시설을 오픈한 지 24년 동안 그리고 38년 동안 운행하면서 수

천만 명이 이용했는데도 아무런 사고가 없었던 놀이기구에서 사고가 발생한 적이 있었다. 밤새워 그 원인을 찾아 조사하고 분석해 보았더니 사고가 날 만한 위험요소가 있었다. 그동안 운 좋게 사고로 연결되지 않았을 뿐이지 그 이전에도 이와 비슷한 니어미스는 분명히 있었을 것이다. 그런데 다치지 않았다는 이유로 또는 대수롭지 않게 생각해서 고객도 직원도 관련 부서에 공유를 해주지 않았던 것이다. 물론 그 이전에 위험성 평가를 보다 과학적이고 입체적으로 분석해서 대비하여야 했음은 두말할 나위가 없다. "어느 날인가 마주칠 재난(사고)은 우리가 소홀히 보낸 어느 시간에 대한 보복이다"라고 말한 나폴레옹의 말을 곱씹으면서 안전관리를 해야 할 일이다.

과거 건설사업부, 리조트사업부, 푸드컬처Food Culture사업부, 골프사업부 등이 있던 삼성 에버랜드 본사 환경안전팀장 시절에 이미 발생된 사고에 대해 철저히 배우는 러닝파티와 니어미스 및 위험요소를 자발적으로 발굴하고 공유하는 클리어 300Clear 300 활동을 하여 안전사고 제로에 도전해서 많은 성과를 낸 적이 있어서 공유해 본다. 러닝파티Learning Party는 실패를 통해 배우고Learn, 성장을 향해 달려 나가는Run 의지를 다지기 위해 열어주는 파티다. 실패(사고)를 질책하기보다는 자발적인 반성과 재발방지 노력을 통해 안전사고를 예방하자는 의미를 담고 있다. 성공파티Success Party는 사고를 미연에 방지하기 위한 현장의 많은 노력들 중 우수사례를 발굴하여 격려해 주고 널리 전파하고 공유하는 파티를 말한다.

이 외에도 전사적으로 유해위험요소를 자발적으로 발굴하고 공유하는 "Clear 300"활동도 중점적으로 실시하여 모든 임직원들이 힘을 모아 위험요인과 앗차사고를 발본색원拔本塞源하고자 노력하였다. 이를 효과적으로 추진하기 위한 관련 시스템도 별도로 만들어 효과가 배가 되도록 뒷받침했다. Clear 300은 하인리히의 1:29:300의 법칙에서 예방관리 측면에서 가장 강조되고 중대재해의 전조 증상인 300에 해당하는 앗차사고를 발굴하고 공유해서 깨끗이 없애자Clear, Zero는 의미이다.

러닝파티의 진행순서를 보면 현장소장이 직접 발표하는 사고내용 공유, 현장의 불합리한 사항이나 걱정을 찾아내어 타파하는 시간, 나의 안전을 다짐하며 게시하는 안전트리 만들기, 안전트리 완성과 임원 격려의 말, 그리고 마지막으로 안전에 대한 각오를 다짐하면서 서로 소통을 하는 다과시간으로 구성되어 있다.

至지극할 지 **誠**정성 성 **無**없을 무 **息**숨쉴 식
지극한 정성은 결코 쉬지 않는 것이다

출전(出典): 중용(中庸) 26章

- 지극한 정성至誠은 중단해서는無息 안 된다
- 만사에 지극정성인 마음이나 자세는 멈추거나 중단해서는 안 된다
- 인간의 생명이 달려있는 안전관리, 특히 위험요소관리와 안전기준의 제·개정 등의 관리는 至誠無息(지성무식)의 자세로 임해야 한다

지성무식至誠無息은 중용中庸 26章의 「故 至誠無息고 지성무식 不息則久불식즉구 久則徵구즉징 徵則悠遠징즉유원 悠遠則博厚유원즉박후 博厚則高明박후즉고명, 그러므로 지성은 멈추어서는 안 된다. 멈추지 않는다면 오래가고, 오래가면 징조가 나타나고, 징조가 나타나면 멀어지고 깊어지고, 멀어지고 깊어지면 넓어지고 두터워지고, 넓어지고 두터워지면 높아지고 밝아진다」에서 유래되었다. 즉 천지의 지극한 성실을 체득한 성인의 덕행은 잠시도 쉬고 그치는 일이 없이 한결같다. 그렇기 때문에 그 덕이 영원해지고, 그러므로 그 덕이 넓고 두터워지면 그 덕이 높고 밝게 빛난다는 의미이다.

중용에 의하면 성誠은 하늘의 길이요誠者天之道也: 성자천지도야, 성을 실행하는 것은 사람의 길이다誠之者人之道也: 성지자인지도야라고 했다. 천지자연에는 거짓이 없다. 콩을 심으면 콩이 나오고, 팥을 심으면 팥이 나온다. 많이 심으면 많이 나오고, 적게 심으면 적게 나온다. 이처럼 자연은 절대로 속이지 않는다. 사람은 이러한 자연을 본받아 참되게 살려고 노력해야 한다는 것이고, 그것이 바로 사람이 가야 하는 길이며 성誠을 실현하는 것이라고 했다.

중용에는 특별히 정성과 성실을 뜻하는 성誠에 관하여 많은 정의를 내리고 있다. 첫째, 성실함의 궁극적인 목표는 자신의 완성뿐만 아니라 자신이 행한 성실을 통하여 남도 완성해 준다. 둘째, 성실함은 억지스럽지 않고 자연스럽게 이루어져야 한다. 셋째, 최고의 성실함은 꾸준히 행하는 무식無息이다. 흔히 지성이면 감천至誠感天이라고 한다. 지극한 정성은 하늘도 감동시킨다는 뜻이니 결국 이러한 지성(정성)을 쉬지 않고 해야 한다는 의미이다.

옛날 어떤 마을에 아이들이 장난을 치다가 한 어린아이가 커다란 물독에 빠졌다. 어른 키만한 항아리에 물이 가득 채워져 있었는데 그 속에 빠진 것이었다. 어린아이가 빠져나올 수 없는 상황이 벌어지자, 아이들은 당황하고 겁에 질려 도망쳤다. 그 가운데 한 아이가 아무 소리 안 하고 뒷담 대나무 숲으로 가서 큰 돌을 가져와 항아리를 향해 내리쳤다. 항아리 물독이 깨지고 어린아이가 물독 속에서 살아나왔다. 돌을 가지고 와서 물독을 깬 아이가 신동神童으로 소문난 사마광司馬光이었다. 자라면서 학문을 익혀 북송北宋 때 자치통감資治通鑑이라는 유명한 역사책을 저술한 대유학자가 되었다.

어느 날 사마광에게 제자 한 명이 「'인생에서 가장 중요한 것이 무엇인지, 글자 한 자만 골라주시면 마음에 새기겠습니다'하고 물었다. 사마광은 서슴없이 대답했다. 그것은 성誠자다. '선생님, 그러면 성誠이란 무슨 뜻입니까?' 그것은 허망한 말을 하지 않는 것이다不妄語, 불망어. 허망한 말을 하지 않으려면 사람이 진실되어야 한다. 거짓이 없어야 한다.」

'보이지 않는 곳에서 작은 성실이 있으면 저절로 드러나게 되고, 드러나면 분명해지고, 분명해지면 밝아지고, 밝아지면 감동이 일어나고, 감동이 일어나면, 변화가 시작되고, 변화가 시작되면 동화되어 결국 세상을 변화시키는 힘으로 작동된다'고 한다. 不誠無物불성무물 성실이 없다면 존재도 없다. 중용에서 말하는 천지창조의 비밀이다. 세상의 모든 시작도 성실이고 그 끝도 성실이다. 이러한 성실은 안전관리의 시작이자 끝이라 해도 과언이 아니다. 위험요소를 찾아서 개선하는 노력은 지성至誠으로 무식無息해야 한다. 안전과 관련된 각종 기준이나 표준작업절차를 만들 때에도 지성으로 무식하게 해야 한다. 그리고 지성으로 무식하게 준수해야 한다.

검은 백조를 찾는 마음으로
안전은 '위험을 볼 줄 아는 눈'에서 시작된다

우리가 주로 사용하는 위험이라는 영어 단어로는 크게 데인저danger, 해저드hazard 및 리스크risk가 있다. 안전관리 업무를 담당하는 사람들조차도 혼동스러울 때가 있다. 데인저는 눈에 보이는 위험을 말하는 것으로 모든 종류의 위험을 뜻하는 넓은 의미의 위험이다. 해저드는 유해성 또는 위해를 일으킬 수 있는 요소(기인물)로 잠재적으로 해를 입힐 수 있는 어떤 것이다. 즉, 「Something that has the potential to cause harm to people, property or the environment」이다. 리스크는 위해성을 나타내는 것으로 해(害)를 끼칠 가능성, 즉 확률이다. 영어로는 「The chance of probability of that hazard causing harm or damage to people, property or the environment」이다.

어느 산업현장에서나 흔히 볼 수 있는 고압전류가 흐르고 있는 변전실 또는 변압기를 생각해 보면, 고압전류가 흐르는 단자나 변압기 자체가 해저드이고 이런 곳에서 작업할 때 리스크가 있다고 한다. 그리고 펜스로 쳐져 있는 주변이 데인저이다. 흔히 외국의 산업현장 전기시설 주변 펜스에 붙어 있는 「Danger」이라는 안전표지판을 볼 수 있는데 데인저란 바로 그런 의미인 것이다. 따라서 우리가 하는 안전관리는 위험성 평가를 통하여 해저드를 제거하는 것이 아니라 리스크를 최소화하거나 제거하는 등 리스크를 컨트롤하는 것이라고 할 수 있다.

위험이 있는데도 그 위험을 찾아내지 못하거나 위험이 보내는 크고 작은 신호들을 느끼지 못할 때 사고는 호시탐탐 우리를 노린다. 이러한 위험을 찾아내는 데 가장 필요한 것이 바로 지식과 경험이다. 지식과 경험을 바탕으로 정성적, 정량적인 위험성평가를 하여 위험을 찾아내고 대책을 세우게 된다.

생산현장에 근무하는 사람이라면 생산공정이나 기계설비에 관한 것에서부터 운전조건, 운전방법, 원·부자재 등 각 물질의 물성과 특성, 비상시 조치방법 등 작업에 대한 충분한 지식이 있어야 한다. 본인의 안전뿐만 아니라 동료의 안전을 위해서도 필수적으로 알아야 하는 것이 지식이다. 그러나 현장에서 수시로 발생하는 다양한 상황을 지식만으로 모두 해결하고 대처하는 것이 가능하지가 않다. 현장은 항상 살아 움직이는 생물과 같아서 예상 밖의 상황에 부딪쳤을 때 상황을 이해하고 적절히 대처할 수 있는 역량이 필요하다. 이런 것을 할 수 있게 하는 것이 바로 경험이다.

2023년 우리나라의 산업재해 분석결과 재해자의 근속연수를 살펴보면 근속 기간이 1년 미만인 근로자는 71,578명으로 전체 재해자의 63.08%에 달했다. 이 통계는 2018년 52% 정도였던 근속 연수 1년 미만 근로자의 사고비율이 계속 증가하고 있음을 보여준다. 산재 사고의 가장 많은 부분이 1년 미만의 신입사원에게서 발생한다는 사실은 지식과 경험의 중요성을 잘 대변해 준다. 위험에 대한 올바른 지식과 경험은 반드시 노력을 통해서만 갖출 수 있다. "위험을 보는 눈"을 뛰어나게 하기 위해서는 근로자는 근로자대로 관리감독자는 관리 감독자대로 안전관리자는 안전관리자대로 끊임없이 노력을 경주해야 한다. 그래서 "위험은 아는 만큼 보인다"고 했다.

AI$^{\text{Artificial Intelligence}}$와 4차 산업혁명으로 불리는 21세기에는 새

로운 기술의 출현과 융·복합화 등으로 인한 기술의 급격한 발전과 진화로 위험도 대형화, 다양화되고 있으며 예측할 수 없는 형태로 위험이 나타나기도 한다. 따라서 검은 백조Black Swan를 찾는 정성으로 위험을 찾아 나가야 한다. 유럽인들은 1697년 호주 대륙에서 검은색 백조가 처음 발견되기 전까지는 모든 백조는 흰색이라고 생각했다. 이때의 발견으로 검은 백조는 진귀한 것 또는 존재하지 않는다고 생각하거나 불가능하다고 인식된 상황이 실제 발생하는 것을 가리키는 은유적 표현으로 사용되었다.

여기에 착안해 미국의 투자전문가 나심탈레브Nasim Nicolas Taleb는 2001년 블랙스완 사건Black Swan Event이라는 용어를 처음 사용하였다. 블랙스완 사건의 특징은 극단적으로 예외적이어서 발생 가능성이 없어 보이지만 일단 발생하면 엄청난 파급효과를 가져온다. 아직까지 사고가 발생하지 않았지만 만약 발생할 경우에는 막대한 인적, 물적손실을 초래할 수 있는 블랙스완형 위험이 우리 현장에는 없는지 세밀하게 살펴보아야 한다. 즉 너무 사소해서 놓치기 쉬운 위험이나 갖춰야 할 프로세스가 잘 갖춰져 있는지, 세심하고 치밀하게 들여다보아야 한다. 위험을 보는 눈은 디테일에 달려 있다. 즉, 지성무식의 마음가짐과 자세로 위험을 찾아야 한다.

위험을 찾기 위한 노력에는 여러가지 방법이 있다. 가장 기본이 되는 것이 자체적으로 시행하거나 외부 전문기관에 의뢰하여 시행하는 위험성 평가이다. 인력과 장비를 충분히 갖추고 있다면 자체적으로 시행하는 것이 좋겠지만 몇 년에 한 번 정도는 외부 전문기관과 비교 평가해 보는 것이 필요하다. 익숙하게 보아서 오히려 위험으로 인식하지 못하는 것을 외부인의 시각으로 보면 위험으로 인식하는 경우가 있기 때문이다. 위험성 평가는 국내 법규 및 해외 선진국의 법규상 안전기준을 검토하고 과거 사고사례 및 동종업계 사고사례도 중요한 자산으로 소홀히 해서는 안 된다. 필자가 새로운 회사나 사업장에서 안전관리를 시작할 때 가장 먼저 한 일은 앗차사고를 포함한 과거의 사고사례를 파악하고 그 대책이 잘 시행되고 있는지를 확인하는 것이었다. 과거에 한 번 발생했던 사고도 제대로 예방하지 못하면서 어떻게 알지도 못하는 위험을 찾아서 예방할 수 있겠느냐 하는 생각에서 그렇게 했다.

그다음은 안전점검이다. 매일 점검하는 일상점검 이외에 정기적으로 실시하는 정기점검과 건조기, 해빙기, 혹서(한)기, 하절기, 동절기 등 안전관련 취약시기별로 시행하는 특별점검 등을 통해 각종 위험요소를 찾아 선제적으로 조치하여 사고를 예방하는 것이 무엇보다 중요하다. 이들 점검활동 이외에도 각종 잠재재해 발굴 활동이나 안전신문고 및 안전제안 등을 통해 접수되는 사항들도 절대 간과해서는 안 된다.

'아는 만큼 두렵지 않다'는 말이 있다. 연암 박지원의 '열하일기'에 나오는 일야구도하기一夜九渡河記를 보면 '밤에 강을 건널 때는 물이 눈에 보이지 않고 소리가 크게 들려 무서웠지만, 낮에 건널 때는 눈으로 물을 보니 소리도 크게 들리지 않아 무섭지 않았다'고 하였다. 위험을 묻어 두고 불안하게 작업할 것이 아니라 지성무식의 자세로 위험을 찾아 발본색원함으로써 안심하고 즐겁게 일할 수 있는 환경을 만들어야 한다.

人사람 인 能능할 능 弘넓을 홍 道길 도
사람이 도(道)를 넓힌다

출전(出典): 논어(論語) 위령공편(衛靈公篇)

- 사람이 길(도)을 넓히는 것이지, 길(도)이 사람을 넓혀주는 것이 아니다
- 사람이 도덕적 가치를 넓히고 자신의 인격을 완성해 나가는 것이 중요하다는 교훈
- 안전이 생산과정에서 발생하고 필요한 것이지, 생산이 안전을 위해 존재하는 것은 아니다

인능홍도人能弘道는 논어論語 위령공편衛靈公篇에서 유래된 말이다. 공자公子는 '人能弘道 非道弘人也인능홍도 비도홍인야, 사람이 능히 도道를 넓히는 것이지, 도가 사람을 넓히는 것은 아니다'라고 말했다. 이는 사람을 떠나서 도가 있을 수 없고, 도를 떠나 사람이 존

재할 수 없으니, 도와 인간은 불가분리不可分離의 관계에 있으나 그 실천의 측면에서 말하자면 인간의 행위를 통해서 도가 실현되는 것임을 강조한 말이다.

여기에서 공자가 말하는 도는 형이상학적 실체를 표현했다기보다는 인간이 마땅히 지켜야 할 도덕적 이치 즉 도리道理를 얘기하는 것이다. 바람직한 삶의 길이나 사람이 사람답게 살아가기 위하여 필요한 생활방식이라 할 수 있다. 그런데 바람직한 삶의 길인 도는 일상생활에서 벗어나 있는 것이 아니다. 사람이 먹고 마시고 다른 사람을 만나서 이야기하며 일을 하는 가운데에 도가 있는 것이지, 일상의 삶을 떠나 존재하는 것이 아니라는 얘기다.

또한 공자는 '도가 사람에게서 멀리 있지 않으니, 사람이 도를 행하면서 다른 사람을 멀리한다면 도라 할 수 없다'고 하였다. 도와 사람은 떨어져 있는 것이 아니며 도가 사람과 떨어져 있으면 이미 도가 아닌 것이다. 일상적인 삶과 사람에게서 벗어나 있지 않은 만큼 도의 구현도 결국 사람의 몫이라는 것이 인능홍도의 숨은 뜻이다.

이처럼 사람이 도를 넓힌다는 뜻은 도덕적 가치와 인간의 역량이 결합되어야 함을 의미한다. 도 자체가 사람을 크게 만드는 것이 아니라, 사람이 도를 통해 스스로를 완성시켜 나가야 한다는 것을 강조하는 것이다. 도가 하나의 길이지 목적일 수 없는 것처럼 수단에 얽매여서 본래의 목적을 잃어버리면 안 된다는 뜻이다. 사람이 도덕적 가치를 만들고 도를 위해 수양해 나가듯이 안전도 사람이 안전기준의 도道를 넓혀 나가야 한다. 안전제일, 안전이 최우선이라고 해서 안전하는 사람들이 착각해서는 안 되는 것이 있다. 기업에서 생산이 수단이고 안전이 목적일 수는 없지 않은가? 안전은 사고 없이 생산과 품질을 높여 나가기 위한 수단이자 과정일 뿐이다.

안전기준도 생산활동을 지원하기 위해 필요한 것이지, 생산이 안전을 위해 있는 것이 아닌 것처럼 안전기준이 생산에 장애요인이 되어서는 안 된다. 따라서 안전하게 생산활동을 할 수 있도록 지원할 수 있는 안전기준을 만들기 위해서는 관련 부서가 머리를 맞대고 공정의 상황과 환경을 고려해서 안전기준을 잘 만들어야 한다. 안전기준은 만드는 것도 중요하지만 불필요한 기준은 없애고, 불합리하거나 불편한 기준은 합리적이고 안전한 기준으로 최적화해 나가는 것이 필요하다. 직원들과 작업자 모두가 수긍하고 인정해서 사고 예방에 절대적으로 도움이 되는 안전기준이 되게 해야 한다.

生^{날생} 於^{어조사 어} 憂^{근심 우} 患^{근심 환}
어렵고 근심스러움이 오히려 나를 살린다

출전(出典): 맹자(孟子) 고자하(告子下)

- 지금의 어려움이 오히려 나를 살린다
- 지금 힘들고 어려운 상황이 결국 나를 살리는 계기가 된다
- 안전조치는 불편조치? 지금의 불편함이 사고를 예방한다

생어우환生於憂患은 맹자孟子 고자하告子下편에 나오는 말로 「生於憂患생어우환, 而死於安樂也이사어안락야, 우환이 나를 살릴 것이고, 안락함이 나를 죽음으로 이끈다」에서 유래되었다. '지금 힘들고 어려운 상황이 결국 나를 살리는 계기가 될 것이고, 지금 편안하고 안락한 상황이 나를 죽음으로 내몰 것이다'라는 뜻이다. 어려운 상황과 고난이 사람을 성장시키기도 하고 편안하고 안락함이 사람을 퇴보시킬 수도 있다는 의미이다.

성공하는 사람은 편안할 때도 항상 위기의식을 갖고 고난을 도전으로 생각하며 극복해 나간다. 반면 실패하는 사람은 편안함과 안이함에 빠져 변화에 제때 적응하지 못하는 것이 아닐까 생각해 본다. 어려움과 역경을 고난이 아니라 도전과 역전의 기회로 생각하고 이겨내야 하며, 안락함이 반드시 좋은 것만이 아니라 위험하고 경계해야 할 상황으로 여기고 흐트러지지 않도록

해야 한다는 교훈이라 할 수 있다. 위기는 언제나 새로운 기회를 품고 있다. 그래서 위기는 무너지는 시점이 아니라 바뀌는 기회라고 하지 않던가?

생어우환처럼 지금의 불편함과 번거로움을 잘 극복하면 사고를 예방하고 귀한 생명을 위험으로부터 지킬 수 있다. 안전위생 보호구의 착용이나 작업 중 안전장치의 사용 등 안전을 위한 필요한 조치에는 많은 불편함이 따른다. 그래서 많은 작업자들이 안전조치를 불편조치로 생각하고 사전 예방을 귀찮은 것으로 느껴 시간과 노력을 잘 기울이려고 하지 않는다. 그러나 이러한 귀찮음과 불편함의 대가로 우리는 안전을 얻을 수 있다. 지금의 불편함이 사고를 예방한다는 사실을 잊지 말아야 한다.

위험에 대한 인식과 안전의 본질

위험에 대한 올바른 지식과 경험을 갖추어야 한다. 위험이 보내는 크고 작은 신호들을 제대로 잘 받아들이는 것은 안전해지기 위한 중요한 조건이 된다. 왜냐하면 위험을 제대로 느끼지 못한다면 안전해져야겠다는 동기 자체가 생길 수 없기 때문이다. 하지만 문제는 위험을 적절히 느끼기가 쉽지 않다는 것이다. 그래서 일정 부분 위험에 대한 적정한 불안을 느낄 수 있어야 한다. 우리를 성가시게 만드는 불안이지만, 사실은 생존에 가장 중요한 시그널(신호)이다. 불안이 신호를 넣으면 우리 뇌 안의 위기관리 시스템이 작동해 생존을 보존해 주려는 동기가 생긴다. 더 나아가 불안은 성취의 동력이 되기도 한다. 적당한 스트레스가 뇌의 효율을 올린다는 「적정 스트레스 이론」은 이미 조직의 인사시스템에 일반화되어 있다.

우리는 일상적으로 수행하는 작업에서 위험이 보내는 신호에 둔감해지기 쉽다. 위험이 높은 상태인데도 위험을 제대로 인식하지 못해서 사고가 발생하는 경우를 흔히 본다. 위험이 보내는 신호에 대한 적절한 감수성을 결정하는 것은 지식과 경험이다. 위험에 대한 올바른 지식과 경험은 반드시 노력을 통해서만 성취된다. 즉 위험을 느끼고 그 위험을 해결하기 위해서는 노력하는 에너지, 구체적으로는 작업에 사용되는 설비의 작동 메커니즘이나 정확한 안전 작업표준과 절차, 그리고 작업에 요구되는 숙련도 등을 정확히 알고 훈련해서 작업에 임해야 한다.

또한 과거에 발생한 고장이나 사고 등에 대한 이력도 모두 파악하고 대처해야 한다. 근로자들은 위험을 해결하는 데 사용해야 하는 시간과 노력을 아끼려고 하기 쉽다. 저마다 위험을 해결하기 위해서 적절한 시간과 노력을 기울이지 않으면 안전은 보장되지 않는다는 것을 잊어서는 안 된다. 근로자가 안전을 위해 해야 할 몫을 제대로 하지 않으면 언제든지 사고의 희생자가 될 수 있다. 안전에 기울인 노력만큼만 우리는 안전해질 수 있다.

「안전의 본질은 편안한 것이 아니라 불편한 것」이란 사실도 알아야 한다. 사람들이 안전에 대해서 잘못 이해하고 있는 대표적인 것이 「안전이 편리하다」는 생각이다. 반대로 「위험은 불편하다」고 생각한다. 하지만 사실은 그 반대이다. 위험이 편리하고 안전은 불편한 속성을 지닌다. 예를 들어보면 코로나19로 온 국민이 일상생활에서 많은 고통과 불편함을 겪고 있을 때를 생각해 보자. 마스크를 착용하는 것이 편할까? 당연히 착용하지 않는 것이 훨씬 더 편하다. 마찬가지로 우리가 일하는 작업장에서 안전모 같은 안전보호구를 착용하는 것이 편할까? 당연히 착용하지 않는 것이 더 편하다. 하지만 안전보호구를 착용하지 않는 순간 위험은 커지게 된다. 마스크를 쓰고 안전보호구를 착용하는 불편함을 감수하는 대가로 우리는 감염병을 예방할 수 있고 안전을 얻을 수 있다. 우리가 안전에 대해서 잘못 파악하고 있는 이러한 부분들을 우선 바로잡고 이해해야 한다.

我 나 아 心 마음 심 如 같을 여 秤 저울 칭
내 마음은 저울과 같다

출전(出典): 제갈량(諸葛亮)의 잡언(雜言)

- 저울처럼 어느 한 쪽으로 치우침이 없이 공평무사하다.
- 자기 마음속에 조금도 사사로움이나 편견이 없다
- 안전기준과 업무에 대한 평가와 신상필벌信賞必罰은 공정하고 공평해야 한다

아심여칭我心如秤은 '내 마음은 저울과 같다'라는 뜻으로 저울처럼 어느 한쪽으로 치우침 없이 공평무사한 것을 비유하는 말로 제갈량諸葛亮이 지은 잡언雜言에서 유래되었다. 제갈량은 뛰어난 지략가로도 유명하지만, 역사적으로 상벌을 공정하게 시행한 것으로도 높이 평가받는다. 제갈량은 스스로 '내 마음은 저울과 같아서 사람들의 옳고 그름이나 공과功過에 대하여 가볍지도 무겁지도 않도록 공정하게 처리한다. 我心如秤 不能爲人作輕重아심여칭 불능작위인작경중'라고 말하였다.'

제갈량이 저울처럼 공평무사하게 상벌을 처리한 예가 있다. 대표적인 사례가 가장 아끼던 장수 마속馬謖이 명령을 어기고 군사를 잃은 죄를 물어 그 유명한 '울면서 마속을 벤다'는 뜻의 읍참마속泣斬馬謖을 만들어낸 일의 처리였다. 마속은 유능해서 아끼기도 했지만 친한 친구의 동생이기도 했다. 그러나 군율을 어겼기 때문에 울면서 목을 쳐야 했다. 사랑하는 사람이라도 공적인 대의大義를 위해서는 처벌할 수밖에 없다는 의미를 담고 있다.

또 다른 예로는 이엄李嚴을 징벌한 일을 들 수 있다. 이엄은 유비가 죽을 때 제갈량과 함께 아들 유선劉禪을 잘 보좌해 달라고

당부할 정도로 신임이 두터운 인물이었다. 제갈량은 북벌에 나서면서 이엄에게 후방에서 군량을 보급하는 중책을 맡겼으나, 이엄은 이를 소홀히 하여 제갈량으로 하여금 철군하게 만들었다. 제갈량은 진상을 조사한 후 신임했던 이엄이지만 그 죄를 엄하게 물어 관직을 박탈하고 평민으로 강등시켰다. 그러나 역시 조정의 관직에 있던 그의 아들 이풍李豊에게는 아버지의 죄를 연루시켜 대하지 않았을 뿐만 아니라 오히려 이풍에게 편지를 써서 위로하는 한편 아버지의 잘못을 거울로 삼으라고 격려하였다.

제갈량은 국가에 보탬이 되는 자는 비록 원수라도 반드시 상을 주고, 법을 어기고 태만한 자는 반드시 벌을 주었다. 죄를 인정하고 뉘우치는 자는 중죄인이라도 용서하고, 헛된 말로 교묘히 꾸미는 자는 가벼운 죄일지라도 반드시 크게 다스렸다. 선행이 작다하여 상 주지 않은 일이 없었고 악행이 작다하여 문책하지 않은 일이 없었다. 나라 안에 모든 사람들이 그를 두려워하면서도 원망하는 자가 없었으니, 이는 마음 씀씀이가 공평하며 권하고 경계하는 것이 분명했기 때문이었다. 우리 사회의 곳곳에도 사적으로 치우치지 않고 이런 사람들이 많으면 나라가 청렴해지고 선진국으로 올라서는 바탕이 될 것이다.

고대 로마 신화 속 정의의 여신인 유스티치아Justitia에서 오늘날 정의Justice란 말이 생겨났다. 정의의 여신상은 대개 왼손엔 저울, 오른손엔 칼을 들고 있다. 저울은 엄정한 정의의 기준을 상징하고, 칼은 그러한 기준에 의거한 판정에 따라 정의를 실현시키기 위해서는 힘이 있어야 함을 의미한다. 우리나라에선 칼 대신 법전을 들고 있는 그림이 법의 집행을 상징하는 이미지로 사용하는데 저울은 그대로 있는 것을 보면 그만큼 공평하게 다툼을 해결하는 잣대로 보았을 것이다. 이렇듯 사심 없이 공정Fairness하게 판단하는 것이 중요하다는 데는 동서양의 이견이 없었던 것 같다.

사회가 선진국으로 진입해 갈수록 공정성의 가치가 중요해진다. 안전관리에 있어서도 업무 실적에 대해서는 공정하게 평가하고, 성과가 있고 역량 있는 사람들이 안전을 한다는 이유로 승진상의 불이익을 받게 해서는 안 된다. 아울러 사고가 발생했다고 해서 무조건 책임을 물어 징계하는 일도 없어야 한다. 업무에 대한 평가와 상賞과 벌罰은 예외 없이 공정하고 공평하게 해야 한다. 그것이 정의가 아닌가?

안전사고와 징계 信賞必罰

과거 대형 참사가 발생할 때면 정부에서는 그 발생 원인이 정확히 밝혀지기도 전에 관련부처 수장인 장관을 교체하는 등 문책성 인사를 단행하곤 했다. 기업에서도 사회적 이슈가 되는 사고가 발생하면 대표이사가 경질되기도 한다. 2013년 7월 울산에서 발생한 물탱크 사고의 책임을 물어 박기석 삼성엔지니어링 대표이사를 경질하고 후임 대표이사에 박중흠 부사장을 내정했다. 삼성은 공식 보도자료를 통해 「이번 인사는 최근 안전환경 사고 예방을 위한 투자를 대폭 늘리고 안전의식 제고를 위한 조직문화 개선을 추진하는 과정에서 또다시 발생한 사고에 대해 최고경영자의 책임을 물어 계열사들의 안전환경 의식에 대한 경각심을 높이기 위한 것」이라고 배경을 설명했다.

2020년 5월 21일 현대중공업 울산 조선소에서는 30대 협력업체 근로자가 사망하는 등 같은 해 당시까지 안전사고로 다섯 명이 숨졌다. 이에 권오갑 현대중공업지주 회장은 5월 25일 잇따른 조선근로자 사망 사고 등과 관련해 사과하고 조선사업 대표를 경질했다. 최고경영자를 안전 이슈로 극약 처방하여 교체하면 최고경영자가 안전을 회사 경영의 최고의 가치로 인식하고 실천하지 않을 수 없다. 전임 대표이사 경질 후 선임됐던 삼성엔지니어링의 박중흠 사장은 그룹의 안전담당 임원 및 부서장이 참석하는 안전환경 전략회의에 최고경영자 최초로 자율 참석해서 경청하기까지 했다. 때마침 그 자리에서 발표된 삼성물산 리조트부문의 안전경영 우수사례를 듣고 삼성엔지니어링 모든 임원이 참석한 경영회의 자리에서 필자가 발표하는 자리까지 만들었다.

그렇다면 안전사고와 관련한 재해 당사자, 관리감독자, 경영진 및 안전관리자 등에 대한 안전사고의 책임 범위와 징계는 어떻게 이루어질까? 사고에 대한 징계여부와 징계수준은 기업 문화와 상황에 따라 많이 다르다. 지금은 그래도 많이 달라졌지만, 과거에는 사고가 발생하면 안전관리자를 징계하는 경우가 많이 있었다. 과거에 안전업무를 하면서 징계를 받아보지 않은 사람은 아마 거의 없을 것이다. 안전관리자의 직접적인 과실이 없으면 「도의적인 책임」이라도 갖다 붙여 징계한다. 안전관리자에 대한 우대는 해주지 못할망정 전폭적인 지원이나 권한은 주지 않은 채 사고가 발생하면 그 모든 책임을 안전관리자에게 돌리는 것은 언어도단이고 안전의 발전을 위해서도 바람직하지 않다.

사고의 원인이 되는 사항들을 직접 관리하고 교육하고 점검해야 하는 현장의 안전을 책임져야 할 사람을 징계하지 않고 안전관리자를 징계하면 사고는 계속될 수밖에 없다. 또한 안전관리자가 사고 발생 시 징계를 받아야 하는 직무라면 그런 업무를 어떤 유능한 직원이 하려고 하겠는가? 또한 이치에도 맞지 않는다. 현장에서 성희롱, 직장 내 괴롭힘, 부정 등의 사고가 발생할 때 인사나 감사부서가 징계를 받는 것을 본 적이 없다. 그런데 왜 사고가 나면 안전부서나 안전관리자를 징계해야 하는지 이해가 안 된다.

물론 안전관리자도 업무를 게을리해서 위험이 있는 것을 찾아내지 않고 알려 주지도 않는 등 안전관리를 소홀히 하거나 방관해서 사고가 발생했다면 당연히 합당한 징계를 받아 마땅하다. 그러나 단지 사고가 발생했다는 이유만으로 안전관리자를 징계하는 것은 안전관리에 아무런 도움이 되지 않을뿐더러 안전관리자의 사기만 저하시키게 된다. 법적으로도 안전관리자는 사업주 또는 관리책임자를 보좌하고 관리감독자에 대한 지도·조언에 대한 역할을 하는 사람이다. 보좌하고 지도·조언하는 사람에게 직접 책임을 지우는 것은 이치에도 맞지 않는다. 징계를 주지 않아도 사고에 가슴 아파하고 자괴감을 느끼며 자책하는 사람이 안전관리자이다. 책임감과 사명감을 갖고 일하는 사람들을 더 이상 힘들게 해서는 안 된다. 회사는 안전관리자의 위상과 자존감을 지켜주어야 한다.

그렇다고 관리감독자를 무조건 징계하라는 것이 아니다. 관리감독자가 해야 할 일을 다 했는데도 근로자가 지켜야 할 작업표준을 준수하지 않아 발생한 사고까지 책임을 물어서는 안 된다. 관리감독자는 안전 작업절차나 방법, 수공구 및 안전보호구 등이 포함된 정확한 작업표준의 제·개정, 교육 및 정기적인 확인점검 등을 성실히 수행해야 한다. 그런데 사고 조사를 해보면 관리감독자의 관리가 부실한 경우가 많이 있다. 작업표준이 아예 없거나 구체적이지 않고 잘못되어 있는 경우도 있고 충분한 교육 없이 작업에 투입하거나 또는 교육한 대로 작업하는지에 대한 확인점검 등이 소홀한 경우가 많이 있다. 이러한 부분을 철저히 관리해야 관리감독자의 책임을 다하게 되는 것이다. 관리감독자는 「내 부하 직원의 안전은 내가 지킨다」는 책임감과 사명감을 갖고 부하 직원이 안전한 작업을 할 수 있도록 디테일하게 교육하고 확인해야 한다.

재해 당사자인 근로자의 경우는 어떠할까? 근로자의 실수나 안전수칙을 위반해서 사고가 발생한 경우라고 해도 열심히 일하는 과정에서 발생된 사고로 상해를 입은 것도 서러운데 징계까지 하는 것은 비인간적이며 너무 가혹할 수 있다. 징계를 해야 할 경우에는 징계의 효용성을 고려해서 신중히 결정해야 한다. 이는 관리감독자의 경우도 마찬가지다. 일반적으로 징계를 하는 목적은 잘못한 개인 또는 관계자를 벌하는 외에 다른 직원들의 안전에 대한 경각심을 일깨워 준다는 측면에서 일부 효과가 있을 수 있다. 즉 기본적인 안전 행동을 유도하거나 나쁜 습관 또는 위험한 행동을 중단시키거나 예방하기 위해서 징계는 어느 정도 필요할 때도 있다. 징계로 인해 사고를 유발한 그러한 문제 행동이 일정 기간동안 발생하지 않기 때문이다.

필자의 경우 안전사고로 인해 징계를 당해 보기도 하고 징계를 많이 상정하기도 했다. 그러나 사고에 대한 징계는 최소화하는 것이 바람직하다고 생각한다. 고과 등 업무 성과를 평가하는 회사에선 이중 처벌이 될 수 있고, 징계에는 일관성이 있어야 하는데 그 일관성을 유지하기가 쉽지 않기 때문이다. 한번 징계를 하면 모든 사고에 동일하게 적용해야 하는데 그렇게 하기가 쉽지 않고 경우에 따라서 하게 되면 일관성과 회사의 신뢰도에 악영향을 미칠 수밖에 없다.

징계를 결정할 때는 반드시 고려해야 할 사항이 있다. 첫째,

징계는 안전행동을 유도하기 위한 방편으로 사용되어야지, 처벌하는 것이 목적이 되어서는 안 된다. 징계가 가지고 있는 많은 문제점 때문이다. 징계는 부정적 감정을 유발하고 이러한 부정적 감정은 공격성을 증가시킨다. 조직 분위기를 해치거나 생산성을 저해하는 요인으로 작용할 수도 있다. 또한 긍정적인 행동을 억제할 가능성이 높다. 즉 회사의 안전활동에 소극적이거나 동료들의 참여를 부정적으로 만들게 하는 등 악영향을 미칠 수도 있다. 이런 것들이 쌓이고 반복되면 조직에 불신의 씨앗이 될 가능성이 높다.

둘째, 징계에는 일관성이 있어야 한다. 비슷한 사고가 발생했는데 어떤 사고나 사람은 징계하고 또 다른 사고나 사람은 징계하지 않거나 징계 수위가 다르게 되면 징계에 대한 근로자들의 신뢰가 떨어진다. 일관성이 있으려면 사고가 발생할 때마다 징계를 해야 하고 징계 수위도 비슷하게 해야 하는데 기업에서 그렇게 하기는 현실적으로 불가능하다. 생산이나 건설공사 과정에서 생산 여건이나 공기에 따라 때로는 불안전한 행동이나 작업을 해야 할 경우도 있기 때문이다. 징계가 일관적으로 적용되지 않으면 징계는 그 효력을 상실할 가능성이 높다. 이런 것들은 결국 회사에 대한 신뢰저하로 이어져 불평불만이 쌓이게 되고 안전에 소극적이게 하는 요인이 된다.

이런 이유로 인해 자율적인 안전을 유도하고 안전문화를 조기에 정착하기 위해서는 벌罰은 최소화하고 상賞을 많이 주어야 한다. 특히 공정하고 공평해야 한다. 우리가 바라는 진정한 안전은 자발적이고 능동적인 참여와 스스로 우러나서 실천하는 행동이 체질화되는 것이다. 따라서 선진 안전문화 정착을 위해서는 근로자들이 안전행동을 할 때 이를 증가시킬 수 있는 방안이나 프로그램을 모색해야 한다. 안전이 번거롭고 힘들고 귀찮지만 이러한 것들을 다소나마 상쇄할 수 있는 흥미, 재미, 의미, 가치 등을 느낄 수 있는 프로그램을 계획하고 실행할 필요가 있다. 이런 안전행동과 습관을 늘려 나가는 활동을 하는 과정에서 다양한 인센티브나 동기부여를 하면 효과는 배가 된다.

10 안전대책安全對策의 실행實行

弗아닐 불 爲할 위 胡어찌 호 成이룰 성
행동하지 않으면 어떤 일도 이루지 못한다

출전(出典): 서경(書經) 태갑하편(太甲下篇)

- 행동하지 않으면 아무것도 이룰 수 없다
- 아무리 좋은 계획도 생각만 하고 실행하지 않으면 아무것도 이룰 수 없다
- 아무리 잘 수립한 안전대책도 철저히 실행하지 않으면 아무 소용이 없다

불위호성弗爲胡成은 서경書經 태갑하편太甲下篇에 나오는 말로 「불려호획弗廬胡獲 弗爲胡成불위호성, 깊이 생각하지 않고 어찌 얻을 수 있으며, 행하지 않고 어찌 이룰 수 있겠는가」에서 유래되었다. '행

동하지 않으면 아무것도 이루지 못한다'는 뜻으로 어떤 일의 실천과 실행의 중요성을 역설함과 동시에 강력한 추진력을 촉구하는 의미로 사용된다.

생각만 하고 행동을 하지 않으면 아무것도 이룰 수 없다. 성공한 사람들의 특징을 살펴보면 대부분은 깊은 통찰력과 뛰어난 직관력을 구비한 것은 물론, 과감한 추진력까지 갖추고 있다. 현대그룹의 창업주인 고故 정주영 회장은 부하직원들이 새로운 일에 대해 주저하면 늘 '해봤어?'라고 했다고 한다. 정 회장은 긍정적이고 진취적이어서 '길을 모르면 길을 찾고, 길이 없으면 길을 닦아라'라고 독려하였다. 요즘 같은 어지러운 국제 정세와 경제위기 상황에서는 더욱 긍정적으로 생각하고 전력투구하여 '실행하는 정신Practise is better than precept'이 그 어느 때보다 필요한 시기가 아닌가 싶다.

사고 예방을 위한 대책은 예리한 통찰력과 체계적인 위험성 평가를 바탕으로 참신하고 창의적인 아이디어를 결집하여 신중하게 수립하고, 이렇게 수립한 안전대책은 정해진 계획에 따라 철저히 실행해야 한다. 아무리 고생해서 잘 만들어진 안전대책도 실행하지 않으면 아무 소용이 없다. 따라서 수립된 계획은 일정대로 잘 진행되고 있는지 수시로 확인하고 실행이 완료될 때까지 팔로우업follow up해야 한다.

欲 바랄 욕 速 빠를 속 不 아닐 부 達 통달할 달
너무 빨리 하고자 하면 도달하지 못한다

출전(出典): 논어(論語) 자로편(子路篇)

- 급하게 하려고 하면 도리어 이루지 못한다
- 빨리 성과를 얻고자 하면 무리하는 경우가 많고 편법을 동원하려고 할 수도 있다
- 안전대책의 실행은 현장의 상황과 잘 조율하면서 너무 급하지 않게, 너무 느리지 않게 진행해야 한다

욕속부달欲速不達은 논어論語 자로편子路篇에 나오는 말로 공자孔子의 제자 중 한 명인 자하子夏가 거보라는 고을의 지방관(태수)으로 부임하면서 공자에게 정치에 대한 조언을 구했던 대화에서 유래되었다. '어떻게 하면 백성을 잘 다스리고 정치적으로 성공할 수 있겠습니까?'라고 묻자, 공자는 '欲速則不達욕속즉부달 小勞者大功不就소로자대공불취, 일을 서두르면 일이 제대로 이루어지지 않는다. 작은 이익에 급급하면 큰 일을 이루지 못한다'고 답했다. 이 말은 결국 무리하게 서두르면 결과가 좋지 않으며, 단기 또는 중장기적으로 목표를 세우고 차근차근 진행해야만 성공할 수 있다는 의미이다. 즉 제자들에게 무엇이든지 급하게 빨리 이루려고만 하면 오히려 목표에 도달하지 못한다고 가르쳤다.

사람들은 종종 무언가를 빨리 이루고자 지나치게 서두를 경

우, 오히려 실수를 하거나 예상치 못한 결과를 맞이할 때가 있다. 어떤 일을 진행할 때 성급한 행동이나 조급함이 오히려 더 나쁜 결과를 초래할 수 있다는 경고이자, 차분하고 신중한 태도가 필요하다는 교훈이다. 욕속부달은 단순히 빠르게 일을 완료하려는 조급한 마음이 오히려 새로운 문제를 야기할 수 있다는 의미를 담고 있다. 현대를 사는 우리들의 삶의 모든 분야에서 신중한 접근이 필요하다는 통찰을 제공하고 개인이나 조직의 문제를 해결해 나갈 때 반드시 고려해야 할 중요한 덕목이다.

안전관리나 안전문화는 어느 날 갑자기, 하루아침에 이루어지는 것이 아니다. 빨리 성과를 내려고 하면 무리하게 되는 경우도 있게 되고 많은 트러블도 발생한다. 특히 급박하게 돌아가는 산업현장에서 안전대책을 잘 실행하려면 급하게 서두르지 말고 현장의 상황을 잘 살피고 서로 협의하고 조율해 나가면서 무리 없이 진행해 나가야 한다. 어느 한 가지 일만 하고 끝내는 일이 아니기 때문이다. 그러하기에 너무 급하게 해서도 안 되고 그렇다고 너무 느리게 해서도 안 된다.

居^{살 거} 易^{평범할 이} 俟^{기다릴 사} 命^{운명 명}
평범한 자리에 살면서 천명을 기다린다

출전(出典): 중용(中庸)장구(章句)

- 군자는 횡재(운, 요행)를 바라지 않는다
- 군자는 평범한 자리에서 다가오는 운명을 기다리는 사람이다
- 군자는 평소에 대비를 철저히 하여 사고를 예방하는 사람이다

거이사명居易俟命은 중용中庸의 장구章句에 나오는 말로 「君子居易俟命군자거이사명, 小人行險以徼幸소인행험이요행, 군자는 평범한 자리에 거하면서 천명을 기다리고, 소인은 위험한 곳에 가서 요행을 바란다」에서 유래되었다. 군자는 평범한 일상을 살면서 자신에게 다가오는 운명이 어떤 것이든 담담하게 기다렸다가 그 운명에 맞는 가장 최적의 인생길을 찾아내는 사람이다. 반면에 소인은 험한 곳에 가서 요행을 구하는 위태로운 삶을 사는 사람이다. 그저 가장 평범하고 일상적인 자리에 있으면서 자신에게 다가온 운명을 주시하며 최적의 삶의 방법을 찾아내는 사람이야말로 환경의 변화에 휘둘리지 않고 당당하게 인생을 살아가는 사람이라 할 것이다.

군자와 소인은 지배계층과 피지배계층을 가리키는 신분을 지칭하는 말이었다. 공자孔子는 수양을 통해 내면의 덕성과 도의를 갖춘 사람을 군자라 부르고, 신분과 지위가 높아도 도의를 저버리고 이익만을 추구하는 사람을 소인이라 불렀다.

안전관리에 있어서 군자라함은 어떤 사람을 이르는 것일까? 군자는 평소에 화근禍根에 대한 대비를 철저히 하여 위기에 대응하지만, 소인은 위기 때는 요행을 바라고 사고가 발생하면 부산을 떠는 사람이 아닐까 싶다. 아무런 노력도 대책도 없이 그저 사고가 나지 않기만을 바란다면 안전의 소인小人이라 할 수 있다. 사고 예방을 위해 해야 할 일을 다 하고, 요행을 바라지 않는 안전의 군자君子가 많은 사회가 되길 소망해 본다.

知알지 所바소 先먼저선 後뒤후
먼저 할 일과 나중에 해야 할 일을 안다

출전(出典): 대학(大學)

- 일에는 먼저 해야 할 우선순위가 있다.
- 어떤 일을 하는데 있어서 중요한 것을 알아서 먼저 챙겨야 한다
- 일하는 순서, 안전대책 실행의 우선순위, 투자 우선순위를 잘 알아야 한다

지소선후知所先後는 공자의 글 중 대학大學에 나오는 것으로 「物有本末물유본말 事有終始사유종시, 知所先後지소선후 則近道矣즉근도의, 만물에는 본말本末이 있고, 일에는 시종始終이 있으니, 먼저 할 일과 나중에 할 일을 가릴 줄 알면 도에 가까우니라」에서 유래되었다. 세상의 모든 일에는 앞과 뒤가 있고 순서가 있는데 이것을 지키지 않으면 일이 정상적으로 이루어지기가 어렵다. 개인적인 일이든 직장 일이든 항상 고민하는 것 중 하나가 과연 어떤 것을 먼저하고 어떤 것을 나중에 할 것인지를 결정하는 것이다.

일의 선후를 잘 판단하고 실천에 옮기는 것은 인생을 살아가는 데 있어서나 일을 하는 데 있어서 매우 중요한 문제이다. 지소선후, 즉 먼저 할 것과 나중에 해야 할 것을 정확히 알아야 한다. 선후를 모르고 본말이 전도된 요즘 세상에 절실하게 필요한 생각이 일의 선후와 인생의 본말을 아는 것이 아닐까? 잘못을 알았을 때 해야 할 모든 일의 첫 순서는 무엇이 잘못되었는지 왜 잘못되었는지를 정확히 파악하고 분석하는 것이다. 원인을 명확히 파악해야 그에 맞는 최적의 대책을 수립할 것이고 그렇게 수립된 대책은 철저히 실행에 옮기면 된다. 안전사고가 발생했다면 어떻게, 왜 발생했는지 그 근본원인을 정확히 찾아내는 것이 첫 번째 순서이다. 그런 다음 근본원인을 제거할 수 있는 방법을 모색해야 한다.

일이 어려울 때는 일을 잘게 나누고 작은 성과부터 차곡차곡

쌓아 큰 힘을 만들어 나가야 하는 것이 바로 일의 순서다. 일을 할 때 가장 1순위가 되는 업무는 긴급하면서도 중요한 업무다. 그다음이 중요하지만 바로 대응을 하지 않아도 되는 업무이고 긴급하지만 중요하지 않은 업무이며 가장 후순위가 되는 것이 긴급하지도 중요하지도 않은 업무다. 안전의 시작은 위험을 보는 눈, 즉 위험성 평가부터 시작된다. 위험성을 평가해서 사고발생의 빈도와 중요도로 위험의 수준과 위험순위를 결정한다. 위험순위에 따라 사고 예방대책을 수립하고 실행의 우선순위도 중요도에 따라 결정한다. 위험성평가 결과나 투자의 우선순위 등의 안전과 관련된 의사결정 과정도 철저히 지소선후에 따라 이루어지도록 해야 한다.

일(업무진행)의 우선순위

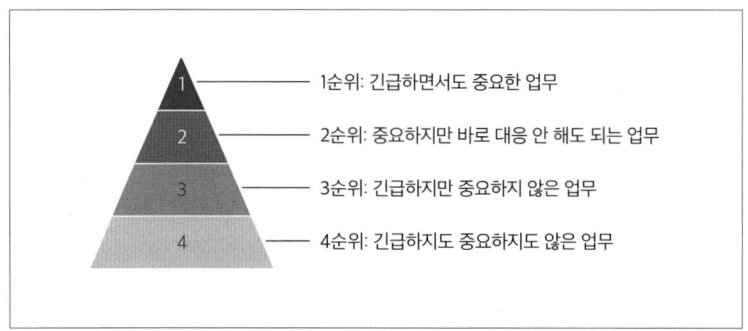

11 계층階層별 역할役割과 자세姿勢

終끝날종 身몸신 之갈지 憂근심우
평생토록 잊지 말아야 할 리더의 근심

출전(出典): 맹자(孟子) 이루편(離婁篇)

- 내 몸 다할 때까지(종신토록) 잊지 말아야 할 숙명 같은 리더(지도자)로서의 걱정거리
- 군자는 평생토록 세상을 걱정한다
- 최고경영자, 임원, 관리감독자 및 안전관리자는 직원들이 어떻게 하면 더 안전하게 일할 수 있을지를 항상 고민하고 걱정해야 한다

종신지우終身之憂는 맹자孟子 이루편離婁篇에 나오는 「是故君子有終身之憂시고군자유종신지우 無一朝之患也무일조지환야 乃若所憂則有之내약소우즉유지, 그렇기 때문에 군자에게 평생의 근심은 있어도 하루 아침에 왔다 사라지는 걱정거리는 없다」에서 유래되었다. '내 몸 다할 때까지 잊지 말아야 할 숙명 같은 지도자의 근심'이라는 의미이다. 이렇듯 종신지우는 국가 지도자나 조직의 리더들이 돈과 명예, 권력이나 지위 같은 개인의 영달을 위한 근심이 아니라 국민이나 조직 구성원들을 위해 봉사하고 혼신을 다하는 근심을 말한다.

국가나 조직의 리더가 숙명처럼 가지고 가야 하는 근심(걱정)의식에 대하여 맹자는 종신지우라고 표현했다. 국가 지도자와 정치를 하는 사람들이 국민과 사회를 걱정하면서 내가 할 일이 과연 무엇인지를 고민하는 자세다. 이 말은 이후 동양 역사를 통하여 2천 년 이상 지도자들의 사명감으로 여겨져 왔다. 우禹 임금이 치수사업을 벌이며 7년 동안 세 번이나 자신의 집 앞을 지나면서 한 번도 집에 들르지 않았다는 이야기는 오랜 세월을 두고 잊어서는 안 될 공직자의 자세로 인식되고 회자되어 왔다. 요즘 시대의 표현을 빌리자면 유교의 노블레스 오블리주Noblesse Oblige에 해당하는 말이 아닐까 싶다.

옛말에 '걱정 없는 사람은 없다'고 했듯이 현대를 살아가는 우리는 다양한 근심과 걱정을 안고 산다. 특히 기업을 경영하는 최고경영자나 임원 및 관리감독자의 역할은 기업의 성장과 발전에 매우 중요하다. 기업의 성과뿐만 아니라 안전관리의 성패 또한 이들에게 달려있다고 해도 과언이 아니다. 최고경영자는 '작업자들의 생명을 담보로 하는 이윤 추구나 효율성은 안 된다'는 기업윤리나 경영철학을 가져야 한다. 임원은 위험의 생산자가 안전에 책임을 지는 것은 당연하다는 생각을 가지고, 자신이 맡고 있는 일터에서 부하사원을 보호하지 못하고 다치게 하는 것이 경영자의 가장 큰 잘못이자 부끄러움이라고 생각해야 한다. 200년 기업이자 안전의 대명사라고 불리는 듀폰의 설립자 엘뢰테르 이레네 듀폰E.I Dupont은 '경영자가 사고 예방의 책임이 있다Management is responsible and accountable for preventing injuries'고 했다.

관리감독자는 현장 공정이나 설비의 특성, 운영 메커니즘 같은 것을 가장 잘 알고 있고, 작업내용이나 방법 및 작업환경도 가장 많이 알고 있으며, 작업자들의 개인별 작업능력이나 개인별 특성도 가장 잘 알고 있는 사람이다. 이렇게 폭넓은 지식이나 경험을 갖고 있으면서 작업자들과 가장 가까운 위치에서 일하고 있기 때문에 이들의 불안전한 상태나 행동에 대해서도 즉각적인 제어가 가능하다. 이런 이유로 관리감독자는 안전의 키맨Key Man 이자, 안전의 성패를 좌우하는 사람이라고 한다. 이렇듯 최고경영자와 임원 및 관리감독자가 작업자들의 생명과 안전에 대해 종신지우의 마음으로 임한다면 건강하고 안전한 일터는 잘 만들어질 수 있다.

기업의 안전을 좌우한다 — 최고경영자 CEO

기업에서 안전은 어떻게 결정될까? 1차적으로 기업의 경영이념이나 경영방침, 즉 핵심가치에 직원과 고객의 안전이 포함되어 있는지의 여부로 결정된다. 그리고 이것은 최고경영자의 안전에 대한 경영철학과 확고한 의지에 의해 좌우된다. 최고 경영자가 안전에 무관심하거나 소극적인 기업에 안전을 중시하고 우선시하는 문화가 자리잡을 수 있을까? 생각할 수 없는 일이다. 최고경영자의 안전에 대한 의지와 철학은 해당 회사의 안전업무를 하는 사람뿐만 아니라 경영진, 관리감독자 등 모든 임직원들이 다 알고 있다. 기업의 임직원들은 최고경영자가 중시하고 관심을 보이는 순서대로 업무를 한다. 이것은 기업이나 모든 조직의 생리다. 최고경영자가 진심으로 안전을 챙기고 독려한다면 휘하의 사업부장이나 임원 및 관리자들이 어떻게 안전을 솔선수범해서 챙기지 않을 수 있겠는가?

그렇다면 기업의 최고경영자는 안전에 대해 어떤 생각과 철학을 갖추어야 할까? 기업의 목적이 이익 창출이고 이를 위해 효율성이 필요하며 조직의 목표를 달성하는 게 아무리 중요해도 직원들의 생명을 담보로 한 이익 추구나 효율성은 안 된다는 기업윤리와 경영윤리의 철학이 우선되어야 한다. 이윤과 비용을 떠나 근로자의 생명과 직결되는 안전만큼은 최고경영자가 직접 책임지고 신경을 써야 한다. 자기 회사에서 일하는 근로자를 보호하지 못하고 다치게 하는 것이 회사의 가장 큰 잘못이고 부끄러움이라는 것을 아는 기업과 최고경영자가 많아져야 우리 산업 사회의 안전이 확보되고, 경제가 지속적으로 성장할 수 있다. 대부분의 기업에서는 근로자를 「가족」이라고 한다. 말로만 근로자를 가족이라고 할 게 아니라 가족의 안전을 온전히 챙겨주고 지켜주는 것이야말로 가족에 대한 기업의 책임이다. 기업이 적극적으로 나서고 최고경영자가 앞장서야 해결할 수 있는 문제다. 따라서 기업에서의 안전관리 성패는 최고경영자의 용기와 결단에 달려있다.

2019년 미국의 대기업 최고경영자 181명이 「더 나은 세상을 만들어 나가는 데 기여하는 것이 기업의 올바른 길」이라는 취지의 선언문을 냈다. 우리나라의 최고경영자에게도 시사하는 바가 크다. 주주뿐 아니라 근로자와 소비자, 지역사회, 협력업체 등 기업을 둘러싼 여러 이해 관계자들의 이익을 함께 추구해 나가는 데, 기업운영의 목적을 둬야 한다는 것이다. 생명을 존중하지 않는 기업에는 미래가 없다. 듀폰의 설립자 E.I. Du Pont은 「만약 우리가 안전하게 비즈니스를 할 수 없다면, 우리는 그런 사업은 하지 않을 것이다 If we can't do it safely, we won't do it at all」라고 했다. 기업의 최고경영자들이 한번 음미해 볼 말이다. 삼성그룹의 고 이건희 회장도 '안전에 대한 투자와 비용 때문에 이익을 낼 수 없다면 그런 사업은 접으라'고 했다.

최고경영자는 「안전은 투자」라는 인식도 가져야 한다. 안전을 비용이나 규제로 인식할 것이 아니라 미래 세대와 기업의 성장을 위한 당연하고 긴급한 투자라는 인식의 전환이 안전문화 정착의 필요충분조건이라는 생각을 해야 할 필요가 있다. 이제는 안전이 담보되지 않는 기업 발전은 사상누각에 불과해지는 시대를 맞고 있다. 사회적 물의를 일으키는 기업의 사고나 대형 재난은 심각한 인명피해는 물론이고 막대한 경제적 손실을 초래한다. 그뿐만 아니라 언론에 집중 조명되면서 안전관리 소홀에 대한 국민적 지탄을 받아 기업 이미지에 큰 타격을 입는 등 막대한 유·무형의 손실도 발생한다. 또한 중대재해처벌법의 시행으로 민·형사상의 책임은 물론이고 제품의 불매운동까지 이어져 기업 패망의 길로 들어서게 하는 단초가 되기도 한다.

사익私益 추구는 사람들로 하여금 행동하게 만드는 힘을 가진다. 화학물질 누출사고나 화재폭발 사고 등 지역 주민에 큰 피해를 줄 가능성이 있는 공장에서의 사고 예방활동은 공익公益에 해당된다. 때문에 그 방법이 공익을 위해 사익을 다소 제한하게 할지라도 위험의 생산자가 안전에 실질적인 책임을 지도록 하는 것은 당연하다. 이런 의미에서 안전은 공익의 대표적인 요소이기도 하다. 이렇듯 안전을 위한 투자는 손해가 아니라 막대한 손실을 예방할 수 있는 잠재적 이익창출 행위다. 안전을 최우선의 핵심 가치로 삼으면서도 100년 넘게 사업을 성공적으로 이어 나가는 세계적인 기업이 많이 있는 것을 보면 안전 투자가 사익의 중요한 요소가 되고 있음을 보여준다.

안전의 컨트롤 타워 — 경영자(임원)

기업에서 안전의 최종 책임자는 최고경영자이다. 최고경영자가 경영윤리를 바탕으로 안전이 경영의 핵심가치가 되게 할 책임을 갖고 있다면 경영자(임원)들은 안전의 전략을 수립하고 실행하는 컨트롤 타워가 되어야 한다. 최고경영자가 아무리 안전을 강조해도 경영자들이 이를 체계적이고 지속적으로 뒷받침할 전략과 실행력을 갖추지 못하고 있다면 말로만 하는 안전밖에 될 수 없다.

우리나라의 많은 기업 경영자들은 안전의 중요성을 잘 알고 있다. 그리고 안전이 제일이고 중요하다고 말한다. 그러나 실제 안전에 시간을 투자하고 경영자로서 해야 일이 무엇인지 명확히 알고 실천하는 사람들은 많지 않은 것 같다. 사고가 발생할 때는 바짝 신경 쓰고 관심을 보이다가도 시간이 조금 지나고 나면 생산과 품질에는 관심을 갖고 구체적으로 업무 지시를 하면서 챙기지만, 안전에 대해서는 특별한 문제가 생기지 않으면 별다른 관심을 보이지 않는 습성을 갖고 있다.

해외 안전 선진기업에서 현장을 담당하는 부서의 관리감독자들은 적어도 전체 업무 중 30%는 안전관리 업무를 수행한다. 이것은 경영자도 마찬가지다. 그렇다면 경영자의 안전관리 역할과 업무는 무엇일까? 첫째, 경영자는 안전에 관한 명확한 철학을 바탕으로 관할 부서장이나 관리감독자와 근로자들에게 안전 최우선의 자세를 실천으로 보여야 한다. 말과 실천이 다르면 안 된다. 안전에 있어 경영자의 솔선수범은 실천하는 것까지를 의미한다. 무엇보다 안전이 우선이고 만일 안전 조치로 인해 생산이나 공기 및 품질이 일부 희생되더라도 기꺼이 수용하는 확고한 의지와 신념을 모든 직원들이 알게 해야 한다.

둘째, 관할하고 있는 부문의 안전관리상의 문제점(사고가 발생하는 원인)이 무엇인지 명확히 파악하고 개선해야 한다. 위험이 발생하는 원인이 공정이나 설비 등 기술적인 문제인지, 교육이나 제도 등 관리상의 문제인지, 근무환경이나 작업조건 등 구조적인 문제인지를 명확히 파악하고 이에 따른 대책을 수립하여 개선해야 한다. 우문현답愚問賢答이라는 사자성어는 원래 「어리석은 질문을 받고 현명하게 답한다」는 의미지만, 산업 현장에서는 「우리의 문제는 현장에 답이 있다」는 뜻으로 사용된다. 모든 안전상의 문제는 현장에서 이뤄지고 있고 그 해법도 현장에서 찾아야 하듯이 경영자는 철저히 현장 중심으로 현장에서 직접 보고, 듣고, 판단해서 안전에 관한 제반 문제의 답을 찾아야 한다. 이를 위해 안전계획과 개선현황을 점검하고 안전과 관련한 모든 문제와 발전방향을 토론하는 안전회의체를 적어도 월 1회 이상은 주관해야 한다.

셋째, 안전 업무는 「결과outcome중심」이 아닌 「과정process중심」으로 관리해야 한다.

넷째, 관리감독자가 안전관리를 잘 수행하고 있는지 지휘 감독하고 부족한 점이 있으면 지도하고 지원도 해야 한다. 관리감독자가 생산 및 품질관리를 철저히 챙기듯 안전교육 및 점검을 효과적으로 잘하고 있는지, 위험요인에 대한 관리는 잘하고 있는지 등 관련 자료를 검토하고 현장에서 수시로 확인해야 한다. 안전교육도 직접 참관해 봐야 안전교육이 효과적으로 진행되고 있는지도 알 수 있다. 안전관련 전문지식을 갖춘 엔지니어도 육성해야 안전관리 수준을 향상시킬 수 있다. 또한 안전관리 수행과정의 문제점이나 고충 등을 여과 없이 듣고 해결해 주려는 보다 적극적인 자세가 필요하다. 경영자가 안전에 대한 관심을 보이지 않게 되면 관리감독자나 근로자들의 안전의식과 관심도는 서서히 저하된다. 따라서 의도적으로라도 잊을 만하면 안전의 중요성을 강조하고 점검확인하여 경영자가 항상 안전을 챙기고 있다는 인식을 갖도록 하는 등 안전에 대한 경각심을 높여 주어야 한다.

사업장 안전의 키 맨Key Man—관리감독자

일반적으로 사업장의 관리감독자를 안전의 키-맨이라고 한다. 현장의 안전관리에 있어 관리감독자의 역할이 그만큼 크고 매우 중요하다는 의미이다. 사고 예방의 키를 쥐고 있고 안전관리의 성패를 좌우하는 핵심 요소가 바로 관리감독자다. 관리감독자는 현장의 공정이나 설비의 특성 등 현장 운영의 메커니즘을 가장 많이 알고 있고 최일선에서 항상 근로자들과 함께하기 때문에 작업내용이나 방법 및 환경에 대한 폭넓은 경험과 지식을 갖고 있다. 또한 근로자들의 작업능력은 물론 성품이나 습관 등 개인별 특성까지도 가장 잘 아는 사람이다. 게다가 근로자와 함께 일을 하기 때문에 근로자의 불안전한 행동을 즉각 제어할 수도 있다.

그뿐만 아니라 그동안 시행착오를 거치며 발전해 온 작업표준에 대해서도 그 이력을 가장 많이 알고 있고 과거에 발생했던 앗차사고나 재해사례 등도 훤히 잘 알고 있다. 이렇듯 관리감독자는 현장에서 작업이 이루어지는 공정과 설비 및 근로자들에 대한 정보와 지식 그리고 경험이 가장 많은 사람이다. 이런 이유로 관리감독자를 안전관리의 성패를 좌우할 핵심 리더라고 부르는 것이다. 사업장 안전관리의 중심에 바로 관리감독자가 있다.

안전관리는 먼 옛날 원시 수렵사회와 농경사회부터 작업(노동)을 하는 과정에서 숙명처럼 수반되는 위험을 컨트롤하는 수단으로 진화되어 왔다. 문헌상 안전관리의 시초는 고대 바빌로니아 제6대 왕인 함무라비왕(재위 BC 1792년~BC 1750년)이 집필한 함무라비 Hammurabi 법전에 나오는 기록에서 확인된다. 인류 역사상 두 번째로 오래된 성문법이면서 「눈에는 눈, 이에는 이」라는 동해보복법으로도 유명한 함무라비 법전에는 총 282개의 판결문이 실려 있다. 그 가운데 작업을 잘못했을 때는 작업 감독자를 처벌하는 규정도 있다. 작업을 하는 중 사고가 났을 때는 분명히 안전책임을 물어야 한다는 장면이 나온다. 바로 이것이 산업안전관리의 첫 번째 기록 사례다. 탈리오 법칙(피해자가 입은 피해와 같은 정도의 손해를 가해자에게 가한다는 보복의 법칙)이 적용되는 시대였던 만큼 그 징벌이 가볍게 끝나지 않았을 것이다. 이처럼 세계 역사적으로도 일찍부터 관리감독자에 대한 안전상의 책임이 부여되어 있었던 것이다.

이것은 오늘날 현대 산업 사회까지 이어져 내려오고 있다. 예로부터 산업 현장에서의 관리감독자 역할이 그만큼 크다는 의미일 것이다. 산업안전보건법상의 관리감독자는 「경영조직에서 생산과 관련되는 업무와 그 소속 직원을 직접 지휘·감독하는 부서의 장 또는 그 직위를 담당하는 자」라고 정의하고 있다. 다시 말해 생산라인이나 공사 및 서비스 등 관련 산업의 지휘체계에 있는 사람을 관리감독자라 하고 생산활동 과정에서 발생할 수 있는 위험에 대한 안전상의 책임과 역할을 부여하고 있는 것이다. 이런 점을 감안해 기업의 최고경영자와 경영진은 관리감독자에게 직무와 관련된 안전보건에 관한 업무를 제대로 수행할 수 있도록 적극 지원해야 한다.

필자가 입사 초기 안전을 시작할 때만 해도 산업안전보건법의 안전보건관리 체제에 관리감독자의 역할이 명시되어 있지 않아 생산을 담당하는 관리감독자들이 생산과 안전을 따로 분리해서 생각하는 경향이 심했다. 안전을 생산활동에 수반되는 기본 관리로 인식하지 않고 부가적인 업무쯤으로 생각해서 이를 이해시키고 설득하는 데 많은 어려움이 있었다. 그때 많이 얘기했던 것이 바로 「생산과 안전은 표리부동表裏不同한 것이 아니라 일심동체一心同體」 관계라는 것이다.

안정된 상태에서 안전하게 작업을 한다는 것은 항상 올바른 방법으로 작업을 한다는 것을 의미하기 때문에 작업의 실수가 없어지고, 이는 안전 측면뿐만 아니라 생산과 품질 측면에서도 크게 기여를 하게 된다. 궁극적으로 품질이 향상되어 불량이 줄어들고 생산성 향상에도 큰 도움이 된다. 평소 관리감독자가 안전에 대한 관심을 보이지 않거나 생산과 품질만 강조하게 되면 근로자들은 당연히 생산과 품질 위주로 업무를 챙기게 되고 안전은 소홀히 할 수밖에 없다. 이렇게 되면 안전의식은 서서히 저하되어 위험한 상황이 방치되고 결국 재해로 이어진다. 관리감독자의 안전 리더십과 안전의식이 절대적으로 필요한 이유다.

2014년 고용노동부에서 연구 용역을 통해 관리감독자의 안전리더십과 안전의식이 근로자의 안전행동에 미치는 효과를 분석한 자료가 있다. 그 결과는 사업장 안전관리에 있어 관리감독자의 역할이 얼마나 중요한지를 잘 보여준다. 근로자의 성별, 연령, 교육수준, 근속연수, 근로시간 그리고 회사의 규모 등은 회사의 안전문화에 미치는 영향이 미미한 수준이라고 나왔다. 반면 관리감독자의 안전리더십과 안전의식이 높을수록 회사 전체의 안전문화가 높아지며 안전문화가 높을수록 근로자가 작업장에서 안전 행동을 잘 준수하는 것으로 나타났다. 결국 사업장의 안전사고 발생을 줄이기 위해서는 근로자의 안전행동을 늘려 나가야 하며 근로자의 안전행동을 늘리려면 이들에게 가장 큰 영향을 미치는 관리감독자의 안전리더십과 안전의식의 확립이 필요하다. 다시 말해서 관리감독자의 안전 역할은 사업장 안전관리에 절대적인 영향을 미치는 가장 중요한 요소다.

不言之教 (아닐 불 · 말씀 언 · 갈 지 · 가르칠 교)
말로 하지 않는 가르침을 수행한다

출전(出典): 노자(老子) 도덕경(道德經)

- 말이 없는 가운데의 가르침(말하지 않는 가르침)
- 묵묵히 행동으로 실천하며 가르침을 주는 경영자와 관리감독자가 최고의 교육자다
- 관리감독자는 솔선수범의 자세로 현장관리의 모범이 되어야 한다

불언지교不言之教는 노자老子 도덕경道德經에서 유래된 말로 '말로 하지 않는 가르침'이란 뜻이다. 훌륭한 가르침은 불언의 가르침이어야 한다는 것이다. 이는 말로 알게 해주는 것이 아니라 직접 느끼고 직접 자기만의 방식을 찾도록 하게 하는 것이다. 행동과 태도를 통해 가르침을 전달하는 것이 말보다 효과적이라는 철학적

인 가르침을 담고 있다. 말없이도 교훈을 주고 배우게 하는 최상의 교육방법을 의미하는 것으로 교육의 본질을 이해하고 교육방법을 더욱 깊이 있는 방식으로 발전시키는 데 중요한 통찰을 제공한다.

아이들은 어른의 뒷모습을 보고 자라며 배운다는 말이 있다. 백 번, 천 번 잔소리를 하는 것보다 한 번 보고 느끼게 행동으로 보여주는 것이 더 효과적이라는 말이다. 소파에 드러누워 텔레비전을 보면서 아이들한테는 공부하라고 잔소리하며 다그치면 아이들은 어떤 생각을 하면서 받아들일까? 사람은 말보다 행동을 통해 더 많이 배운다. 말없이 가르치는 것은 행동과 예시를 통해 교훈을 전달하는 것을 의미한다. 교사가 말로만 설명하기보다는 자신의 행동으로 학생들에게 올바른 예를 보이는 것이 더 효과적일 수 있다. 예를 들어 정직함을 가르치려는 교사는 스스로 정직하게 행동함으로써 학생들에게 더 깊은 인상을 남기며 실질적인 교훈을 제공한다. 까치는 새끼들에게 나는 법을 일일이 가르쳐주지 않는다고 한다. 어떻게 나는지를 행동으로 보여줄 뿐이다. 새끼는 어미가 나는 것을 보고 따라 날면서 먹이를 잡고 포식자로부터 도망치는 법도 배운다.

춘추전국시대 노魯나라 대장군이었던 오기吳起는 손자병법과 함께 중국의 양대 병법서로 꼽히는 오자병법吳子兵法을 저술했다. 그는 모든 전투에서 일반 병사와 똑같이 먹고, 똑같이 입고, 똑같이 잠을 자면서 고락을 함께했으며 병사들을 자기 몸 이상으로 아끼고 사랑한 장수로 유명하다. 병든 사병이 생기면 직접 찾아가 어루만져 주고, 전투가 끝나면 병사들의 상처를 직접 싸매주었다. 전사자의 가족에게는 사람을 따로 보내 위로하고 보상하는 것을 잊지 않았다. 한번은 어떤 병사가 심한 종기로 고생하는 것을 보고는 직접 입으로 고름을 빨아 낫게 한 적도 있었다. 여기서 유래된 고사성어가 연저지인(吮疽之仁, 종기를 빨아주는 사랑)이다. 병사를 사랑하는 장군의 어진 마음이란 의미이다. 이런 장수 밑에 있는 병사들이라면 전쟁에 나가서 목숨 걸고 물러서지 않고 싸울 것이다. 이상적인 리더는 자신의 행동에 책임을 지고 부하들이 믿고 따를 수 있도록 길을 열어주는 사람이다. 백 번, 천 번 "나를 따르라"라고 외쳐봤자, 믿음과 신뢰가 없다면 전장에서 희생자만 늘어날 뿐이다.

관리감독자는 솔선수범의 자세로 현장관리의 모범이 되어야 한다. 말로만 얘기하는 것보다 어렵고 힘든 일에 먼저 앞장서서 모범을 보이면 직원들은 기꺼이 따라온다. 만약 안전보호구를 착용해야 하는 장소에 신입사원이 들어왔다고 했을 때 관리감독자나 선배들이 안전보호구를 착용하지 않는다면 신입사원이 그대로 따라 하지 않겠는가? 관리감독자나 선배들은 착용하지 않으면서 신입사원에게 안전보호구를 착용하라고 교육한다면 그런 것이 올바른 교육일까? 안전보호구 착용이나 안전한 작업습관 등 현장의 안전분위기를 조성하고 안전문화를 정착해 나가는 일은 관리감독자의 불언지교에서 시작된다는 것을 잊어서는 안 되겠다.

老^{늙을 노} 馬^{말 마} 之^{갈 지} 智^{지혜로울 지}
경험이 풍부한 사람이 갖춘 지혜

출전(出典): 한비자(韓非子) 세림(說林) 상편(上篇)

- 늙은 말의 지혜
- 아무리 하찮은 것일지라도 저마다 장기나 장점을 지니고 있음을 이르는 말
- 지식과 경험을 풍부하게 갖춘 관리감독자나 근무 경력이 오래된 선배의 안전에 대한 지혜와 경험을 배워야 한다

노마지지老馬之智는 한비韓非가 쓴 한비자韓非子 세림說林 상편上篇에 나오는 말로 「관중의 총명과 습붕의 지혜로도 모르는 것은 늙은 말과 개미를 스승으로 삼아 배웠다. 그러나 그것을 수치로 여기지 않았다. 그런데 오늘날 사람들은 자신이 어리석음에도 성현의 지혜를 스승으로 삼아 배우려 하지 않는다. 이것은 잘못된 일이 아닌가?」에서 유래되었다. 즉 '경험을 쌓은 사람의 지혜'라는 뜻이다. 아무리 하찮은 사람이라도 그 나름대로의 재주나 슬기를 가지고 있다. 평소에는 별 볼 일 없어 보여도 위기가 닥치거나 위급한 상황에서는 오래된 경험이나 지혜가 도움이 된다는 의미이다.

춘추시대 오패五覇의 한 사람이었던 제齊나라 환공桓公 때의 일이다. 어느 해 봄, 환공은 명재상 관중管仲과 대부大夫 습붕隰朋을 대동하고 고죽국孤竹國을 정벌하였다. 그런데 전쟁이 의외로 길어지는 바람에 그해 겨울에야 끝이 났다. 그래서 혹한 속에 지름길을 찾아 귀국하다가 그만 길을 잃고 말았다. 전군全軍이 진퇴양난에 빠져 떨고 있을 때 관중이 말하였다. 「이런 때 늙은 말의 지혜가 필요하다老馬之智可用也, 노마지지가용야며, 즉시 늙은 말 한 마리를 풀어 놓았다. 그리고 전군이 그 뒤를 따라 행군한 지 얼마 안 되어 큰 길이 나타났다乃放老馬而隨之 遂得道行, 내방노마이수지 수득도행」

또 한 번은 산길을 행군하다가 식수가 떨어져 전군이 갈증에 시달렸다. 그러자 이번에는 습붕이 말하였다. '개미란 원래 여름엔 산 북쪽에 집을 짓지만, 겨울엔 산 남쪽 양지바른 곳에 집을 짓고 산다. 흙이 한 치寸쯤 쌓인 개미집이 있으면 그 땅속 일곱 자쯤 되는 곳에 물이 있는 법이다' 군사들이 산을 뒤져 개미집을 찾은 다음 그곳을 파 내려가자, 샘물이 솟아났다.

노마지지는 안전관리에 있어서도 정말 중요한 의미를 가진다. 현장의 경험이 많은 직원은 설비의 고장이나 불량의 원인, 작업을 저해하는 요인과 같은 생산과정의 문제뿐만 아니라 과거에 발생했던 사고나 앗차사고, 사고가 발생하는 원인 등 많은 정보와 노하우를 가지고 있다. 사고의 예방을 위해서는 이렇게 경험이 많은 현장 작업자의 의견을 많이 들어서 안전관리에 반영해야 한다. 작업표준절차SOP를 제정하고 개정할 때에도 현장의 경험과 노하우 및 그동안의 안전사고와 같은 수많은 시행착오 등을 충분히 듣고 반영해야 한다. 또한 안전과 관련한 문제가 잘 안 풀리거나 해결책이 잘 보이지 않을 때에도 노마지지의 경험과 지혜를 들어보는 것이 필요하다.

愼 삼가할 신 獨 홀로 독
혼자 있을 때 더욱 신중하고 조심한다

출전(出典): 대학(大學) 성의편(誠意篇), 중용(中庸)

- 혼자 있을 때에도 도리에 어그러짐이 없이 몸가짐을 바로 하고 언행을 삼간다
- 자신에게 떳떳하고 진실하다면 무슨 일에서든 최고의 결과가 나온다
- 안전기준이나 안전절차는 누가 보든, 안보든 자신의 안전을 위해 반드시 지켜야 한다

신독愼獨은 대학大學 성의편誠意篇과 중용中庸에 나오는 말로 '혼자 있을 때도 삼가고 조심한다'는 뜻이다. 홀로 있을 때 도리에 어긋남이 없도록 몸가짐을 가지런히 하고 언행을 삼가야 한다는 의미로 '君子必愼其獨也군자필신기독야, 그러므로 군자는 반드시 그 자신이 홀로 있을 때 삼가야 한다'에서 유래되었다.

중용中庸에서의 신독은 '도가 잠시라도 나에게서 떠나 있으면 도가 아니다. 그러므로 군자는 누가 보지 않더라도 경계하고 삼가며 그 누구가 듣지 않더라도 두려워하고 염려한다'라고 했다. '莫顯乎隱막현호은 莫顯乎微막현호미 故君子愼其獨也고군자신기독야, 숨어있는 곳에서 보다 자신의 모습이 더 잘 드러나는 것이 없고, 은미隱微한 데서 보다 자신이 드러나 보이는 것이 없다. 그러므로 군자는 혼자 있을 때 더욱 삼가서 자신의 마음을 다스려야 한다'에서 유래되었다.

이처럼 신독은 남이 보지 않을 때 나 자신을 속이지 않는 것으로 인생을 살면서 실천하기 어려운 일이 아닐 수 없다. 남들이 보는 앞에서 잘하는 사람도 남들이 안 볼 때는 나태해지고 해이해지기 쉽다. 남들이 보지 않는 곳에서 더욱 잘 처신해야 한다. 퇴계退溪 이황李滉과 백범白凡 김구金九 선생의 좌우명도 신독이었다고 한다. 누가 보든, 안보든 신중히 행동할 것을 수신修身의 기본자세로 여겨 자신을 절제하고 흐트러질 때마다 신독의 자세로 바로잡고자 하였을 것이다.

산업현장에서 근로자들이 일을 할 때에도 신독의 자세로 작업을 한다면 사고의 위험으로부터 자유로워질 수 있다. 안전기준이나 안전작업절차 같은 것은 남들이 보든, 보지 않든 자신의 안전을 위해 자신에게 떳떳하고 당당하게 잘 지켜 나가야 한다. 관리감독자가 지켜보고 있을 때는 안전기준을 잘 지키면서 작업하다 자리에 없을 때는 지키지 않으며 작업하는 상황은 의식적인 불안전 단계로 안전문화 수준이 매우 낮은 상태이다.

나의 안전은 내가 지킨다

노동은 인간의 생존을 위한 필수 요건이다. 일하지 않으면 먹고 살 수 없으니 일을 하는 것은 당연하다. 일을 통해 개인적으로는 경제적 대가를 받아 생계를 유지하고 능력을 발휘하기도 한다. 자아를 실현할 수 있고 성취감과 보람도 얻을 수 있다. 내가 하는 일은 개인적 차원뿐만 아니라 사회적 차원에서도 중요한 의미가 있다. 한 사회의 구성원으로서 각자의 일을 성실히 수행하면 다른 구성원에게 도움을 줄 수 있고 건전한 사회의 유지와 발전에도 이바지할 수 있다. 즉 내가 하는 일이 사회적으로는 공동체 구성원으로서의 충실한 역할 수행은 물론이고 다른 사람들과의 사회적 관계를 형성한다.

그러나 먼 옛날부터 이러한 노동을 수행하는 과정에는 항상 위험이 수반되어 왔다. 그로 인해 작업을 하는 과정에서 다치고 심지어는 목숨까지 잃기도 한다. 일을 하는 목적과 배치되는 불행한 결과를 초래하는 것이다. 그렇다면 이러한 사고를 예방하기 위해 근로자가 해야 할 일은 무엇일까? 산업안전보건법 제25조에는 「근로자의 준수사항」을 명시하고 있는데 다음과 같다. 「근로자는 사업주가 시행하는 위험 예방과 건강장해를 예방하기 위한 필요한 조치를 지켜야 하고 허가대상 유해물질을 제조하거나 사용할 때는 안전 기준에 적합한 작업방법으로 작업해야 한다」 즉 회사에서 실시하는 안전보건상의 조치를 잘 준수해야 한다.

우리 삶에서 안전은 정말 중요하다. 누구에게나 가장 소중하고 귀한 것은 바로 자신의 목숨, 즉 하나뿐인 생명이다. 안전은 생명과 생존의 문제이다. 또한 나 혼자만이 아닌 가족의 문제이자 일상생활의 문제이다. 인간으로서의 생명이 유지되고 삶을 영위할 수 있어야 그다음에 필요한 것과 소중한 것이 생기는 것이다. 여기에 안전관리의 존귀함이 담겨있다.

에이브러햄 매슬로$^{Abraham\ Maslow}$도 인간의 욕구단계 이론(1943년)에서 안전의 욕구를 생리적욕구 다음 단계로 정의했다. 근로자 개개인의 이 소중하고 귀중한 생명을 누가 지켜야 할까? 당연히 내 안전은 내가 지켜야 한다. 그렇다면 어떻게 하면 될까? 안전해지고 싶다면 먼저 안전에 대한 올바른 이해가 필요하다. 세상엔 공짜가 없듯이 「안전은 공짜로 얻어지지 않는다」는 사실을 명심해야 한다. 시간과 노력을 들여야 안전을 보장받을 수 있다는 것을 잊지 말고 안전해지기 위한 노력을 시작하자.

「나의 안전은 내가 지킨다」는 확고한 의지와 신념을 가져야 한다. 내가 직업을 갖고 일을 하는 이유는 궁극적으로 행복한 삶을 영위하기 위함인데 그 수단인 일을 하는 과정에서 사고가 발생하면 모든 것이 수포로 돌아가고 만다. 일터에서 안전하게 일하고 건강하게 다시 가정으로 돌아가서 행복하게 사는 게 인생에서 가장 중요한 만큼 우리 모두는 자신의 안전에 책임을 져야 한다. 단순히 성과를 내는 게 중요한 게 아니라 안전하게 일해 성과를 내는 게 더 중요하다는 확고한 인식을 가져야 한다.

내가 사고로 다치거나 목숨을 잃게 되면 내 자신의 인생이 송두리째 끝나버릴 뿐만 아니라 사랑하는 부모 형제나 자녀와 배우자 등 생계를 의지하고 있는 가정에도 평생 지울 수 없는 큰 불행이자 고통을 안기는 일이 된다. 그렇기 때문에 작업을 시작할 때부터 끝날 때까지 안전의 소중함을 한순간도 잊어서는 안 된다. 아무리 현장이 급하게 돌아가고 힘들어도 항상 안전을 최우선 순위에 놓고 정해진 안전수칙은 예외 없이 반드시 지키는 안전작업을 실천해야 한다. 기본과 원칙을 철저히 준수하고 몸에 익혀 안전이 습관화되고 체질화될 수 있게 해야 한다.

또한 적극적이고 자발적으로 안전활동에도 참여해야 한다. 기업의 안전문화가 정착되기 위해서는 무엇보다 톱 다운Top Down에 의한 최고경영자 등 경영진과 관리감독자들의 적극적인 의지와 지원이 절대적으로 필요하다. 그렇지만 사고는 경영진이나 관리감독자에게서 발생하는 것이 아니다. 바로 현장의 근로자들이 사고의 당사자이다. 그렇기 때문에 근로자들이 자신과 동료의 안전

문제에 대해 주인의식을 갖고 주도적인 마인드로 적극적이고 자발적으로 안전활동에 참여해야 한다. 그렇게 해야 안전활동이 실질적으로 효과를 볼 수 있다. 관리감독자나 안전관리자가 미처 알지 못하는 위험요인이나 안전상의 문제점과 제안 등을 여과 없이 알려주고 개선되도록 적극적인 자세로 임해야 한다. 자신의 생명과 관련된 일에 소홀함이 없어야 한다.

獨홀로독 處곳처 毋말무 自스스로자 欺속일기
혼자 있는 곳에서도 자신을 속이지 말라

출전(出典): 이현일(李玄逸) 해동소학(海東小學)

- 세상 사람들을 모두 속일 수는 있어도 나를 속일 수는 없다
- 나를 속이지 않는 철학
- 아무도 보는 사람이 없는 곳에서도 안전을 위해 지킬 것은 반드시 지킨다

조선 명종 때 문신이었던 임권(任權, 1486~1557) 선생은 홀로 있을 때 자신을 속이지 않는 것을 삶의 철학으로 삼았다고 한다. 獨處毋自欺독처무자기는 이 임권 선생의 좌우명을 조선 숙종 때 유학자이자 예학禮學에 밝았던 이현일(李玄逸, 1627~1704)이 해동소학海東小學에 인용한 데서 유래되었다. 혼자 있을 때 더욱 신중하고 조심한

다는 신독愼獨과 비슷한 의미다. 조선의 선비들이 어느 산속 깊은 곳 아무도 없는 곳에 홀로 지내더라도 자신의 마음을 단단히 지키며 당당하게 인생을 살아갔던 것은 바로 신독의 철학이 있었기 때문이다. 다산茶山 정약용 선생도 18년의 기나긴 유배생활의 어려운 환경 속에서도 자신을 지키고 무너지지 않았던 이유는 바로 독처무자기의 철학이었다고 한다.

세상에서 가장 힘든 일 중의 하나가 '아무도 보지 않는 곳에서 나를 속이지 않는 것'이라고 한다. 많은 사람이 있는 곳에서는 타인의 눈과 귀를 의식하지만 혼자 있을 때는 아무래도 마음이 풀리고 느슨해질 수밖에 없다. 그래서 옛 선현들은 혼자 있는 곳에서 더욱 삼가야 한다고 강조했다. 나까지 속이는 일은 참으로 힘들고 불행한 일이 아닐 수 없다. 성경의 갈라디아서(6장 7절~8절)에도 비슷한 내용이 있다. '자신을 속이지 마라. 하느님은 조롱을 받지 않으시니 사람이 무엇을 심든지 그대로 거둘 것이다. 심은 대로 거두리라.' 공자孔子의 제자였던 증자曾子는 '자신을 속이지 마라. 세상의 모든 사람들이 너를 바라보고 있다. 열 사람의 눈이 너를 지켜보고 열 사람의 손이 너를 가리키고 있다. 이 얼마나 무서운 현실인가?'라고 했다. 모두 자신을 속이지 말라는 의미다.

독처무자기를 얘기하다 보니, 문득 안전과도 관련이 있는 양심냉장고가 생각난다. 1996년 4월 MBC TV에서 방송되었던 예능 프로그램인 일요일 일요일 밤에 「양심 냉장고」코너가 있었다.

개그맨 이경규 씨가 진행하는 예능 프로그램이었지만 공익적이어서 많은 사람들의 사랑을 받았다. 특히 양심냉장고 1호 주인공에 대한 기억이 아직도 생생하다. 심야 시간에 여의도에 있는 한 아파트 앞 횡단보도에서 신호를 지키는 차량이 있는지 살펴보고 지키는 사람에게 냉장고를 선물하는 관찰 카메라 형식이었다. 수십 대의 차가 약속이라도 한 듯 신호를 무시하는 모습에 진행자들은 낙담했고 몇 시간을 잠복하며 기다려도 신호를 지키는 차량이 없어서 촬영을 철수하려던 찰나, 한 경차(티코)가 기적적으로 신호를 지켰다.

그때 나타난 첫 양심냉장고의 주인공이 뇌성마비 장애인 부부라는 사실에 시청자들은 큰 감동을 받았다. 24년 전 이들 부부는 수십억, 수백억 원의 정부 예산으로도 이룰 수 없는 교통법규 준수의 가치와 감동을 많은 이들에게 일깨워줬다. 당시 인터뷰 내용을 보면 우리를 더욱 숙연케 한다. 이경규 씨가 왜 아무도 건너지 않는 횡단보도에서 신호를 지키며 섰냐고 묻자, 운전자는 혹시라도 앞이 잘 보이지 않는 노인이나 어린이들이 새벽에 횡단보도를 건널 때 파란불에도 차가 쌩쌩 달리면 위험할 것 같아서 그랬다고 답했다. 칭찬할 일이 아닌 당연한 일임에도 우리는 양심을 속여가며 불법을 합리화하고 도덕과 질서를 무시하며 살고 있지 않은지 매번 되돌아보게 된다. 29년이 지난 지금 대한민국 양심 수준은 얼마나 더 높아졌을까?

우리 사회의 기초질서 위반과 위법행위를 바라보는 사람들의 시선 하나하나는 기초 질서나 교통법규 등을 잘 지키게도 할 수 있지만 방조하게 되기도 한다. 「다른 사람들도 보통 다 그렇게 한다」, 「그렇게 해도 누가 눈치 주거나 싫은 소리를 하지 않는다」와 같은 인식하에 누구나 눈감고 모른 척 외면하는 사회에서는 질서나 법규 위반행위에 대해 심리적 제동기능이 작동하지 않아 서슴없이 위반행위를 할 것이다. 그러나 주변 사람들의 날카로운 눈초리와 따가운 시선은 위반행위나 위법행위를 멈추게 한다. 이제는 기초질서 위반행위나 위법행위를 그냥 보아 넘기지 않는 시민의식이 우리 사회에 널리 퍼져야 한다.

2장 재난災難의 사후관리事後管理

1 사고事故의 연속성連續性

禍재앙 화 不아닐 불 單홀 단 行다닐 행
재앙이나 불행은 홀로 오지 않는다

출전(出典): 설원(說苑) 권모편(權謀篇)

- 불행한 일이나 재앙은 한 번만 오는 것이 아니라 겹쳐서 온다
- 불행한 일이나 난처한 일이 연속적으로 발생하는 것을 의미
- 사고가 발생할 때는 연쇄적으로 발생하므로 이를 경계해야 한다

화불단행禍不單行은 전한前漢 말에 유향劉向이 저술한 설원說苑의 권모편權謀篇에 나오는 말로 '福無雙至복무쌍지 禍不單行화불단행, 복福은 겹쳐서 오지 않으나, 재앙災殃은 번번이 겹쳐서 온다'에서 유

래되었다. 재앙이나 불행은 한 번에 하나씩 오지 않는다. 즉 나쁜 일은 늘 한꺼번에 몰려온다는 의미다. 불운의 연속을 나타내는 요즘 용어인 머피의 법칙Murphy's Law과도 맥락이 비슷한데 불행이나 재난은 한 가지로 끝나지 않고 겹쳐서 일어나기 쉽다는 것이다. 영어에도 같은 표현이 있다. 'Misfortunes never come single'

2011년 일본에서 발생했던 동일본 대지진의 사례는 자연재해로 시작된 재난이 연속적으로 이어지며 엄청난 재앙이 된 대표적인 화불단행의 사례이다. 동일본 지역에 지진이 발생한 뒤 이어서 해일(쓰나미)이 덮쳐왔고 후쿠시마 원자력 발전소 사고로 이어졌다. 원자력 발전소 사고는 국가 전력의 위기를 초래했다. 이 모든 것이 하나의 재앙으로 끝나지 않고 연속적으로 발생했다. 현실에서도 많은 사람들이 한 가지 나쁜 일이 생기면 연달아 힘든 일이 계속 생기는 것을 많이 보게 된다. 좋은 일은 어쩌다 한 번 일어나는 데 좋지 않은 일은 꼭 여러가지가 겹쳐서 일어난다.

살다 보면 이 고사성어를 실감할 때가 정말 많다. 필자도 안전관리 업무를 담당하면서 화불단행의 사례를 여러 번 경험했다. 큰 안전사고가 발생해서 사고를 조사하고 후속조치를 마련하느라 정신없는 와중에 또 다른 사고가 여기저기에서 발생하는 경우에는 '정말 미칠 것 같다'는 표현이 저절로 나온다. 한 번은 담배꽁초가 원인이 되었던 큰 화재사고가 발생해서 언론에도 나왔는데 일주일 만에 또다시 협력업체에서 철거된 고철 절단작업을 하다 화재가 발생한 적이 있었다. 한 번 사고가 발생하면 사람들이 정신을 차리지 못하게 되고 그 틈을 노려 또 다른 사고가 발생하는 것이 아닐까? 안전을 하는 입장에서는 한 번 사고가 발생하면 항상 연쇄적으로 사고가 발생할 가능성이 높다는 사실을 인식하고 사고의 수습과 후속처리 못지않게 빈틈이 생기지 않도록 기본적인 예방관리에 더욱 소홀함이 없게 살펴보고 점검해야 한다.

雪눈 설 上위 상 加더할 가 霜서리 상
눈이 오고 그 위에 서리가 쌓인다

출전(出典): 경덕전등록(景德傳燈錄)

- 나쁜 일에 나쁜 일이 겹친다
- 눈이 오면 미끄러운데 거기에 서리까지 내려 더 미끄러워진다
- 재난이 발생했을 때 사고 처리에만 몰두하게 되면 또 다른 사고가 발생할 수 있음을 경계

설상가상雪上加霜은 중국 송나라의 고승高僧 도원道原이 쓴 불교 서적인 경덕전등록景德傳燈錄에서 유래되었다고 전해진다. 그러나 실제로는 당나라 시인 한유韓愈의 시에서 더 먼저 등장한 표현이라는 이야기도 있다. 한유의 시 잡시雜詩에는 '雪上加霜설상가상, 豈不

痛 哉기불통재, 눈 위에 서리를 더하니 어찌 고통스럽지 않겠는가?' 라는 표현이 나온다. 이처럼 설상가상은 눈 위에 서리가 내린다는 뜻으로 계속해서 나쁜 일이나 시련이 끊이지 않고 일어난다는 의미이다.

오늘날 눈雪은 눈 내리고 쌓여있는 낭만적인 아름다운 풍경을 떠오르게도 하지만, 많이 쌓이게 되면 통행을 불편하게 하기도 하고 눈을 치우는 데도 많은 시간과 노력을 필요로 한다. 또한 얼어붙으면 각종 사건사고를 일으키기도 한다. 이렇듯이 고사성어에서 눈을 예시로 든 것은 바로 눈에 대한 여러가지 부정적인 시선이 반영된 것이 아닐까 하는 생각이 든다.

설상가상과 같은 의미의 고사성어로는 앞에서 언급한 화불단행禍不單行이 있고, 순우리말 속담으로 자주 사용하는 '엎친 데 덮친 격, 산 넘어 산, 갈수록 태산' 등과 같은 것들이 있다. 모두 난처한 일이나 불행한 일이 잇따라 일어나는 것을 의미한다. 가정이나 기업 및 국가도 나쁜 일은 반드시 겹쳐서 생긴다. 그래서 옛 어른들은 집안에 흉사가 생기면 모든 가족이나 친지들에게 몸가짐을 단정히 하고 언행에 조심 또 조심하라고 당부했던 것이다.

좋지 않은 일이 생기게 되면 사람은 힘들어지고 충격을 받으면서 그로 인하여 제대로 된 사고思考와 판단이 어려워질 수 있다. 평상시엔 문제없이 처리할 만한 일도 힘든 상황과 심신의 여유부족으로 인하여 또다시 문제가 생기는 경우도 있다. 재난이나 사고가 발생했을 때 사고처리에만 몰두하다 보면 2차, 3차 사고나 또 다른 새로운 사고가 발생할 수 있음을 경고하는 의미로도 생각할 수 있다. 따라서 좋은 일이든 나쁜 일이든 어느 정도 본인이 평정심을 유지하는 방법도 연습할 수 있다면 해 놓는 것이 좋을 것이다. 시뮬레이션을 통한 최악의 상황을 가정해서 위기대응방안을 세우고 훈련을 하는 것처럼 말이다.

前^{앞 전} 虎^{범 호} 後^{뒤 후} 狼^{이리 랑}
앞에는 호랑이 뒤에는 늑대

출전(出典): 평사(評史), 사강평요(史綱評要)

- 앞 문에서 호랑이를 막고 있는데 뒷문으로 이리가 들어온다
- 재앙이나 위기가 끊이지 않거나 두 겹, 세 겹으로 몰려오는 것을 뜻한다
- 불행한 일이나 난처한 일이 연달아 일어나는 것을 비유할 때 사용한다

중국 후한後漢의 장제章帝가 죽고 4대 황제인 화제和帝가 어린 나이로 왕위에 오르자, 장제의 황후였던 두태후竇太后가 수렴청정하였고, 태후의 오빠인 두헌竇玄이 정권을 잡게 되자 심지어 황제를 시해까지 하려고 하였다. 이에 화제는 당시 실력자였던 환관

宦官 정중鄭衆을 통해 두씨 일족을 몰아 내는 데 성공했다. 그런데 외척 세력을 제거하자 이번엔 정중이 권력을 쥐고 정사에 관여하는 등 환관의 횡포가 시작되었다. 이로 인해 후한은 결국 자멸하게 된다.

전호후랑前虎後狼은 당시 이 상황에 대해 중국 원元나라 때 조설항趙雪航이 그가 지은 평사評史에서 다음과 같이 평한 데에서 유래되었다. 「竇氏 除두씨유제 而寺人之權從玆盛矣이사인지권종자성의 諺曰연왈 前門拒虎전문거호 後門進狼후문추랑 此之謂也차지위야, 두씨가 제거되었지만 이를 기점으로 환관의 권세가 성하게 되었다. 속담에 이르길 '앞문의 호랑이를 막으니, 뒷문으로 늑대가 들어온다.' 하니 이것을 이른다」

또한 중국 명明나라 때 이지李贄가 쓴 사강평요史綱評要에는 '前門拒虎後門進狼전문거호후문진랑 未知是禍是福미지시화시복, 앞문의 호랑이를 막자 뒷문으로 늑대가 들이닥치는 형국이니, 이것이 화가 될지 복이 될지 모르겠다'고 하였다.

재난이나 사고가 연이어 발생할 때는 참으로 곤혹스럽다. 많은 회사에서는 평상시에는 안전에 별로 신경을 쓰지 않다가도 사고가 발생하면 여기저기 비상을 걸고 사고의 예방과는 전혀 관계가 없는, 하지 않아도 될 일들까지 하면서 야단법석을 부린다. 물론 사고에 대한 경각심을 갖게 하는 것은 반드시 필요하다. 그렇지만 사고가 발생했을 때는 차분히 기본으로 돌아가 사고를 일으키는 원인을 명확히 분석하고, 확실한 재발방지 대책을 수립함과 동시에 각자 맡은 위치에서 해야 할 일들을 잘 수행하는 것이 무엇보다 중요하다. 설상가상이 되지 않도록 연속적인 사고를 예방하는 최선의 방법은 Back To The Basic, 기본으로 돌아가야 하는 것이다.

2 실패失敗에서 배우는 지혜智慧

死^{죽을 사} 後^{뒤 후} 藥^{약 약} 方^{모 방} 文^{글월 문}
죽은 뒤에야 약을 처방한다(짓는다)

출전(出典): 순오지(旬五志)

- 일이 이미 끝난 후에 아무리 좋은 대책을 세워도 소용없다
- 때를 놓쳐서 후회하지 말고 미리 철저히 준비하라
- 안전관리에 있어서도 사후약방문이 되지 않도록 예방관리를 철저히 하는 것이 우선이지만, 사고가 재발再發하지 않도록 사후약방문이라도 잘해야 한다

아마도 우리가 일상생활에서 가장 많이 듣는 고사성어가 바로 예방관리의 중요성을 의미하는 유비무환有備無患과 이미 일이 생

기고 난 후에야 대책을 세운다는 의미의 사후약방문死後藥方文'일 것이다. 사후약방문은 조선 인조仁祖때의 학자 홍만종洪萬宗이 쓴 문학평론집 순오지旬五志에 나오는 말로 홍만종은 이 책에서 '굿이 끝난 뒤에 장구를 치는 것은 모든 일이 끝난 뒤에 쓸데없는 짓을 하는 것과 같고, 말을 잃어버린 후에 마구간을 고치는 것은 양을 잃어버린 뒤 우리를 손질하는 것과 같은 것이다'라고 했다. 사후약방문은 '사람이 죽고 나서야 약을 짓는다'는 뜻으로 이미 때가 지난 후에 대책을 세우거나 후회해도 소용없다는 의미다.

우리는 사후약방문의 의미를 잘 알고 있지만 무슨 일이 생기기 전에 미리 잘 알아서 챙긴다는 것은 사실 쉬운 일이 아니다. 일이 벌어지고 나서야 수습하느라 고생하는 일이 많은 건 바쁜 현대 사회를 살아가는 우리 인간의 안타까운 모습이 아닐까 싶다. 따라서 사후약방문을 하지 않도록 조금이라도 노력하는 태도가 필요하겠다. 사후약방문은 결국 일이 일어난 후에 아무리 노력을 기울여도 소용이 없다는 뜻을 담고 있기도 하다. 기회를 놓친 후 뒤늦은 후회의 의미를 강하게 전하는 표현이다. 또한 사후약방문은 상황이 모두 끝난 후에야 뒤늦게 준비하거나 조치를 취하는 것의 무의미함을 우리에게 일깨워준다. 그 외에도 미리 준비하는 자세와 기회가 왔을 때 즉시 행동하는 것이 얼마나 중요한지를 강조하는 말로도 자주 쓰인다.

사후약방문은 기회를 놓친 후 뒤늦은 후회만 강조하는 것은 아니다. 우리에게 준비와 사전 계획의 중요성도 상기시켜 준다. 사고 발생의 위험이 있는데도 사고 예방에 대한 준비와 대비를 안 하고 있다면 사후약방문이 되지 않도록 미리 준비하라는 경고를 준다. 사고가 발생하고 난 다음에는 아무리 후회해도 소용이 없다. 미리 사전에 대비할 수 있을 때 준비하고 실행해서 사고를 예방해야 한다. 특히 중대재해가 발생했을 때를 되돌아보면 '한 번 더 확인하고 조치했다면 충분히 막을 수 있었던 사고'였다는 후회가 들게 하는 것이 대부분이다. 충분히 예방할 수 있는 시간과 기회가 있을 때 하지 않거나 못해서 사고로 연결되는 사후약방문 사례가 다시는 없도록 각자의 위치에서 노력해야 한다. 아울러 예방관리가 중요하지만 사고가 난 이후에는 근본적인 대책을 수립해서 재발되지 않게 하는 것도 예방관리 못지않게 중요하다.

亡死을망 羊양양 補기울보 牢우리뢰
양을 잃고 우리를 고친다

출전(出典): 전국책(戰國策) 초책(楚策)

- 이미 어떤 일을 실패한 뒤에 뉘우쳐도 소용없다
- 양을 잃은 뒤에 우리를 고쳐도 늦지 않다
- 사고가 발생한 후에라도 그 원인을 고치면 더 큰 피해를 막을 수 있다

망양보뢰亡羊補牢는 전한前漢의 학자 유향劉向이 편찬한 전국책戰國策 초책楚策에서 유래된 말이다. "중국 전국시대 초楚나라에 장신莊辛이라는 대신大臣이 양왕襄王에게 간신을 멀리하고, 사치스런 생활을 그만두며 국사에 전념할 것을 충언하였다. 그러나 양왕은 이를 무시하였고, 진晉나라의 침공으로 결국 망명하는 처지에 놓였다. 그제서야 잘못을 깨닫고 장신을 불러 대책을 물었다. 장신은 '見兎而顧犬견토이고견 未爲晚也미위만야 亡羊而補牢망양이보뢰 未爲遲也미위지야, 토끼를 보고 나서 사냥개를 불러도 늦지 않고 양이 달아난 뒤에 우리를 고쳐도 늦지 않다'라고 대답했다.

망양보뢰는 양을 잃은 후에 우리를 고친다는 뜻으로 실수를 저지른 후에야 뒤늦게 수습을 시도하는 것을 뜻한다. 사후약방문死後藥方文과의 차이점은 망양보뢰는 후회와 더불어 미리 대비하지 못한 것에 대한 반성의 의미가 강하다는 점이다. 사후약방문은 이미 끝나버린 일에 대한 후회와 무의미함을 나타내는 반면, 망양보뢰는 실수를 통해 교훈을 얻어 다시는 같은 실수를 반복하지 않으려는 다짐이 포함된다고 하겠다. 즉, 두 사자성어 모두 때를 놓친 후의 조치라는 공통점이 있지만 망양보뢰는 보다 더 긍정적인 교훈의 측면을 강조한다고 할 수 있다. 일이 잘못된 후에 뒤늦게 수습하려 하지만 그래도 그것이 전혀 쓸모없는 것은 아니다. 어떤 일을 실패해도 빨리 뉘우치고 수습하면 더 큰 화는 면할 수 있다는 의미이다.

사후약방문이나 망양보뢰와 같은 뜻을 가지는 우리 속담은 '소 잃고 외양간 고친다'이다. 다산茶山 정약용丁若鏞의 이담속찬耳談續纂에는 '旣喪其馬기상기마 乃葺厥廐내즙궐구, 이미 말을 잃고 나서야 비로소 마구간을 고친다'는 이야기도 있다. 이렇게 보면 소나 양 또는 말의 마구간은 모두 비슷하니 여러가지 동물로 표현한 것이 아닌가 싶다. 아무튼 그 뜻은 미세한 차이는 있지만 소(양, 말) 잃고 외양간 고친다는 뜻으로 이미 사고가 난 뒤 후회해도 소용없지만 역설적으로 후회하지 않으려면 사고가 발생하기 전에 미리 근본적인 대책을 세울 줄 아는 현명함이 필요하다는 의미다. 또한 양(소, 말)을 잃은 후에라도 외양간은 반드시 고쳐야 한다. 그래야 다음에 또 잃는 우愚를 범하지 않기 때문이다. 한번 실수나 실패한 것을 가르침 삼아 반복되지 않게 하라는 교훈이다.

위기관리 원칙과 핵심요소

「경영의 신」, 「세기의 경영자」로 불리던 잭 웰치 전 GE회장은 지난 2020년 3월 3일 84세를 일기로 세상을 떠났다. 그는 기업 현장에서 몸으로 경영학 교과서를 쓴 사람이다. 잭 웰치는 중대재해나 사회적으로 이슈가 될 위기에 처했을 때 기업과 경영자가 명심해야 할 「위기관리의 다섯 가지 팁5 Tips」도 제시했었다.

첫째, 보이는 것보다 더 크게 생각하라. 겉으로 드러나는 것은 빙산의 일각에 불과할 때가 많다. 둘째, 세상에 비밀은 없다. 숨기려 하지 말고 모든 사실을 있는 그대로 알리고 먼저 사과하라. 셋째, 아픔을 감내할 수 있어야 한다. 사람과 시스템을 바꾸고 경우에 따라서는 피 흘리기를 감수하라. 넷째, 외부 호들갑에 연연해하지 마라. 외부 평가에 담담해져야 한다. 다섯째, 위기가 닥치면 「다 망했다. 모든 것이 끝났다」고 절망하기 쉬운데 대처 여하에 따라 위기극복 후 더 강해질 수 있다는 믿음을 가져라. 개인이나 기업이나 국가나 우리 모두는 위기가 일상적인 시대를 살아가고 있다. 위기에 대비한 위기관리 원칙을 미리 가지고 있으면 위기를 기회로 만들 수도 있다.

어떤 조직이나 기업 또는 국가의 위기는 예고 없이 닥친다. 위기관리에 뒤떨어지는 기업이나 국가는 한순간에 나락으로 떨어질 수 있다. 위기를 얼마나 슬기롭게 헤쳐나가느냐에 따라 조직이 시련을 겪기도 하고 한 단계 성숙할 수도 있다. 온라인상의 커뮤니케이션SNS 발달로 화재나 안전사고 같은 좋지 않은 뉴스나 소문은 상황을 파악하고 대처하기도 전에 번개같은 속도로 퍼진다. 이 과정에서 진실여부는 중요하지 않다. 일방적이고 심지어 짜깁기까지 더해 사건의 본말이 전도되는 경우도 비일비재하다. 이러한 위기에 효과적으로 대응하기 위해서는 기업의 위기관리 능력을 향상해야 한다. GE의 잭 웰치 전 회장의 위기관리 팁이나 미국 CDC의 위기관리 원칙 및 세계 도처에서 발생한 재난과 위기 발생 시의 대응사례 그리고 필자가 기업에서 직접 경험한 사례를 바탕으로 한 위기관리의 핵심 요소는 크게 4가지로 요약할 수 있다.

첫째, 우리가 직면할 수 있는 가장 최악의 상태를 고려해야 한다. 즉 사고가 발생할 수 있는 모든 최악의 경우의 수를 빠짐없이 가정하여 시뮬레이션하고 대비해야 한다. 위험 관리에서는 이를 시나리오 분석Scenario Analysis이라고 한다. 세계 금융위기가 발생하면 유럽 은행들이 은행이 처할 수 있는 최악의 상태에서도 은행의 생존이 가능한지 스트레스 테스트를 하는 것처럼 해야 한다.

둘째, 최악의 상황에 대비한 역할 분담이나 시나리오별 대응 절차 등이 포함된 매뉴얼이 있어야 한다. 매뉴얼만 갖춰 놓는 것은 아무런 의미가 없다. 위기가 발생할 경우 매뉴얼에 따라 일사불란하게 움직일 수 있도록 정기적인 훈련이 반드시 수반돼야 한다. 체계화된 매뉴얼과 반복 훈련 없이는 모건 스탠리의 기적 같은 것도 그저 남의 나라 일이다. 한 가지 유의할 점은 현장에서 시시각각으로 변하는 사고의 양태는 매뉴얼과 똑같이 진행되지만은 않는다. 단순히 매뉴얼에만 얽매이지 말고 매뉴얼을 기반으로 수시로 변하는 상황을 분석하여 유연하면서도 창의적인 대응을 병행할 때 위기관리의 효과는 배가 된다. 이러한 위기관리를 계획하고 실행할 수 있는 위기관리 전문가도 필요하다.

셋째, 타이밍Timing과 진실Truth이다. 처음 온라인에 사건이나 위기가 공개된 뒤 늦어도 15분 안에는 대응을 시작해야 하고, SNS 상에서 파문이 확산된 사건은 발생 후 첫 12시간이 생명선처럼 가장 중요하다고 위기관리 전문가들은 말한다. 위기가 발생된 뒤에는 지체하거나 머뭇거려서는 안 된다. 또한 상황 설명이나 사과 그리고 대책 발표에는 타이밍과 함께 팩트fact를 중심으로 한 진실이 들어가야 한다. 대부분의 기업들은 좋지 않은 사건이나 사고는 최대한 축소해서 발표하려는 경향이 있다. 실제로 사고를 축소 또는 은폐하려고 하다 나중에 진실이 밝혀져 한번 맞으면 될 매를 거짓말까지 들통나며 두세 번씩 맞아 만신창이가 되고 돌이킬 수 없는 지경에까지 이르는 것을 주변에서 많이 보아 왔다.

넷째, 위기관리에서 정보소통은 필수이다. 내부 조직의 정보소통은 말할 것도 없고 외부의 이해관계자나 국민들에 대한 정보 소통은 사실관계가 왜곡되는 것을 방지하고 공감을 불러일으키는 기회도 될 수 있다. 위기관리는 평소 한 사람 한 사람 자기가 맡은 직분을 충실히 이행해 나가는 기본에서 출발한다.

일단 위기가 발생하면 어느 정도 피해는 피할 수 없다. 그렇지만 현장에서 얼마나 신속하고 적절하게 대처하느냐에 따라 인명 피해나 손실 규모가 달라질 수 있다. 기업에 근무하는 모든 사람들이 각자의 자리에서 주어진 역할과 책임에 충실할 때 사고를 예방할 수 있고 사고 발생에 대비해 피해를 최소화할 수 있도록 현장 대응력을 높인다면 어떤 위기가 몰려와도 이겨낼 수 있을 것이다. 위기는 예고 없이 찾아온다. 어떤 기업이나 조직이든 위기에 즉각 대처할 수 있는 능력이 바로 기업의 경쟁력이 되는 시대다.

捲거둘권 土흙토 重무거울중 來올래
흙먼지를 일으키면서 돌아온다

출전(出典): 제오강정(題烏江亭) 오강정시(烏江亭詩)

- 일을 한 번 실패해도 다시 가다듬고 성공에 이른다
- 큰 세력을 회복하여 다시 도전해 간다
- 사고(재난)가 한 번 있었더라도 포기하지 않고 다시 일어나 예방관리 체계를 잘 구축하면 안전관리 선진국가나 기업이 될 수 있다

권토중래捲土重來는 초패왕楚覇王 항우項羽가 이 전쟁의 승리로 통일 한漢나라 고조古祖가 된 유방劉邦과 천하의 패권을 놓고 벌인 쟁탈선에서 결정적인 패배를 한 후, 오강烏江에서 스스로 목을 찔러 자결한 지 1000년이 지난 당나라 말기, 대표적 시인 두목杜牧이 오강을 지나다가 항우의 기백을 기리며 제오강정題烏江亭이라는 시를 지어 그의 죽음을 아쉬워했던 이 시의 마지막 구절에서 유래되었다. 흙먼지를 일으키며 다시 돌아온다는 뜻으로 한 번 실패했더라도 다시 일어나 도전하는 것을 의미한다.

勝敗兵家不可期(승패병가불가기)

이기고 지는 것은 병가의 일이라 예측하기 어렵거늘

包羞忍恥是男兒(포수인치시남아)

수치를 참고 견디는 것이 진정한 사내대장부라네

江東子弟多才俊(강동자제다재준)

강동의 자제들 중에는 뛰어난 인물들이 많으니

捲土重來未可知(권토중래미가지)

흙먼지를 일으키며 다시 왔다면 결과는 알 수 없었으리

이 시는 두목이 오강의 여사旅舍에 머물며 항우의 단순하고 격한 성격, 우미인과의 이별에서 볼 수 있는 인간성, 그의 요절 등을 회상하며 지었다고 한다. 항우가 권토중래를 하지 않고 목숨을 저버린 부분에 대한 안타까움을 전한 것이었으리라. 당시 항우의 부하들은 '강동으로 돌아가 다시 힘을 모아 재기하자'고 권유했지만, 항우는 '8년 전 자제와 함께 떠난 내가 무슨 면목으로 혼자 강을 건너 강동으로 돌아가겠느냐'며 31년의 짧은 생을 스스로 마쳤다. 항우의 애첩 우미인虞美人이 항우의 시에 화답하고 자결한 것도 유명한 일화이다.

이렇듯 권토중래는 어떤 일에 실패하였으나, 힘을 축적하여 다시 그 일에 착수하는 것을 비유하는 고사성어로 사용된다. 사고 예방관리체계가 아직 잘 정착되지 않은 곳에서 일하다 보면 어쩌다 큰 사고가 발생할 수도 있다. 사고가 발생하면 생산이나 시공을 책임지는 위치에 있는 사람이나 안전업무를 담당하는 사람은 죄인이 되고 큰 자괴감에 빠지게 된다. 그러나 그렇게 쉽게 포기해서는 안 된다. 그런 자괴감이나 죄책감을 사고 없는 사업장으로 반드시 만들어 내겠다는 각오와 다짐으로 승화시켜야 한다. 누구나 실수하고 좌절할 수 있다. 하지만 좌절을 딛고 다시 일어서 도전해야 한다. 넘어져도 다시 일어서면 지는 것이 아니라고 했다. 담금질은 나를 강하게 하는 시련이고 성장통은 나를 키우려는 아픔이라 생각하며 앞으로 나아가야 한다.

前앞 전 車수레 거 覆뒤집힐 복 轍바퀴자국 철
앞의 수레가 뒤집힌 바퀴자국

출전(出典): 설원(說苑) 선설편(善說篇)

- 앞서 뒤집힌 수레의 바퀴 발자국을 따라 그 길로 들어서면 뒤따르던 수레도 반드시 뒤집어진다.
- 남(앞사람)의 실패를 거울삼아 자신을 경계한다
- 과거에 발생했던 사고가 어떤 것이었는지 확인하고 관리해서 똑같은 사고가 발생하지 않게 해야 한다

전거복철前車覆轍은 전한前漢 말의 유향劉向이 편찬한 설원說苑의 선

설편善說篇에서 유래되었다. 중국 전국시대戰國時代 위魏나라 문후文侯가 어느 날 제후들을 불러 주연酒宴을 열었다. 취흥이 오른 문후가 말했다. '술맛을 보지 않고 그냥 마시는 사람에게는 벌주를 한 잔 안기는 것이 어떻겠소?' 모두가 동의했다. 그런데 문후가 맨 먼저 그 규약을 어겼다. 그러자 주연을 주관하는 관리官吏인 공손불인公孫不仁이 술을 가득 채운 큰 잔盞을 문후에게 바쳤다. 문후가 계속 그 잔을 받지 않자, 공손불인은 이렇게 말했다.

'前車覆轍전거복철 後車之戒후거지계'란 말이 있사온데 이는 전례前例를 거울삼아 주의하라는 교훈이옵니다. 지금 전하殿下께서 규약을 만들어 놓으시고 그 규약을 지키지 않는 전례를 남기신다면 누가 그 규약을 지키려 하겠나이까? 하오니 이 잔을 받으시오소서」 문후는 곧 수긍하고 그 잔을 받아 마셨다. 전거복철은 '앞서 넘어진 수레의 바퀴자국'이란 뜻으로 앞서 발생한 사고나 실패를 통해 뒷사람이 주의하도록 일깨워 주는 교훈을 담고 있다.

覆뒤집힐 복 **車**수레 거 **之**갈 지 **戒**경계할 계
수레가 엎어진 것을 보고 경계한다

출전(出典): 후한서(後漢書) 두무전(竇武傳), 한서(漢書) 가의전(賈誼傳)

- 앞수레가 엎어진 것을 보고 뒷수레가 경계로 삼는다
- 앞사람의 실패를 보고 뒷사람은 교훈으로 삼아 스스로를 경계한다
- 앞서 발생한 재난이나 사고를 교훈 삼아 같은 전철前轍을 밟지 않도록 철저한 예방 관리를 한다

복거지계覆車之戒는 후한서後漢書의 두무전竇武傳과 한서漢書의 가의전賈誼傳에서 유래되었다. '앞수레가 엎어진 것을 보고 뒷수레가 경계로 삼는다'는 뜻으로 앞사람의 실패를 보고 뒷사람은 교훈으로 삼아 스스로를 경계한다는 뜻이다. 두무전에는 다음과 같은 내용이 있다. 후한의 환제桓帝 때 품행이 방정하고 귀족의 속물적인 악습에 물들지 않은 두무의 딸이 황후가 되자 두무는 장관이 되었다. 이때 환관宦官의 세력이 강해 그들의 횡포는 날로 더해갔다. 그러자 이응李膺과 두밀杜密 및 태학생太學生들은 환관들의 횡포를 죄로 다스려야 한다고 주장하였다. 그러자 환관들은 자기들을 모함하였다는 죄로 그들을 체포한 '당고黨錮의 금'사건을 일으켰다. 두무는 이 사건을 환제에게 '만일 환관의 전횡을 이대로 방치해 두면 진나라 때의 실패를 반복하는 것이며, 엎어진 수레의 바퀴를 다시 밟게 될 것입니다覆車之戒'고 진언하였으며 결국 체포된 사람들을 모두 풀어주었다.

가의전賈誼傳에는 전한前漢의 5대 황제皇帝인 문제文帝 때 가의賈誼라는 명신名臣이 있었는데 그는 문제가 여러 제도를 개혁하고 어진 정치를 베풀어 역사에 인군仁君으로 이름을 남기는 데 크게

기여한 공신功臣이다. 당시 그가 상소한 글에 이런 구절이 있다. '속담에 앞수레의 엎어진 바퀴자국前車覆轍은 뒷수레를 위한 교훈後車之戒이란 말이 있사옵니다. 전 왕조인 진秦나라가 일찍 멸망한 이유는 잘 알려진 일이온데, 만약 진나라가 범한 과오를 피하지 않는다면 그 전철前轍을 밟게 될 뿐이옵니다. 국가 존망存亡과 치란治亂의 열쇠가 여기에 있사오니 통촉하시옵소서.' 문제는 이후 국정쇄신에 힘써 마침내 태평성대를 이뤘다고 한다.

이렇듯 복거지계는 '앞의 수레가 엎어지는 것을 보고 뒤의 수레는 미리 경계하여 엎어지지 않도록 한다'는 뜻으로 '앞사람의 실패를 거울삼아 잘못을 저지르지 말라'는 훈계의 뜻이다. 앞에서 나왔던 전거복철前車覆轍과 같은 의미다. 안전관리에 있어 복거지계나 전거복철은 우리에게 정말 중요한 시사점을 준다. 사고 예방을 하고자 한다면 과거에 발생되었던 사고에 대해서는 최소한 모두 파악하고 안전에 문제가 있는지에 대해 들여다보고 문제점이 있으면 개선해야 한다. 이것을 하지 않거나 못하고서 새로운 위험을 찾는 데만 관심을 갖는 것은 있을 수 없는 일이다. 요즘도 과거에 발생했던 똑같은 사고가 반복되는 것을 보면 정말이지 안타깝고, 이해할 수도 없다.

우리는 다른 사람들의 경험, 특히 그들의 실수와 실패, 그리고 사고에서 배워야 한다. 그들이 잘못해서 저지른 과실과 실패에서 교훈을 얻고 같은 실수를 반복하지 않도록 주의해야 한다. 이를 통해 더 현명한 선택을 하고 보다 나은 결과를 얻을 수 있다. 또한 자신의 경험에서도 교훈을 얻고 과거의 과실을 반복하지 않기 위해 신중하게 행동해야 한다. 과거에 저지른 실수와 실패를 잊지 않고 그 실수에서 교훈을 얻어 앞으로의 선택에서 신중하게 행동해야 하며, 이를 통해 더 많은 성과를 이루고 발전해 나갈 수 있다. 이렇듯 실수와 실패를 통해 배우고 성장해 나가는 삶의 자세가 중요하다.

3 동종同種·유사類似 사고의 교훈教訓

他^{다를 타} 山^{뫼 산} 之^{갈 지} 石^{돌 석}
다른 산의 돌이라도 옥(玉)을 갈 수 있다

출전(出典): 시경(詩經) 소아편(小雅篇)

- 다른 산의 거친 돌이라도 자기 산의 옥돌을 가는데 쓸 수 있다
- 본이 되지 않는 다른 사람의 말이나 행동도 자신의 지식과 인격수양을 하는데 도움이 될 수 있다
- 같은 업종이나 비슷한 업종에서 발생한 사고를 바탕으로 내가 맡고 있는 곳에서 같은 사고가 생기지 않도록 해야 한다

다른 산의 돌로도 옥을 갈 수 있도다. 타산지석他山之石은 시경詩經의 소아편小雅篇 학명鶴鳴에 나오는 5언시의 한 구절에서 유래되었

다. '타산지석他山之石 가이공옥可以攻玉, 다른 산의 거친 돌이라도 자기 산의 옥돌을 가는 데 쓸 수 있다'는 뜻으로 다른 사람의 보잘것없는 것이라도 그것을 허투루 보지 않고 참고함으로써 자신의 수양에 도움이 될 수 있다는 의미다. 즉 남의 허물이나 언행을 교훈으로 삼는다는 뜻이다.

안전업무를 하면서 타산지석으로 삼아야 할 것은 바로 그룹 관계사나 국내 및 해외 동종유사업체同種類似業體에서 발생한 사고일 것이다. 자신의 회사에서 발생했던 과거의 사고사례뿐만 아니라, 똑같거나 비슷한 업종의 다른 국내·외 회사의 사고사례까지 관련된 내용을 모두 파악하고 확인해서 개선하는 것에서부터 안전은 시작된다고 볼 수 있다. 타산지석의 의미를 되새겨 다른 회사에서 발생한 안전사고나 화재의 사례를 교훈 삼아 더욱 철저히 안전관리를 해야 할 일이다. 타산지석의 유래가 된 학명(鶴鳴, 학의 울음) 시는 다음과 같다.

鶴鳴(학의 울음)

鶴鳴于九皐 聲聞于也(학명우구고 성문우야)
학이 언덕에서 우니, 소리가 들판까지 들리네
魚潛在淵 或在于渚(어잠재연 혹재우저)
물고기는 연못에 숨어 있고, 때론 물가에 있네
樂彼之園 爰有樹檀 其下維(낙피지원 원유수단 기하유탁)

즐거운 저 동산 어느 곳에는 심어놓은 박달나무가 있으니

그 아래에 개암나무가 떠받치고 있네

他山之石 可以爲錯(타산지석 가이위착)

다른 산의 돌도 숫돌이 될 수 있다네

鶴鳴于九皐(학명우구고) 聲聞于天(성문우천)

학이 언덕에서 우니, 소리가 하늘에 들리네

魚在于渚(어잠우저) 或潛在淵(혹재재연)

물고기는 물가에 있고 때론 연못에 숨어있네

樂彼之園(낙피지원) 爰有樹檀(원유수단) 基下維穀(기하유곡)

즐거운 저 동산 어느 곳에는 심어놓은 박달나무가 있으니

그 아래에 닥나무가 떠받치고 있네

他山之石 可以攻玉(타산지석 가이공옥)

다른 산의 돌로도 옥을 갈 수 있도다

反^{거꾸로 반} 面^{얼굴 면} 敎^{가르칠 교} 師^{스승 사}
거꾸로 된 얼굴(맞은 편 얼굴)의 스승

출전(出典): 중국 문화혁명 때 마오쩌뚱이 처음 사용

- 반대면을 가르치는 스승
- 상대방의 잘못이나 나쁜 면을 보고 나는 그러지 않아야 되겠다는 것을 깨닫다
- 다른 회사나 동종同種·유사類似 업체의 사고사례를 통해 나의 회사는 어떠한지 되돌아 보고 점검해서 동종·유사 사고를 예방한다

반면교사反面教師는 중국의 마오쩌둥이 1957년 중국공산당 간부들 앞에서 제국주의자와 반동파, 수정주의자를 가리켜 반면교사로 삼아야 한다고 말한 데서 유래했다. 이후 안 좋은 사례에서 가르침을 받아 자신에 도움이 되도록 하자는 뜻으로 사용되기 시작했다. 한국에서는 일제 강점기 이후 근현대에 들어 일반적으로 널리 쓰이게 되었는데 고사성어라기보다는 근대적 사자성어에 가깝다고 할 수 있다.

반면교사는 어떤 부정적인 사례나 잘못된 행동을 보고 교훈을 얻는다는 뜻으로 좋은 본보기는 아니지만 오히려 그 잘못된 예를 통해 똑같은 실수를 반복하지 않도록 배우는 대상으로 삼는 것을 말한다. 예전에 어른들로부터 많이 들어왔던 '앞사람의 흘린 코를 보고 내 코 닦는다'는 의미다. 우리가 흔히 사용하는

'그의 실패는 우리에게 반면교사가 되었다. 타인의 잘못도 반면교사로 삼아야 한다' 등이 반면교사의 좋은 예다. 앞서 나왔던 타산지석과 비슷한 뜻이지만 타산지석은 좋은 일이든 나쁜 일이든 자신에게 좋게 교훈을 얻는 뜻으로 오랫동안 사용되어 왔었다면 이후 반면교사가 등장하면서 안 좋은 사례에서 가르침을 받아 자신에게 도움이 되도록 하자는 뜻으로 반면교사를 사용하기 시작했다.

논어論語 술이편述而篇에 나오는 '三人行必有我師焉삼인행필유아사언 擇其善者而從之택기선자이종지 其不善者而改之기불선자이개지 세 사람이 행동하면 거기에 반드시 내 스승이 있다'는 글귀도 반면교사와 비슷한 표현이라고 할 수 있다. 한 집단에 있는 사람의 행동을 분간해서 옳고 선한 것은 따르고, 그렇지 않은 것은 고쳐 나갈 수 있도록 해야 한다. 안전업무를 수행하는 데 있어 반면교사로 삼을 일들은 특히 많이 있다. 하루도 거르지 않고 발생하는 산업재해가 그렇고, 잊을 만하면 발생하는 각종 사회재난이 그렇다. 이러한 사고나 재난을 반면교사로 삼아 실패를 반복하지 않도록 관리해야 한다.

4 안전관리의 계승繼承과 발전發展

溫따뜻할 온 故옛 고 知알 지 新새로울 신
옛것을 본받아 새것을 안다

출전(出典): 논어(論語) 위정편(爲政篇)

- 옛것을 익히고 그것을 미루어 새것을 안다
- 과거의 지식을 바탕으로 새로운 것을 깨닫고 발전한다
- 과거에 시행했던 안전활동이나 시스템을 찾아 분석해 보고 더 잘하기 위한 방법을 끊임없이 연구하고 발전시켜 나간다

온고지신溫故知新은 논어論語 위정편爲政篇에 나오는 말로 '溫故而知新온고이지신 可 以爲師矣가이위사의, 공자가 말하길 옛것을 익혀서

새것을 아는 사람이라면 남의 스승이 될 만하다'라는 데서 유래되었다. 공자가 제자들과 함께 학문을 논하며 제자들을 가르치던 중, 제자 한 명이 공자에게 질문하고 답한 가운데 그의 말을 듣던 제자들이 깊은 깨달음을 얻었다는 데서 유래되었다.

제자: 스승님, 참된 지혜와 학문을 얻으려면 어떻게 해야 합니까?
공자: 너희는 혹시 옛 성현聖賢들이 남긴 책을 왜 배우는지 아느냐?
과거의 지식과 역사를 왜 공부하는지 생각해 본 적이 있느냐?
공자: 학문이란 무작정 새로운 것만 좇는 것이 아니다.
과거의 지혜를 다시 꺼내어 충분히 되짚어 보고(溫故, 온고),
그것을 바탕으로 더 깊고 새로운 깨달음을 얻어야 한다.
(知新, 지신)

자신이 배우고 익힌 것만 고집해서는 다른 사람을 가르칠 수 없다. 과거를 알고 그 과거를 바탕으로 미래를 준비하는 사람만이 다른 사람을 가르칠 만한 자격이 있다고 공자가 말한 것이다. 다른 사람을 가르칠 만한 위치에 오르기 위해서는 끊임없이 노력하고 자기 자신을 개발해야 한다. 온고지신은 이처럼 '과거의 지식과 전통을 학습하고 그것을 바탕으로 새로운 지식을 창조할 수 있어야 참된 배움이 이루어진다'는 뜻으로 과거의 역사와 전통과 새로운 지식의 결합의 중요성을 강조하는 사자성어다.

온고지신을 안전관리에 접목해 본다면 회사에서 또는 선배들이 과거에 시행했던 여러가지 안전활동이나 시스템 등을 무조건 오래되었다고 해서 버리거나 무시할 것이 아니라, 현재에 반추해 잘 분석해 보고, 사고 예방을 위해 도움이 되었거나 효과적이었던 부분을 현실에 맞게 수정하고 보완해서 더 잘 하기위한 방법을 끊임없이 연구해서 적용한다면 시행착오를 많이 줄일 수 있다. 우리는 과거의 지혜를 바탕으로 오늘과 내일을 준비해야 한다. 선배들의 경험과 노하우를 SOP나 매뉴얼화해서 더 완벽한 표준을 만드는 것처럼 말이다.

아무리 새로운 것이 좋을지라도 과거의 것을 토대로 발전할 때 더 큰 효과와 의미가 있다. 속담에도 '과거를 잊은 자에게 미래는 없다'라고 하지 않았던가? 또한 온고지신의 교훈은 단순히 과거에서 얻는 지식과 지혜에서 머무를 것이 아니라, 끝없이 새로운 배움의 길을 멈추지 말고 도전해 나가야 성장하고 발전한다는 의미를 담고 있다. 역사를 이해하고 과거를 성찰함으로써 더 나은 미래를 만들어 낼 수 있기 때문이다.

法^법 古^{옛고} 創^{비롯할창} 新^{새로울신}
옛법을 새로운 것으로 거듭나게 한다

출전(出典): 초정집서(楚亭集序)

- 옛것을 본받아 새로운 것을 창조創造한다
- 옛것에 토대土臺를 두되 그것을 변화變化시킬 줄 알고, 새것을 만들어 가되, 근본根本을 잃지 않아야 한다
- 산업과 기술의 발전에 따라 안전분야도 끊임없이 연구하고 새로운 것을 창조하는 노력을 경주해야 한다

법고창신法古創新은 연암燕巖 박지원朴趾源의 초정집서楚亭集序에 나오는 말이다. 원문은 '苟能法古而之變구능법고이지변 創新而能典창신이능전 今之文금지문 猶古之文也유고지문야, 진실로 법고하되 변화를 알고 창신하되 법도에 맞는다면 지금 글도 고전의 글과 같다.'이다. 여기서 法古而之變법고이지변과 創新而能典창신이능전을 줄여 法古創新법고창신이 유래되었다. 옛것을 본받아 새로운 것을 창조한다는 뜻이다. 법고창신은 온고지신溫故知新과 비슷한 의미이지만 온고지신溫故知新이 새것을 아는데知新 머물러 있다면 법고창신은 새로운 것을 아는 것에 그치는 것이 아닌 창조하는 것에 방점이 찍히는 차이가 있다.

기업에서 창의적인 신제품을 개발할 때는 과거 고객의 피드백

을 분석해 실수를 줄이고 만족도를 높여 나간다. 이런 접근은 단순히 새것을 만드는 것이 아니라 과거에서 배우는 지혜로운 혁신의 방식이다. 지금 우리는 빠르게 변하는 시대에 살고 있다. 인공지능AI, 디지털 기술, 글로벌 경제의 변화 속에서 과거에 배운 것이나 만들어진 것이 하루아침에 쓸모없어지기도 한다. 하지만 변화의 속도가 빠를수록 본질을 되짚어 보는 태도가 중요하다. 검증된 지식 위에 새로운 기술을 쌓을 수 있고, 오래된 경험 속에서 실수와 패턴을 발견할 수 있으며, 그러한 것을 바탕으로 새로운 아이디어를 창조할 수 있다. 기술과 산업이 하루가 다르게 발전하고 융복합화가 진행됨에 따라 안전분야도 이들 기술에 발맞추어 끊임없이 연구하고 새로운 것을 창조하는 노력을 게을리해서는 안 된다. 따라서 온고지신과 법고창신은 단순한 옛말이 아니라, 시대가 바뀌어도 여전히 유효한 지혜의 원칙이다.

지금까지 예방관리 및 사후관리와 관련이 있는 고사성어를 살펴보았다. 재난이나 사고를 예방하는 것도, 그리고 만일 재난이나 사고가 발생했을 때 초기에 잘 대응해서 인명과 재산상의 피해를 막거나 최소화하는 것 모두 중요하다. 그렇지만 효용과 효율적인 측면에서 생각한다면 안전은 예방이 우선이다. 재난관리에는 '8分의 1論'이라는 것이 있다. 규모에 따라 다르지만 과거 태풍이 한 번 오면 피해금액이 3,000억 원에서 5,000억 원 정도 된다고 한다. 평균으로 잡아 4,000억 원이라고 하면 피해를 복구하는데 소요되는 비용은 피해액의 4~7배 정도가 된다. 최대치를 적용할 경우 2조 8,000억 원인데 피해액을 더하면 3조 2,000억 원이 된다. 즉 피해 복구비용은 피해액의 8배가 된다는 것이다. 이 피해액(4,000억 원)의 1/8인 500억 원만 안전예산에 투입하면 피해 최소화가 가능하다는 이론이다. 뭐니 뭐니 해도 이런 이유에서라도 안전은 예방이 우선이다.

3장 안전 安全 리더십 Safety Leadership

1 안전하는 사람들의 성품性品과 인격人格

溫 따뜻할 온 良 어질 량 恭 공손할 공 儉 검소할 검 讓 사양할 양
온순하고 어질고 공손하고 검소하며 겸양하다

출전(出典): 논어(學而篇)

- 공자의 5가지 인격의 특성을 칭송한 말로 훌륭한 인품이 겉으로 드러나는 것
- 溫和(온화), 善良(선량), 恭敬(공경), 節制(절제), 謙讓(겸양)의 다섯 가지 德(덕), 子貢(자공)이 스승 孔子(공자)의 용모, 성격을 평한 말
- 안전관리를 하는 사람들이 갖추어야 할 리더십이 바로 온량공검양이다

온량공검양溫良恭儉讓은 논어論語 학이편學而篇에서 유래한 것으로 온순하고 어질고 공손하고 검소하며 겸양하다는 뜻으로 공자의

성품을 표현한 말이다. 공자孔子의 제자 자금子禽이 다른 제자인 자공에게 물었다. '선생님께서 어떤 나라에 이르시면 반드시 그 나라의 정사政事를 들으시는데 선생님께서 요구한 것입니까? 아니면 그 나라 임금이 들려준 것입니까?' 이에 자공이 말하였다. '夫子溫良恭儉讓以得之부자온량공검양 夫子之求之也부자지구지야 其諸異乎仁之求之與기제이호인지구지여, 선생님께서는 온순하고 어질고 공손하고 검소하고 겸양함으로써 듣게 되신 것이니 선생님께서 구하신 것은 다른 사람이 구하는 것과는 다를 것이네'

공자가 어떤 나라를 방문하면 그 나라의 군주가 공자에게 정치에 대해 의견을 구하곤 하였다. 어떻게 그러한 대화가 성사될 수 있는지 자금이 궁금해지자, 자공이 알려준바 공자가 일부러 유도하거나 애를 쓰지 않아도 내면에 가득한 덕성德性이 겉으로도 드러나 인자하고 겸손한 자태가 있기 때문에 임금이 그 모습에 존경하고 신뢰하여 먼저 고견을 구하는 것이라고 하였다. 이처럼 온량공검양은 공자의 모습을 칭송한 말로 훌륭한 인품이 겉으로도 드러나는 것을 의미한다.

溫(온): 따뜻하고 온화한 마음
良(량): 정직하고 어진 마음, 투명하고 정직하게 조직을 운영
恭(공): 상대를 공경하고 겸손하게 자신을 낮춤
→ 비굴하지 않고 당당하게 예의를 갖추고 소중하게 여기는 마음 필요

儉(검): 항상 검소한 생활을 실천

讓(양): 상대방을 배려하고 양보하는 것

우리가 세상을 살면서 현자賢者인 공자와 같은 인격과 성품을 가질 수는 없다. 그러나 온량공검양의 성품과 인격을 조금씩 배우고 갖춰나가야 하는 것은 인간으로서의 도리이자 지향점임은 분명하다. 안전관리를 하다 보면 다양한 사람들을 만날 수밖에 없다. 생산현장의 작업자부터 관리감독자, 인사나 관리 등 사무간접부서 직원뿐만 아니라 관련된 대외 기관의 사람들까지 교류의 폭이 매우 넓다. 안전하는 사람들은 가슴이 따뜻한 사람들이다. 자기가 맡은 분야에서 전문성을 갖추고 있는 사람이 온량공검양의 리더십을 갖추고 있으면 함께 일하는 사람들이 즐겁고 행복해진다.

木나무목 鷄닭계 之갈지 德큰덕

나무로 만든 닭처럼 작은 일에도 흔들림이 없다

출전(出典): 장자(莊子)달생편(達生篇)

- 최고의 경지에 오른 싸움닭을 목계에 비유
- 나무로 만든 닭처럼 완전히 감정을 제어할 줄 아는 사람의 능력을 일컫는 말
- 논쟁이나 어떤 돌발적인 상황의 경우에도 항상 평정심을 유지하는 안전인(리더)의 덕목

목계지덕木鷄之德은 장자莊子의 달생편達生篇에서 유래되었다. 닭싸움鬪鷄을 좋아하는 주周나라의 선왕宣王이 뛰어난 싸움닭을 들고 기성자紀性子란 당시 최고의 투계 조련사를 찾아가 최고의 투계를 만들어 달라고 부탁하였다. 10일이 지난 뒤 왕이 그를 다시 만나 물었다. '닭이 충분히 싸울 만한가?' 조련사가 말했다. '아직 덜 되었습니다. 닭이 강하긴 하나 교만驕慢하여 아직 자신이 최고인 줄 알고 있습니다.' 또 10일이 지나 왕이 물었을 때 조련사는 이렇게 대답했다. '교만함은 버렸으나 상대방의 소리와 그림자에도 너무 쉽게 반응합니다. 태산처럼 움직이지 않는 진중鎭重함이 있어야 최고라고 할 수 있습니다.' 10일이 더 지나 왕이 또 묻자, 이런 대답이 돌아왔다. '조급躁急함은 버렸으나 상대방을 노려보는 눈초리가 너무 공격적입니다.

열흘이 더 지나고 왕이 다시금 묻자, 마침내 조련사가 이렇게 대답했습니다. '이제 된 것 같습니다. 상대방이 소리를 질러도 아무 반응을 보이지 않고 완전히 마음의 평정을 찾았습니다. 마치 나무로 만든 닭木鷄처럼 그 덕德이 완전합니다. 닭의 덕이 완전해졌기에 이제 다른 닭들은 그 모습만 봐도 도망갈 것입니다.' 이처럼 최고의 경지에 오른 싸움닭을 목계에 비유했다. 교만하지 않고, 상대에게 민감하게 반응하지 않으며, 부드러운 눈매를 가진 목계! 흔히 연상되는 싸움닭의 모습과는 거리가 먼 듯하지만 다른 닭들은 이 닭을 바라보기만 해도 도망쳤다고 한다.

이처럼 주위에서 아무리 뭐라 하고 자극해도 언제나 늘 평온한 마음으로 관용과 덕을 베푸는 사람이 진정한 승자이다. 안전 업무를 수행하다 보면 많은 사람을 만나고 때로는 서로의 입장을 주장하다 보면 언쟁도 하게 되고 얼굴을 붉히는 일들도 다반사茶飯事로 발생한다. 그러나 그렇게 해서 일이 잘 풀리는 경우는 거의 없다. 설령 일시적으로 풀렸다고 하더라도 앙금이 남게 되고 다음에 또 같은 상황이 반복된다. 이럴 땐 서로 한 발짝 물러서서 차분히 상대방의 입장에서 한번 생각해 보고 합의점을 찾아 나가야 한다. 산업현장에서 사고나 좋지 않은 문제가 발생할 때에도 사태가 악화되지 않도록 당황하지 말고 냉정하게 대응해야 손실을 최소화할 수 있다. 목계지덕은 안전을 하는 사람들도 배워나가야 하는 덕목이다.

近가까울근 者사람자 說기쁠열 遠멀원 者사람자 來올래

가까이 있는 사람을 기쁘게 하면, 멀리 있는 사람도 찾아온다

출전(出典): 논어(論語) 자로편(子路篇)

- 가까이 있는 사람은 기뻐하고 멀리 있는 사람도 찾아온다
- 가까운 사람을 기쁘게 하면 멀리 있는 사람까지 찾아온다
- 훌륭한 리더십으로 조직(부서)을 이끌면 우수한 인력들이 같이 일하고 싶어서 몰려 든다

근자열 원자래近者說遠者來는 논어論語의 자로편子路篇에 나오는 이야기로 2,500년 전 중국 춘추전국시대 나라의 백성이 줄어드는 것에 대한 대책에 대해 초楚나라의 지방관인 섭공葉公이 던진 질문에 대한 공자孔子의 답변에서 유래되었다. 섭공이 초나라의 변방인 섭현葉縣을 다스리고 있었는데 그에게는 한 가지 고민이 있었다. 백성들이 국경을 넘어 이웃나라로 떠나는 일이 빈번해 인구도 줄고 세수입도 줄어드는 것이었다. 마침, 공자가 제자들과 함께 그곳을 지나게 되었을 때 공자에게 고민을 털어놓으며 물었다. '선생님, 날마다 백성이 도망가니 천리장성을 쌓아서 막을까요?' 그러자 공자가 대답했다. '근자열 원자래近者說 遠者來' 선정善政을 베풀어 가까이 있는 백성들을 기쁘게 해주면 이러한 소문이 이웃 나라까지 퍼져 사람들이 몰려오게 된다는 뜻이다.

우리가 세상을 살아가면서 사람들이 가까이하고 싶은 사람, 멀리에서라도 찾아와서 보고 싶은 사람이 된다는 것은 여간한 축복이 아닐 수 없다. 가까이 있는 사람은 기뻐하고 먼 곳의 사람도 찾아오게 하는 매력, 이런 상황을 잘 표현한 고사성어가 바로 '근자열 원자래'다. 부모, 자녀, 형제, 배우자, 친구, 직장 선·후배 및 동료 등 우리에게 가장 가까이에 있는 사람들을 소중히 여기고 이들에게 잘하는 것이 무엇보다 우선이고 중요하다. 곁에 있는 사람을 놓치지 않을 때 새로 만나는 사람들과도 좋은 관계와 인연을 이어갈 수 있다.

가슴이 따뜻하고 배려심이 많은 사람, 그런 사람과 함께 있으면 마음이 편안해지고 즐거운 기분을 느끼게 된다. 바로 이런 매력을 지닌 사람이 '근자열 원자래'하게 하는 인물이다. 이처럼 다른 사람에게 기쁨과 편안함을 주는 사람은 주변 사람들에게 긍정적인 영향을 주고 멀리 있는 사람들까지도 알게 된다. '주향십리酒香十里 화향백리花香百里 인향천리人香千里, 술의 향기는 십리를 가고, 꽃의 향기는 백리를 가지만, 사람의 향기는 천리를 간다'란 말도 사람의 온정과 따뜻함을 이르는 말이 아니겠는가? 안전관리 부서장 등 리더들은 덕德으로 조직원들을 리딩하고, 문제가 생기면 리더가 책임을 지며, 공功은 아랫사람한테 넘기면 직원들은 창의력을 가지고 소신껏 업무를 수행할 수 있다. 그런 리더에게는 우수한 직원들도 모여든다.

不아닐불 忍참을인 之갈지 心마음심
참지 못하여 차마 모른척하고 지나칠 수 없는 마음

출전(出典): 맹자(孟子) 공손추편(公孫丑篇)

- 남의 불행을 차마 보지 못하는 마음
- 인성人性을 도덕적 측면에서 이야기한 것
- 나를 보살피고 내 가족을 보호하듯이 국민과 근로자의 안전을 보살펴야 한다

불인지심不忍之心은 맹자孟子의 공손추편公孫丑篇에 나오는 말로 "先王선왕 有不 忍人之心유불인인지심 斯有不忍人之政矣사유불인인지정의 以不忍人之心이불인인지심 行不忍 人之政행불인인지정 治天下可運之掌上치천하가운지장상, 선왕이 차마 지나치지 못하는 마음이 있으니, 이에 그냥 못 본 척할 수 없는 정사가 있다. 사람에게 그냥 지나치지 못하는 마음으로, 그냥 못 본 척할 수 없는 정사를 행하면, 천하를 움직이는 것은 손바닥에서 움직이는 것과 같을 것이다."에서 유래되었다.

이 말은 정치가 이런 마음에서 출발해야 한다는 것이다. 그러고는 우물에 빠지려는 어린아이를 보고 놀라움과 측은한 감정을 느끼는 것을 예로 들었다. 맹자에 따르면 누구에게나 아이를 구하려는 감정이 생기는 것은 그 어린아이의 부모에게서 어떤 혜택을 얻고자 하기 때문도 아니고, 이웃 사람과 친구들의 칭찬을 듣기 위해서도 아니며, 그러한 경우를 보고 그러한 감정을 느끼지 않았다는 비난을 싫어하기 때문도 아니라는 것이다. 측은해하는 마음이 없으면 인간이 아니고 옳고 그름을 판단하는 마음이 없으면 인간이 아니라고 했다. 맹자는 과거 선왕들이 '불인지심'을 지니고 있었던 것과 달리 지금의 왕들은 그렇지 못하다고 탄식했다. 사리사욕만을 추구하고 패도정치를 일삼으며 민생을 도탄 내고 있다고 안타까워했다. 요즘 정치를 하는 사람들이 마음에 두고 새겨야 할 말이다.

우리는 가끔 타인의 고통이나 어려움을 보고 마음이 아파본 경험이 있을 것이다. 대표적인 것이 세월호 같은 사회적 참사다. 이처럼 사람들이 내 일처럼 고통을 느끼고 마음 아파하는 공감의 감정을 표현할 때 사용하는 고사성어가 바로 불인지심이다. 이 고사성어는 단순한 동정이 아닌 깊은 공감과 이해를 내포한다. 재난관리나 안전관리를 하는 사람들은 그 누구보다도 '불인지심'을 가슴에 품고 일하는 사람들이 아닐까? 나를 보살피고 내 가족을 보살피듯이 다른 사람들의 안전을 지켜주는 사람이기 때문이다. 불인지심의 마음으로 국민이나 근로자들의 안전을 지켜주어야 한다.

2 안전지식安全知識과 기술技術의 함양涵養

庖부엌포 丁고무래정 解풀해 牛소우
포정(庖丁)이 소의 살과 뼈를 발라 내다

출전(出典): 장자(莊子) 양생주편(養生主篇)

- 최고의 백정은 눈으로 보지 않는다
- 기술이나 솜씨가 신기에 가까울 정도로 뛰어나다
- 안전업무를 하는 사람들은 자타가 공인하는 실력 있는 전문가가 되어야 한다

포정해우庖丁解牛는 장자莊子 양생주편養生主篇에 실려있는 이야기다. 포정庖丁은 중국 춘추전국시대에 살았던 최고의 백정이다. "어느 날 포정이 궁정에서 소를 잡고 있었는데 칼을 움직이는 동작

이 신기에 가까웠다. 지나가다 그 모습을 본 문혜왕이 감탄하여 포정에게 소 잡는 도道에 대해 물었다. 포정은 칼을 놓고 왕에게 답했다. "제가 처음 소를 잡았을 때는 소의 겉모습만 보였습니다. 3년이 지나니, 소의 겉모습은 눈에 보이지 않고 소가 부위별로 보였습니다. 19년이 지난 지금, 저는 눈으로 소를 보지 않습니다. 마음의 눈을 뜨고 소의 살과 뼈, 근육 사이의 틈새를 봅니다. 그리고 그 사이로 칼이 지나가게 합니다. 아직 한 번도 칼질을 실수하여 살이나 뼈와 부딪친 적이 없습니다.

솜씨 좋은 백정이 1년 만에 칼을 바꾸는 것은 칼을 가지고 소의 살을 베기 때문입니다. 평범한 백정은 한 달에 한 번 칼을 바꾸는데 이는 칼로 무리하게 뼈를 가르기 때문입니다. 그러나 제 칼은 19년이나 되어 수천 마리의 소를 잡았지만, 칼날은 방금 숫돌에 간 것과 같습니다. 소의 뼈와 살, 근육 사이에는 틈새가 있기 마련이고 그 틈새로 칼날을 집어넣어 소를 잡기 때문에 칼날이 전혀 무뎌지지 않는 것입니다. 이것이 19년이 되었어도 제 칼날이 방금 숫돌에 간 것과 같은 이유이지요. 이것이 소를 잡는 저의 방법입니다."

어떤 분야든 최고가 된다는 것은 쉬운 일이 아니다. 단순히 기술이 뛰어나다고 해서 최고가 되는 것도 아니고, 아는 것이 많다고 해서 최고라고 하지도 않는다. 아마도 많은 사람들이 '1만 시간의 법칙'에 대해서 많이 들어 보았을 것이다. 워싱턴포스트

기자 출신 맬컴 글래드웰이 2009년 발표한 저서 '아웃라이어'에서 소개한 개념이다. 글래드웰은 이 책에서 빌 게이츠, 비틀즈, 모차르트 등 시대를 대표하는 천재들(아웃라이어)의 공통점으로 '1만 시간의 법칙'을 꼽았다. 자신의 분야에서 최고의 자리에 오르기 위해서는 1만 시간 동안 꾸준히 노력해야 한다는 것이다. 1만 시간은 하루 3시간, 일주일에 20시간씩 총 10년 동안 빠짐없이 노력한 시간과 같다. 안전분야에서도 최고의 전문가가 되려면 최소한 1만 시간 정도의 노력과 정성은 기울여야 하지 않을까? 무엇인가에 대해 전문가가 되려면 그만큼 꾸준한 땀과 노력이 필요하다는 얘기이다. 이 세상에 그냥 이루어지는 것은 아무것도 없다.

磨갈마 斧도끼부 作지을작 針바늘침
도끼를 갈아 바늘을 만든다

출전(出典): 이백(李白)

- 아무리 어려운 일이라도 포기하지 않고 꾸준히 노력하면 반드시 이룰 수 있다
- 끈기와 인내의 중요성을 상징하는 고사성어
- 안전관리가 아무리 어려워도 끊임없이 연구하고 노력하면 바라는 목표를 이룰 수 있다

마부작침磨斧作針은 중국 당나라의 시선詩仙 이백李白의 일화逸話에서 나온 말로 '도끼를 갈아 바늘을 만든다'는 뜻이다. 일화의 내용은 다음과 같다. "이백은 젊은 시절 훌륭한 스승을 찾아 상의산象宜山에 들어가 수학修學했는데 공부에 싫증이 나자, 어느 날 그는 스승 몰래 산을 떠나기로 결심하고 산을 내려왔다. 집을 향해서 가는 도중 계곡 냇가에 이르렀을 때 한 할머니가 물가에 앉아서 바윗돌에다가 열심히 도끼를 갈고 있는 모습을 보았다. 이백은 호기심에 그 할머니에게 말을 걸었다. '할머니, 지금 뭘 하고 계세요?' '바늘을 만들려고 도끼를 갈고 있다磨斧作針' 이백은 도끼로 바늘을 만들고 있다는 할머니의 대답에 어이가 없어서 '그렇게 큰 도끼를 간다고 바늘이 될까요?' '그럼, 되고말고. 돌에다가 열심히 갈고 또 갈다 보면 바늘을 만들지 못할 이유가 무엇이냐? 중도에 그만두지만 않는다면…이백은 할머니의 말에 큰 깨달음을 얻고 노력해서 안 될 일이 없으며 처음부터 시도하지 않는 것이 문제이고 끝장을 보지 않는 것이 더 큰 문제임을 알게 되었다. 여기서 생각을 바꾼 이백은 할머니에게 공손히 인사하고 집으로 가려던 발걸음을 돌려 다시 산으로 올라갔다. 그리고 마음이 해이해질 때마다 할머니를 생각하며 학문에 정진했다고 한다.

마부작침은 꾸준한 노력과 끈기의 중요성을 알려주는 말로 불가능해 보이는 일이라도 포기하지 않고 지속적인 노력을 기울여 나가면 반드시 이룰 수 있다는 교훈을 일러주는 말이다. 우리의 일상에서 회사 일이나 개인적인 공부와 운동 등에 있어서 어띤 목표를 달성하기 위해서는 일정 시간이 필요하다. 마부작침에 등장하는 할머니가 도끼를 바늘로 만들려고 오랜 시간과 정성을 들였듯이 말이다. 안전관리를 효과적으로 잘 수행하기 위해서는 다양한 분야의 지식과 기술이 요구된다. 산업안전보건법 등 관련 법규 이외에도 기계·전기·화공·건설, 건축, 소방 등 각종 설비와 화학물질 및 공정기술을 잘 알아야 한다. 이러한 안전과 관련한 다양한 지식과 기술을 배우고 익히는 데는 쉼이 없어야 한다.

또한, 끊임없이 변화하고 발전하는 산업과 기술에 적합한 최적의 안전관리 해법을 찾기 위해서는 항상 배움의 끈을 놓아서는 안 된다. 안전관리를 수행하다 보면 생산공정이나 설비의 사고 예방대책이 도저히 보이지 않을 때도 있다. 이런 경우에도 '이건 너무 어려워'하고 미리 포기하지 말고 조금씩이라도 꾸준히 개선해 나가겠다는 마음을 가져야 한다. 그 작은 노력이 쌓이면 언젠가는 완벽한 대책을 실행할 수 있다. 그렇게 하기 위해서라도 중도에 포기하지 말고 마부작침처럼 꾸준히 인내하고 노력하며 실력을 갈고닦아야 한다.

學배울학 而말이을이 不아니불 厭싫을염
배우는 것을 싫어하지 않는다

출전(出典): 논어(論語) 술이편(述而篇)

- 배우는데 싫증을 느끼지 말라
- 사람은 세상 다하는 날까지 배워야 한다
- 안전을 담당하는 사람도 끊임없이 새로운 것을 배우고 익히는 것을 멈추어서는 안 된다

학이불염學而不厭은 논어論語 술이편述而篇에 나오는 고사성어로, '배우는 데 염증을 느끼지 말라'는 뜻이다. 공자는 진리를 깨우치는 공부의 과정을 세 가지 질문을 통해 자신을 성찰했다고 한다. '默而識之묵이지지 學而不厭학이불염 誨人不倦회인불권 何有於我哉하유어아재, 묵묵히 배우고, 새로 배우는데 싫증 내지 않으며, 사람을 가르치는 일을 게을리하지 않는 것, 어찌 이것들이 내게 갖추어져 있겠는가?'에서 유래되었다.

옛 성현들은 끊임없이 스스로를 갈고 닦고 배우려는 자세가 일상화된 삶, 그것이 바로 아름답고 사람다운 삶이라고 했다. 사람다운 삶이란 부富나 명예, 권력이 아니라 끊임없이 스스로를 갈고 닦으며 배우려는 자세가 일상화된 삶, 그것이 바로 아름답고 사람다운 삶이라고 본 것이다. 즉, 사람은 세상 다하는 날까지 배워도 부족하다는 것이다. 이처럼 죽을 때까지 배워야 할 유익한

공부이지만 꾸준히 한다는 것은 말처럼 쉽지 않다. 공부라고 하면 학생들이나 하는 것으로 생각하기 쉬운데 공부는 나이에 상관없이 늘 해야 한다. 그런데 왜 이렇게 하기 싫은 공부를 해야만 할까? 율곡栗谷 이이李珥는 격몽요결擊蒙要訣에서 사람답게 살기 위해서는 늘 배우라고 말한다. 서문序文에 '사람이 세상에 나서 배우지 않으면 사람다운 삶이 될 수 없다'고 했다.

필자도 직장생활하는 36년 내내 공부하고 시험도 거쳤다. 안전보건과 관련된 자격시험은 물론이고 업무수행과 회사에서 필요로 하는 어학(영어, 일본어), OA, 경영혁신(TPM, 6시그마 등), 원가관리, 석·박사 과정 등 수없이 많은 교육과 학습을 끊임없이 계속해 나갔다. 환경안전 업무를 담당하면 다른 분야에서 일하는 사람들보다 훨씬 더 많은 공부를 해야 한다. 내가 맡고 있는 일은 기본이고 현장과 관련된 공정이나 설비를 잘 알아야 그들과 원활히 소통할 수 있기 때문이다. 세상은 내가 아는 것까지만 볼 수밖에 없다. 마찬가지로 위험도 아는 만큼만 보인다. 따라서 '위험을 보는 눈'을 키우고, 사고 예방을 효과적으로 수행하려면 공부하지 않으면 안 된다.

韜^{감출도} 光^{빛광} 養^{기를양} 晦^{그믐회}
빛을 감추고 그믐(어둠) 속에서 능력(힘)을 키운다

출전(出典): 삼국지연의(三國志演義)

- 자신을 드러내지 않고 때를 기다리며 실력을 기른다
- 자신의 능력이나 의도를 감추고 조용히 실력을 키우며 때를 기다린다
- 안전을 담당하는 사람도 끊임없이 새로운 것을 배우고 익히는 것을 멈추어서는 안된다

도광양회韜光養晦는 나관중羅貫中의 소설 삼국지연의三國志演義에서 유비가 여포에게 패한 후 거지 신세로 쫓겨 다니다가 조조에게 의탁하게 될 당시 조조가 유비의 야망을 떠보고자 한데서 유래된 것이다. 유비가 조조의 식객으로 있으면서 살아남기 위해 일부러 몸을 낮추고 어리석은 사람으로 보이도록 하여 조조의 경계심을 풀도록 만들었던 계책이다. 조조가 유비에게 '오늘날 천하에는 영웅이 나와 그대 두 사람이라는 이야기가 나돌고 있다고 하는데 어떻게 생각하느냐?'고 물었을 때 유비는 일부러 놀란 척하며 숟가락을 떨어뜨리고 이를 주우며 조조의 눈치를 살피는 장면이 있다. 그 덕분에 유비를 겁쟁이로 여기게 된 조조는 의구심을 떨쳤고 유비는 이러한 고비와 굴욕을 잘 참고 넘겨 훗날 중원의 패권을 두고 조조와 치열한 경쟁을 벌였다. 이렇듯 도광양회는 자신의 재능을 숨기고 은밀히 힘을 기른다는 의미다.

그러나 도광양회가 널리 알려진 것은 이러한 고사 때문이 아니라 1980년대부터 중국이 취한 대외정책 때문이다. 도광양회는 1990년대 덩샤오핑鄧小平 시기 중국의 외교방침을 지칭하는 말이기도 하다. 덩샤오핑은 1980년대 개혁·개방정책을 취하면서 도광양회를 기미정책을 달성하기 위한 대외정책의 뼈대로 삼았다. 이는 국제적으로 영향력을 행사할 수 있는 경제력이나 국력이 생길 때까지는 침묵을 지키면서 강대국들의 눈치를 살피고 전술적으로도 협력하는 외교정책을 말한다.

선진기업의 안전경영에 대한 경쟁력은 어디에서 나오는 것일까? 안전관리에 필요한 요소는 어떤 것이 있을까? 여러가지 요인이 있겠지만 무엇보다 사람이다. 최고경영자나 임원들의 안전에 대한 철학, 직접 현장에서 생산을 담당하는 관리감독자의 안전에 대한 마인드나 지식, 그리고 안전관리부서에 근무하는 사람들의 열정과 역량 등이 어떠하냐에 따라 좌우된다고 해도 과언이 아니다. '아는 것이 힘이다'나 '아는 만큼 보인다'와 같은 말들은 안전관리에 있어서 가장 기본이 되는 상식이다. '위험을 보는 눈'이 예리해지도록 역량을 향상시키고 묵묵히 안전과 관련된 지식과 기술을 갈고닦아 실력을 길러 나가면 어느새 안전전문가로 거듭나고 안전관리 수준도 향상될 것이다.

君임금군 子아들자 不아닐불 器그릇기
군자는 한 가지만 담는 그릇이 아니다

출전(出典): 논어(論語) 위정편(爲政篇)

- 군자(리더)는 한 가지 전문역량에 국한되지 않는다
- 그릇처럼 한 가지의 기능만 하는 사람이 되어서는 안 된다
- 안전 스페셜리스트 Specialist를 기반으로 제너럴리스트 Genralist로도 성장·발전해야 한다

군자불기君子不器는 논어論語의 위정편爲政篇에 나오는 말로, '군자(리더)란 한 가지 용도로 사용되는 그릇 같아서는 안 된다'는 뜻이다. 뛰어난 사람은 단순한 도구가 되지 않도록 항상 주의를 기울이며, 한 분야에 쓰이는 도구가 아니라 어떤 일을 맡겨도 주도적으로 문제를 해결해 나갈 수 있는 신뢰할 수 있는 인격자가 되라는 의미다. 그릇은 국그릇에는 국만, 밥그릇에는 밥만 담는 것처럼 각각의 용도에 합당한 것만 담을 뿐 다른 것을 용납하지 못한다. 군자는 그릇처럼 어느 한 가지만 수용하는 그릇의 모습이 되어서는 안 된다는 뜻으로 사용된다.

리더는 국가 또는 기업이나 조직의 존망存亡을 책임지는 자리에 있기 때문에 특정 분야에서 역량을 발휘하는 실무자와 달리 다방면에서 역량을 발휘해야 한다. 리더는 어느 한 가지만 잘

하는 것이 아니라 다양함을 받아들이고 다양한 분야에서 식견을 갖춘 사람으로 특정한 분야에만 한정되지 않고 일반적인 해결책을 찾으려고 노력하는 사람이다. 나무를 정확히 보되 나무와 나무가 어떻게 숲을 이루는지도 함께 볼 수 있는 능력, 이것이 진정 창조적 지식으로 새로운 미래를 만들어내는 전문가의 모습이다. 요즘 시대는 어느 한 가지 전문적 지식만 가지고는 창조적인 역량을 만들어내지 못한다. 다양한 전문적 지식이 합쳐져야 비로소 위대한 창조물이 나올 수 있다는 것이다. 바야흐로 전문가의 시대에서 통섭統攝의 시대로 전환되고 있는 것이다. 과학과 인문학이 만나고 인문학과 공학이 만나며 철학과 IT가 만나야 더 큰 창조적 힘을 발휘하는 시대다. 이런 융·복합화 시대에 통합형 인간을 정의하는 것이 바로 군자불기다.

분야별 지식과 기술이 융·복합화하는 시대에 안전을 하는 사람들도 자신이 아는 것만 고집할 것이 아니라 다른 사람들의 다양한 생각과 지식을 받아들일 수 있어야 한다. 해당 분야 전문가의 조언이나 외부 전문기관의 진단과 자문도 필요하다. 안전분야도 기계, 전기, 소방 등 세분화되어 있어서 과거에는 한 분야만 잘 알아도 일할 수 있었다. 그러나 지금은 한 분야만 알아서는 안 된다. 바야흐로 다기능多技能, 다기술多技術이 필요한 시대가 되었다. 즉 스페셜리스트 시대에서 제너럴리스트 시대로, 21세기형 멀티플레이어 다빈치형 인간이 필요한 시대로 변화하고 있다. 따라서 안전을 하는 사람들도 현실에 안주하지 말고 열린 사고로 변화하는 사람이 되어야 한다. 편협한 그릇이 아니라 융통성과 포용력을 가진 지식 사회의 융합형 안전 리더가 되어야 할 것이다.

3 안전관리에 임臨하는 자세姿勢와 처신處身

多많을다 言말씀언 數자주삭 窮다할궁
말이 많으면 자주 곤경에 빠진다

출전(出典): 노자(老子) 도덕경(道德經)

- 말이 많으면 자주 궁해지고, 곤란하고 난처한 상황에 부딪친다
- 말을 많이 해 자칫 화를 초래하는 것보다 때론 침묵으로 내면의 중심을 지켜야 한다
- 안전인도 위험과 개선에 대한 말을 많이 할 수밖에 없는 업業이지만 최대한 최소화하고 경청을 많이 하도록 노력해야 한다

다언삭궁多言數窮은 노자老子의 도덕경道德經 제5장 '多言數窮다언삭궁 不如守中불여수중, 말이 많을수록 자주 궁색해지니 중심(내면)을

지키는 것만 못하다'에서 유래되었다. 노자는 도덕경 제23장에서도 '希言自然희언자연, 말을 적게 하는 것이 자연스럽다'고 한 것을 비롯하여 도덕경의 여러 장에서 말이 많은 것多言을 경계하였다. 노자는 다언삭궁을 논하면서 다음과 같이 끝을 맺는다. '그저 넘치지도 모자라지도 않는 중용中庸의 도를 지켜라' 말을 많이 하여 화禍를 초래하는 것보다는 침묵으로 내면의 본질을 지키고 중심을 잡을 필요가 있다는 말이다. 이처럼 다언삭궁은 자신이 내뱉은 말로 인해 자신이 곤경에 처하게 되는 자승자박自繩自縛의 함정에 빠지지 않도록 말을 신중하게 해야 한다는 의미로 쓰인다.

'입은 복을 부르는 입구入口이자 화를 부르는 입구'라고 한다. 세상의 지식과 지혜는 귀로 들어오고 화禍는 입으로부터 나온다. 이렇듯 세상 오해와 다툼의 대다수는 입에서 비롯된다. 우리 말 속담에 '말 많은 집은 장맛도 쓰다'와 '귀는 활짝 열되 입은 조심스럽게 열자'란 말이 있다. 자기가 내뱉은 말로 스스로 곤경에 빠지는 일이 없게 말을 신중히 해야 한다는 경계의 뜻이다. 일상생활에서 말을 많이 하는 사람일수록 곤경에 처하게 되는 경우를 많이 보게 된다. 랍비(유대교 율법교사)가 제자들에게 상자를 두 개 주면서 세상에서 가장 좋은 것과 나쁜 것을 담아오라고 했더니 두 상자 다 혀를 가득 담아 왔다는 얘기가 있다. 좋은 말과 나쁜 말을 잘 가려서 할 일이다.

안전업무를 하려면 수많은 사람들과 소통하고 협력해야 한다.

대부분 좋은 일로 얘기하는 것이 아니라 잘못하거나 수정해야 하는 것들을 지적하는 일들이다. 부탁의 어조로 해야 하는 경우도 부지기수다. 말 한마디로 사람을 아군으로 만들 수도 있고 적군으로 만들 수도 있으니 일이 되게 하려면 상대방의 입장에서 한 번 더 생각하고 말할 수 있도록 신중함을 기해야 한다. 말을 조리 있게 잘하는 것도 중요하지만 말이 길어 실수를 범하지 않는 것이 더 중요할 때가 있다.

위험이나 개선에 대한 말들을 많이 할 수밖에 없는 업(業)이지만 말을 많이 하는 것은 최대한 최소화하고 가급적 경청을 많이 하도록 노력해야 한다. 또한 현장부서와 관련된 일(말)에 대해서도 자주 하는 것보다는 한꺼번에 모아서 효과적으로 소통하는 지혜도 필요하다. 필자도 한 번 입 밖으로 꺼낸 말은 다시 주워 담을 수 없다는 것을 알면서도 특히 술자리에서 허세를 부리며 안 해도 될 말을 해서 후회한 적이 한두 번이 아니었다. 그 말은 하지 말 걸 뒤늦은 후회를 해도 소용이 없다. 이런 것만 봐도 말을 많이 해서 좋은 것은 하나도 없는 것 같다. 그래도 비록 술자리에서 한 말이었지만 대부분 이미 한 말과 약속에 대해서는 최대한 지키려고 노력했었다. 다언삭궁을 생각하면서 문득 서양 격언인 '침묵은 금이다'라는 말이 떠오른다.

若_{같을 약} 烹_{삶을 팽} 小_{작을 소} 鮮_{생선 선}
작은 생선을 삶는 것과 같다

출전(出典): 노자(老子) 도덕경(道德經)

- 작은 생선을 자꾸 뒤집으면 부서져 먹을 것이 없으니, 자주 뒤집지 마라
- 세세한 간섭이나 대대적인 개혁보다는 가만히 두고 지켜보며 기다린다
- 현업부서 등 안전과 관련되는 사람들과 일할 때에는 목표와 계획 등 방향만 알려주고 스스로 할 수 있게 지원하고 때론 기다릴 줄도 알아야 한다

약팽소선若烹小鮮은 중국의 고대 철학자 노자老子의 저서인 도덕경道德經에 나오는 말로 '治大國若烹小鮮치대국약팽소선, 큰 나라를 다스리는 것은 작은 생선을 삶는 것과 같다'에서 유래되었다. 무엇이든 가만히 두면서 지켜보는 것이 가장 좋은 정치라는 뜻이다. 작은 생선을 삶을 때나 구울 때는 이리저리 휘젓거나 자주 뒤집으면 살이 연해 부서져서 먹을 게 없게 되니 스스로 익을 수 있도록 가만히 놔두고 세심하게 살피는 것이 좋다는 의미다. 즉 어떤 일을 맡겨 놓았을 때는 계속 간섭하고 참견하기보다는 여건과 상황을 잘 만들어 주고 지켜보면서 기다릴 줄도 알아야 한다는 말이다.

조직의 리더가 작은 실수 하나하나에 반응하여 사사건건 지적하거나 감정을 다스리지 못해 성질을 내면 기대했던 성과를 낼 수도 없을뿐더러 부서원들과의 소통도 갈수록 단절된다. 약팽소

선의 '가만히 둔다'는 의미는 관심도 갖지 않고 진행상황을 살피지도 않으며 제멋대로 내버려두는 방임의 의미가 아니다. 리더는 조직의 목표와 방향만 제시하고 조직원들이 스스로 잘할 수 있도록 분위기를 조성하고 창의성을 발휘할 수 있게 공간을 만들어 주어야 한다.

생산을 하거나 시공을 하는 산업현장은 기본적으로 생산성 향상과 품질, 공기나 납기를 위해 매우 바쁘게 돌아간다. 이런 가운데 현업에서 위험성 평가관리, 교육, 점검 등 챙겨야 할 안전과 관련한 일들도 정말 많다. 일이 발생할 때마다 현업의 상황은 고려하지 않고 요구하기만 하면 협조를 구하기도 쉽지 않고, 일도 제대로 되지 않는다. 이럴 때는 큰 틀에서 방향과 해야 할 일들을 자세히 알려주고 일정을 조율하며 도와도 주고, 때로는 기다리기도 하면서 현장과 원활하게 소통을 해야 일이 원만하게 진행된다.

傷(상처 상) 人(사람 인) 之(갈 지) 語(말씀 어)
사람에게 상처를 입히는 말

출전(出典): 명심보감(明心寶鑑) 언어편(言語篇)

- 사람의 마음을 가장 아프게 하는 것이 한 마디 말로 가슴을 찌르는 것이다
- 원만한 대인관계를 위해 말을 할 때는 항상 신경쓰고 조심해야 한다
- 안전과 관계된 이해관계자와의 소통과 대화에서 사용하는 말 한마디가 문제를 해결할 수도 있고 꼬이게도 할 수 있다

상인지어傷人之語는 명심보감明心寶鑑의 언어편言語篇에 나오는 말로 '利人之言이인지언 煖如綿絮난여면서 傷人之語상인지언 利如荊棘이여형극, 사람을 이롭게 하는 말은 따뜻하기가 솜이나 무명과 같다. 사람을 상하게 하는 말은 날카롭기가 가시와 같다.'에서 유래되었다. 말의 중요성을 강조하는 고사성어다. 옛 속담에 '말 한마디로 천 냥 빚을 갚는다'고 했다. 또한 '말 한마디로 사람을 죽이기도 하고 살리기도 한다'고 했다. 이 세상에서 사람을 가장 아프게 하는 것이 사람의 말이다. 발 없는 말이 천리도 가지만 바로 앞에 있는 사람의 생사를 결정하기도 하는 것이 사람과 사람 사이의 말이다.

또한 명심보감 언어편에는 다음과 같은 글귀도 있다. '傷人之語상인지어 還是自傷환시자상 含血噴人함혈분인 先汚其口선오기구, 남을 해치는 말은 도리어 자신을 해치는 것이고, 피를 머금어 남에게 뿜으면 도리어 자기의 입이 먼저 더러워진다.' 나쁜 말을 내뱉는 것은 다른 사람뿐만 아니라 자기 자신을 더럽히고 해친다는 것을 일깨우는 말이다. 남에게 상처가 되는 말이지만 결국은 자신에게 돌아오는 것이니 백해무익하고 오히려 자신을 해치게 되는

말이 된다는 것이다. 말 한마디가 가시가 되어 상대방을 찌르기도 하고 따뜻하게 녹여 주기도 한다. 돈 한 푼 안 들이고도 얼마든지 할 수 있는 따뜻한 말 한마디 나눌 수 있는 여유를 갖도록 해야 겠다.

갈수록 세상이 메마르고 삶이 팍팍해지는 요즘 상대방의 마음을 따뜻하게 해주는 말 한마디가 더욱 절실하다. 인간은 말 한 마디로 다른 사람에게 기쁨과 행복을 줄 수도 있고 슬픔과 절망을 줄 수도 있는 존재다. 사회생활도 그렇고 조직생활도 수없이 많은 사람들과의 대화와 관계 속에서 이루어진다. 원만한 대인관계와 원활한 업무추진을 위해 신경 쓰고 조심해야 할 일이 많지만, 상대방에게 상처를 주지 않도록 말을 가려서 하고, 표현에 조심하는 것이 그 무엇보다 중요한 일이 아닐 수 없다. 특히 좋은 얘기보다 해야 할 일, 잘 안되는 것에 대한 얘기가 대부분인 안전업무를 하는 과정에서는 특히 말의 구사나 언어의 선택과 표현은 일의 결과에도 큰 영향을 미친다.

口^{입구} 禍^{재앙화} 之^{갈지} 門^{문문}
입은 재앙을 불러들이는 문이 된다

출전(出典): 전당서(全唐書) 설시편(舌詩篇)

- 말을 함부로 하면 화를 당하기 쉽다
- 모든 재앙은 입으로부터 생기므로 말을 삼가야 한다
- 품격을 갖춘 말로 대화하고 소통하는 안전리더Safety Leader가 되어야 한다

구화지문口禍之門은 당나라 말기에 태어나 재상을 지낸 중국의 정치가인 풍도馮道의 전당서全唐書 설시편舌詩篇에 들어 있는 말로, 「口是禍之門구시화지문 舌是斬身刀설시참신도 閉口深藏舌폐구심장설 案身處處牢안신처처뢰, 입은 화의 문이요, 혀는 이 몸을 베는 칼이다. 입을 닫고 혀를 깊이 감추면 처신하는 곳마다 몸이 편하다」에서 유래되었다. 우리나라 속담인 '화는 입으로부터 나오고, 병은 입으로부터 들어간다'라는 표현과 같다. 앞서 나왔던 상인지어傷人之語와 비슷한 뜻으로 모두 '말을 함부로 하면 화를 당하기 쉽다'는 경고의 의미를 담고 있다.

유대인들의 격언에도 '네 입안에 있는 말은 너의 노예이지만, 그 말이 입 밖으로 나오는 순간 곧 너의 주인이 된다'라는 말이 있다. 한 번 내뱉은 말에 막중한 책임감을 갖고 스스로 조심하라는 말인데 한 번 뱉은 말은 아무리 잘 수습하려고 해도 내 발목을 붙잡고 회복할 수 없는 상황으로 몰아넣을 수도 있어 조심 또 조심하라는 뜻이다. 우리는 주변에서 하지 말아야 할 말을 하거나 신중하지 못해 충동적으로 행동하고 말하는 사람들이 구설수에 오르내리는 것을 많이 본다. 사람에게 경청하는 귀는 두 개로 열려 있지만 입은 한 개로 내 의지에 따라 열고 닫을 수 있으

니 노력과 의지로 개선이 가능하다.

　내가 하는 말이 상대방에게 어떤 영향을 미칠지, 잘 생각하며 말해야 한다. 내가 대접을 받고 싶은 만큼 나도 남을 대접해야 한다. 내가 기분 좋아지고 힘이 되는 말을 듣고 싶은 것처럼 상대방도 분명히 똑같은 마음일 것이다. 항상 역지사지의 자세로 입장을 바꿔 생각해 보는 것이 중요하다. 말로 인한 오해나 갈등은 가까운 사이에도 생길 수 있기 때문에 말을 할 때는 항상 신중하고 조심해야만 한다는 경고의 의미를 담고 있다. 우리가 아무런 생각 없이 한 말이 때로는 큰 문제를 일으킬 수도 있고 상대방에게 깊은 상처를 줄 수도 있다. 그렇기 때문에 말하기 전에 한 번 더 생각하고 상대방이 어떻게 받아들일지를 고려하는 자세가 필요하다.

　구화지문, 재앙의 시작이라고 하는 입과 말, '입으로 흥한 자 입으로 망한다'는 말처럼 말의 중요성과 그에 따른 책임을 잘 인식하고 항상 상대방을 존중하고 배려해서 같은 말이라도 좀 더 밝고 따뜻하게 소통하면 안전문제도 잘 풀어 나갈 수 있다. 비록 안전을 지키고 확보하기 위한 말이라도 상대방을 배려하면서 해야 한다. 듣기 좋은 말을 하는 게 아니라 문제점과 개선을 요청하는 말이기 때문에 더욱 언어의 선택과 사용에 주의해야 한다. 말은 한 사람의 깊이를 보여주는 창이다. 품격을 갖춘 말로 소통하는 리더가 되기 위해 노력하고 부족한 점은 고쳐 나가려는 자세가 필요하다.

4 안전하는 사람들의 마음 관리

求^{구할 구} 全^{온전할 전} 之^{갈 지} 毀^{헐뜯을 훼}
칭찬과 비난에 일희일비 하지 마라

출전(出典): 맹자(孟子) 이루(離婁)

- 온전히 하려고 하다가 도리어 남에게 당하는 비난
- 나는 제대로 하려고 했는데도 불구하고 쏟아지는 비난
- 칭찬과 비난에 연연하지 않고 묵묵히 안전관리를 해야 한다

구전지훼求全之毁는 맹자孟子의 이루離婁에 나오는 말로, '不虞之譽불우지예 求全之毁구전지훼', 전혀 생각지도 못한 칭찬과 명예, 온전하게 나 자신을 지키려고 했는데 그와는 반대로 내게 다가오는 비

난과 훼방'에서 유래되었다. 내가한 노력과 상관없이 다가오는 결과에 대해 너무 연연해하지 말라고 하는 충고다. 세상을 살다 보면 내 노력과 상관없이 의도하지 않은 칭찬을 받을 수도 있고 전혀 예상하지 못한 비난과 비방을 받을 수도 있다. 맹자는 이렇듯 칭찬이나 비난이 내 의지대로 되는 것이 아니라고 하면서 어떤 칭찬이나 비난에도 마음이 들뜨거나 반대로 너무 상처를 입어서도 안 된다고 말했다.

나아가 어떤 사람이 누구에게 비난을 받거나 칭찬을 받더라도 그것을 완전한 사실로 받아들여서도 안 된다는 것이다. 세상을 살아가다 혹시 예기치 않은 칭찬을 받는다고 해서 너무 우쭐해하지도 말고, 생각지 못한 비난을 받더라도 너무 속상해하지 말라는 가르침이다. 사람이 비난을 받거나 칭찬을 듣고는 곧바로 근심하거나 기뻐해서는 안 된다는 것으로 인생을 살아가면서 또는 일을 하다가 받게 되는 칭찬이나 비난에 대해 너무 연연해하지 말고 묵묵히 자기의 길을 가야 한다는 말이다.

사고 예방을 위해 열심히 일하는 과정에서 좋은 평가나 결과에 대해서는 항상 겸손하게 자신을 낮추되, 목적과 방향이 올바르고 최선을 다한 일에 대해서는 설령 약간의 불만과 비난이 따르더라도 당당하게 임하고 처신해야 한다. 특히 규제와 금지 및 점검과 감독이 주요 업무인 안전을 하는 사람들은 칭찬보다는 불만이나 비난에 익숙해질 수밖에 없다. 칭찬과 비난에 너무 연연해하지 말고 우직하고 묵묵하게 가야 할 길을 잘 헤쳐나가야야 한다.

上^{윗 상} 善^{착할 선} 若^{같을 약} 水^{물 수}
최고의 선은 물과 같다

출전(出典): 논어(論語) 도덕경(道德經)

- 가장 아름다운 인생은 물처럼 사는 것이다
- 남들이 싫어하는 낮은 곳이 가장 높은 곳일 수 있다
- 국민이나 근로자를 다치지 않게 이롭게 하고 도와주는 것에 아낌이 없다

상선약수上善若水는 노자老子의 도덕경道德經 8장에 나오는 말로 '上善若水상선약수 水善利萬物而不爭수선이만물이부쟁 處衆人之小惡처중인지소악 故幾於道고기어도, 최고의 선善은 물과 같다. 물은 만물을 이롭게 해 주지만 공功을 다투지 않는다. 모든 사람이 싫어하는 곳(낮은 자리)에 자신을 둔다. 그러므로 물은 도道에 가장 가깝다.'에서 유래되었다. 가장 아름다운 인생上善은 물처럼 사는 것若水이란 뜻이다. 상선약수는 이 같은 물의 성질처럼 다른 사람을 이롭게 하고 도와주는 것에 아낌이 없으면서 자기를 주장하는 데 급급하지 않고 어떠한 상황에서도 능동적으로 대처하는 삶의 자세를

가르치는 의미로 쓰인다.

노자는 세상을 물처럼 살아야 한다고 하면서 두 가지 원칙을 제시했다. 첫째, 남과 다투거나 경쟁하지 않는다는 부쟁不爭의 철학이다. '물은 만물을 길러주고 키워주지만 자신의 공을 남과 다투려 하지 않는다.' 물은 그저 길러줄 뿐 자신의 공을 생색내거나 남과 다투지 않는다. 자식을 잘 키워놓거나 남에게 좋은 일을 하였을 때 그 행위에 대해 나를 알아달라고 집착하지 않는 것과 같다. 둘째, 낮은 곳으로 흐른다는 겸손의 철학이다. 물은 낮은 곳으로 흐르기에 강이 되고 마침내 바다가 된다. 노자는 물처럼 다투지 말고 겸손하게 살라고 한다.

물처럼 산다는 것은 쉬운 일이 아니다. 조그만 공을 세워도 자랑하려고 하는 것이 인간의 본성이기 때문이다. 그런데 재난과 안전관리는 아무리 열심히 해도 표가 잘 나지 않고 그 공도 쉽게 묻힌다. 사고가 나기 전에는 겉으로 잘 드러나지가 않고 예방적 사고는 사고가 아니라고 생각하기 때문에 대부분 평가절하된다. 사고가 발생하지 않을 때는 열심히 예방관리를 잘해서 그런 것이 아니라 그냥 위험이 없거나 운이 좋아서라고 생각하기도 한다. 그래서 한동안 사고가 없는 기업에서 안전관리를 하는 것이 오히려 훨씬 더 어렵다고 하기도 한다. 안전하는 사람들은 이러한 재난이나 안전업무의 특성을 잘 알고 있으니 남들이 그 공을 알든 말든 자신이 해야 할 일을 빈틈없이 잘해 나가야 한다. 자랑하지 않는다고 그 공이 사라지는 것은 아니지 않는가? 상선약수를 생각하면서 자랑하려 하면 그 공이 오히려 오래가지 못한다는 사실에 위안을 삼을 필요가 있다.

非^{아닐 비} 利^{이로울 리} 不^{아닐 부} 動^{움직일 동}
이익이 없으면 움직이지 않는다

출전(出典): 손자병법(孫子兵法) 모공편(謀功篇)

- 유리하지 않으면 움직이지 않는다
- 얻을 것이 없으면 움직이지 않는다
- 안전관리를 하면서 목적 달성에 도움이 되지 않는 감정싸움은 피해야 한다

비리부동非利不動은 손자병법孫子兵法의 모공편謀功篇에 나오는 말로 '非利不動비리부동 非得不用비득불용 非危不戰비위부전, 유리하지 않으면 (군사를) 움직이지 말아야 하며, 승리를 얻을만하지 않으면 (군사로) 쓰지 말아야 하며, 위태롭지 않으면 싸우지 말아야 한다'에서 유래되었다. 또한 모공편에는 '현명한 군주는 생각하고, 훌륭한 장수는 승리를 거둔다'고 했다. 이처럼 현명한 군주나 훌륭한 장수는 상황이 맞지 않으면 움직이지 않고, 얻을 것이 아니면 군사를 사용하지 않으며, 위기에 몰리지 않는 한 전쟁을 시작하지 말

라는 뜻이다.

사마천司馬遷이 저술한 사기史記의 백기왕전열전白起王翦列傳에는 비리부동을 주장하다 왕에게 자결할 것을 명命 받아 자결한 백기 장군의 얘기가 나온다. 진秦나라 소왕昭王은 조趙나라 수도 한단邯鄲을 공격하고자 병 때문에 출정하지 못하고 있던 무안군 백기를 다시 장군으로 삼으려 했다. 이에 백기는 진나라 장평長平에서 승리를 거두긴 했지만 진의 병사 절반이 사망했고 나라에 장정이 부족한 상황에서 공격하는 것은 불리하다며 장군직을 거절했다. 소왕은 자신의 명령을 듣지 않는 백기에게 다시 한번 간청했지만 백기는 병을 핑계로 받아들이지 않았다. 진은 한단을 공격했지만 함락시키지 못했고 위기에 몰렸다. 소왕은 다시 백기를 출전시키려 했지만 여전히 사양했다. 화가 난 소왕은 백기를 일개 병졸로 강등시키고 수도 함양에 머물러 있지도 못하게 했다. 상황은 여전히 불리했고 이에 소왕은 사람을 보내 백기에게 자결할 것을 명했다. 소왕은 백기의 충고대로 이해득실을 따져보지 않고 무력만 고집하다 결국 실패하고 백기도 잃고 말았다. 비리부동의 설득력 있는 사례 중의 하나다.

안전과 관련한 일을 하다 보면 부서나 개인 간 서로의 입장 차이로 인해 불필요한 갈등이나 기싸움을 할 경우가 있다. 하지만 한발 물러서 생각했을 때 서로 업무를 진행하는 데 도움이 되지 않는 감정싸움은 피해야 한다. 서로의 자존심을 내세워 감정대로 언쟁을 하게 되면 얻는 것은 없고 상처만 입게 된다. 이러한 것들이 점점 쌓여 대화가 줄어들고 소통이 어렵게 되면 결국에는 업무에 비협조적일 수밖에 없다. 인생에서나 업무에서나 특히 안전관리에서도 비리부동, 목적 달성에 아무런 도움이 되지 않는 감정의 소모전은 하지 말아야 한다.

平旦之氣 평안할 평 아침 단 갈 지 기운 기
평온한 아침(새벽)의 상쾌한 기분(기운)

출전(出典): 맹자(孟子) 고자상편(告子上篇)

- 새벽이 밝아오는 평온한 시간의 기운
- 이른 새벽에 다른 사물과 접촉하기 전의 맑은 정신
- 평단지기에서 상처난 마음을 치유하고, 잠시 쉬어가는 마음의 여유를 갖는다

평단지기平旦之氣는 맹자孟子의 고자상편告子上篇에 나오는 말로 맹자가 호연지기浩然之氣를 설명하는 대목에서 유래되었다. '평소 아침에 동이 트면서 느끼는 맑고 신선한 기운'을 뜻한다. 다시 말해 특별한 순간, 즉 새벽이 밝아오는 평온한 시간의 기운을 의미하는 말이다. 이 시간은 자연과 인간이 가장 조화롭게 어우러지는 순간을 상징하며 자연의 아름다움과 인간의 내면이 만날 수

있는 특별한 시간이라고 한다. 이 시간대의 고요함과 평화로움은 일상의 고뇌와 번잡함에서 벗어나 우리에게 삶의 여유와 깊은 성찰의 기회를 제공하며 일상의 소중함을 일깨워 준다.

새로운 하루가 시작되는 새벽의 에너지는 아직 사람을 만나기 전에 인간이 느끼는 맑은 기운이다. 평단지기와 같은 순간들을 통해 우리는 자연과 더 깊이 연결되고, 맑고 고요한 상태에서 삶의 진정한 의미를 찾고 되새겨 볼 수도 있다. 힘들고 거친 세상을 살아가면서 상처난 마음을 회복하는 데 필요한 기운도 평단지기라고 한다.

안전업무를 하노라면 때론 일에 치이고, 사람에 부대끼어 심신이 지치고 힘들 때가 많이 있다. 게다가 사고라도 있게 되면 스트레스 게이지는 극에 달한다. 사고가 발생할 때마다 찾아드는 자괴감과 해야 할 일이 막혀 앞이 잘 보이지 않을 때는 좌절과 절망감에 빠지기도 한다. 그렇다고 포기할 수도, 포기해서도 안 된다. 이러한 과정을 거치며 불가피하게 마음의 상처를 많이 입게 될 수밖에 없다. 그러나 이러한 것들을 극복하고 새로운 도전에 대한 동인動因으로 승화시켜 나아가야 한다. 그러기 위해서는 새벽의 맑은 기운과 에너지로 상처 난 마음을 치유해야 한다. 안전하는 사람들에게는 마음의 휴식과 재충전이 더욱더 필요하다. 바쁜 가운데도 평단지기를 통해 잠시 쉬어 가는 마음의 여유를 갖도록 하자.

참고자료

1. 2023 재난연감, 행정안전부
2. 2023년도 화재통계 연감(소방청)
3. 1990년대 이후 중대재난·재해에 따른 건축법 및 관련법 변화 양상과 사회적 파급효과(2022년 8월, 오정민, 한양대학교 건축·토목·조경공학과)
4. 3분 고전 1, 2(박재희, 작은 씨앗)
5. 3분 고전 합본 뉴에디션(박재희, 김영사)
6. 하인리히 법칙(HEINRICH'LAW), 김민주, 미래의 창
7. 한자성어·고사명언구 사전, 조기형 外 1인, 이담북스
8. 마케팅 어드벤처 2(김민주, 미래의 창)
9. 공자뎐, 논어는 이것이다(유문상, 살림터)
10. 하루 명언 공부(김영수, 유유)
11. 네이버 지식백과
12. 디지털 한자사전 e한자
13. 四字칼럼(유춘번, KSAM)
14. 고사성어 문화 답사기(김영매, 범우)
15. 논어 읽기(박삼수, 세창미디어)
16. 맹자(시대의 이정표가 된 영원한 고전), 박소동, 현암사